Kevin Sampson

Auswärts
spiele

Kevin Sampson

Auswärts spiele

Roman

Aus dem Englischen übersetzt
von Barbara Christ

verlegt bei Kindler

Originaltitel: »Awaydays«
Originalverlag: Jonathan Cape, London

Die Folie des Schutzumschlags sowie die Einschweißfolie
sind PE-Folien und biologisch abbaubar.
Dieses Buch wurde auf chlor- und säurefreiem Papier gedruckt.

Umschlaggestaltung: Jorge Schmidt, München
Umschlagfoto: Rankin Photography, London
Satz: Ventura Publisher im Verlag
Druck und Bindung: Graphischer Großbetrieb Pössneck
Printed in Germany
ISBN 3-463-40332-3

5 4 3 2 1

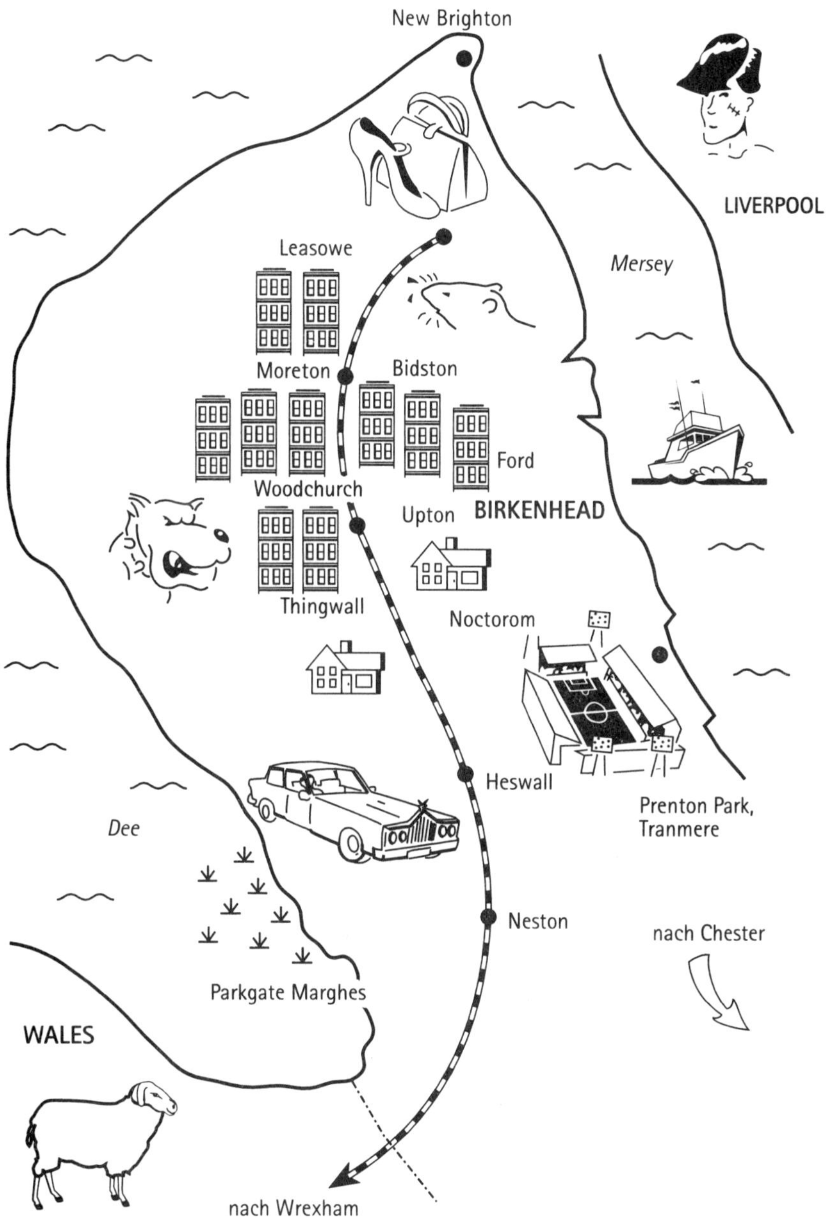
New Brighton
LIVERPOOL
Mersey
Leasowe
Moreton
Bidston
Ford
Woodchurch
Upton
BIRKENHEAD
Thingwall
Noctorom
Heswall
Prenton Park,
Tranmere
Dee
Neston
nach Chester
Parkgate Marghes
WALES
nach Wrexham

18. November 1979

Wie gut die Crew sein wird, kann man immer daran sehen, wieviel Jungvolk auftaucht. Nach dem Kontingent Juniors zu urteilen, die sich vor dem Schnapsladen »The Tub's« versammelt haben, forsch Number Six rauchen und sich ihre weichen Ponyfransen aus den Augen schnippsen, werden wir heute eine verdammt gute Crew haben. Ich grüße Billy Powell und ein paar von den anderen kleinen Bengeln und gehe in »The Dock« am Ilchester Square in Birkenhead, hier auch bekannt als »The Bloodtub«, um die ehrenwerten Herren von The Pack zu treffen.

The Pack, das sind die Fans der Tranmere Rovers, ein prächtiger Haufen übrigens. Heute werde ich mit ihnen einen Ausflug nach Wrexham machen, zu einem der wichtigsten Zusammentreffen des Fußballkalenders. Heute fängt die erste Runde im Football Association Cup an, und in dieser Phase hegt noch jeder vergammelte Verein zwischen Hartlepool und Exeter den Traum von einer kurzen Begegnung mit einem der Giganten des Fußballs. Hereford gegen Newcastle. Colchester gegen Leeds. Solch unwahrscheinliche Konstellationen bringt der Cup jedes Jahr zustande, und jedes Jahr sorgt einer von den Underdogs für eine Überraschung. Wer weiß, was losgeht, wenn wir gegen Tottenham oder Villa oder so jemanden ausgelost werden? Ein Riesengemetzel wahrscheinlich.

Aber wir wollen das Märchen vom F.A. Cup nicht überstrapazieren. Obwohl die meisten von uns für jeden hart erkämpften Ausgleichstreffer in Rochdale eine beträchtliche Begeisterung an den Tag legen können, reisen wir Tranmere nicht wegen ihres fortschrittlichen, freifließenden Fußballspiels nach. Wir geilen uns an unserem Ruf auf, die übelste kleine Crew in der dritten Liga zu sein, und der Zauber des F. A. Cup liegt für uns darin, daß er jedesmal Streß bringt. Zumal in der ersten Runde gibt es *immer* Ärger. Ob gegen Hyde United oder Leek Town, für den Cup rottet sich alles zusammen.

Sogar gegen Wrexham. Ich habe selten erlebt, daß ein Spiel so gespannt erwartet wurde wie dieser Lokalknatsch mit den Bauerndoofies aus Wrexham. Sie hassen uns mit dem ganz eigenen, rechtschaffenen Groll und Zorn eines Sklaven, der seinen Unterdrücker verabscheut, aber für uns sind sie eben Unterklasse: eine Birmo-Hosen tragende Subspezies mit Knasthaarschnitt, die das W in ihrem Namen betonen, wenn sie uns vertreiben wollen. Manchmal kann es haarig werden, wenn man an einem Ort wie Mansfield solchen Horden von Debilen zahlenmäßig unterlegen ist, aber es gibt nichts Beruhigenderes, als sie sprechen zu hören. Leute, die einen »junger Mann« nennen, können einem nichts tun, und wenn Wrexham mit so weit wie möglich ausgestreckten Armen losstürmt und dabei mit voller, rotgesichtiger Kraft »Wuh-reck-sem« brüllt, dann weiß man, daß es richtig lustig wird. Wir dachten schon, wir hätten sie für immer verloren, als sie letzte Saison aufstiegen und uns für die Lokalschlachten nur Chester und Crewe übrigließen. Aber nun sind wir wieder da. Zurück, um sie zu quälen. Es wird mörderisch werden. Also lohnt sich der Ausflug nach Birkenhead North, um die Crew zu treffen, obwohl ich mich auch in Neston hätte anschließen können. Keiner weiß genau, wo ich wohne, nur daß es außerhalb ist – nicht mal Elvis –, aber mir wäre schon eine Ausrede eingefallen, wenn ich dort zugestiegen wäre. Aber darum geht es nicht, jedenfalls nicht nur. Man will dabeisein, mittendrin und von Anfang an.

Es ist gerade elf Uhr, aber hier in »The Tub« sehen manche Typen aus, als wären sie schon stundenlang in der Kneipe. Wenn ich mich so umsehe, überkommt mich sofort der Stolz – diese Bande liefert jedem einen anständigen Kampf. Marty O'Connor, ein rasierter rothaariger Rundschädel, wippt an der Jukebox zu The Stranglers. Baby Millan, der Stanley-Experte mit dem frechen Gesicht, schäkert mit ein paar Wochenendtussis aus Park Hampers. Eddie Spark und John Godden streiten sich mit Batesy über Secret Affair und die Glory Boys. Elvis, wahnsinnig dünn, begrüßt mich mit seinem ironietriefenden Grinsen und zusammengekniffenen Augen, er sieht aus wie ein Technicolor-Bryan-Ferry mit seiner blaßlila Lederhose. Elvis zupft und pustet an seinem monströsen, pflaumenblau gefärbten Popperschnitt herum und winkt mich zur Bar.

»Alles klar, Carty? Schau dir Batesy an, motzt rum wegen den Scheiß-Mods. Sogar Scheiß-Wrexham hat seit neuestem Parkas an. Scheiß-schwachköpfe.«

Elvis und ich sind vielleicht die größten Modefreaks in The Pack – einer ohnehin verdammt gut angezogenen Crew, welchen Maßstab man auch anlegt. Die meisten von uns haben Popperschnitt oder Seitenscheitel und tragen Samba- oder Stan-Smith-Turnschuhe, Lois-Jeans und einen Cardigan. Ein paar von den älteren Jungs haben immer noch Mittelscheitel wie die BeeGees und tragen Schaffelljacken, aber was soll man von Typen in den Zwanzigern erwarten? Sie verarschen uns ganz gerne, wenn wir uns nach einem Auswärtsspiel regendurchnäßt zu Tode frieren, aber sie sehen auch, wie sich die Mädchen um uns drängeln, wo wir auch sind. Wir sehen einfach angemessen aus, und jeder weiß das. Einmal hat Marty O'Connor zu einem Match eine Dose blauen Sprühlack mitgebracht und wollte unsere Lippen und Finger blau ansprühen.

»Was ist das verdammte Problem?« gackerte er, als wir alle vor der Spraywolke davonliefen. »Das ist Adidas-Lack. Für den neuesten Odgie-Gefrier-Look!«

Odgie. Marty ist eher für den New-Skin-Look. Gerade haben Slaughter and the Dogs noch gefragt, wo die ganzen Boot Boys hin sind, und schon haben wir Sham 69 und eine neue Skinhead-Brut. Es ist ziemlich schwierig mit diesem reaktionären Mob aus dem North End, der in Birkenhead immer noch die alte Hafenarbeitergemeinde sieht. Diese Crew *haßt* die Scousers, ein Vorurteil, das auch die jüngsten Zusammenstöße zwischen Liverpool und Tranmere nicht ausräumen konnten.

Es fuchst alle, daß die Scousers uns immer noch für Bauern halten, obwohl wir uns genauso anziehen wie sie. Marty und Eddie Spark und eine ganze Menge ältere Jungs können nicht verstehen, warum wir wie Odgies aussehen wollen. Sie würden es besser finden, wenn wir alle Glatzen hätten. Ich habe nichts gegen ein paar Skins in The Pack, sie sehen immer böse aus, aber unsere ganze Identität, der ganze Sinn und Zweck von The Pack und der Grund für unseren Ruf ist, daß wir aussehen und uns benehmen wie sonst niemand in dieser Liga.
Die haben alle keine Ahnung in der dritten. Liverpool hat in der letzten Saison mit dem Popper-Look angefangen, und weil wir so nahe dran sind, hatte Tranmere hier bald seine eigene Popper-Gefolgschaft. Eigentlich sind es nur noch Stockport und Fulham, die darauf angesprungen sind, aber sogar bei denen sind es nur ein Dutzend, allerhöchstens zwanzig Jungs. Es ist das größte, so angezogen in Orte wie Chesterfield zu kommen. Die sind eine Sorte für sich. Sie sehen die Frisuren, und schon gehen sie auf uns los. Das Ritual ändert sich nie. Sie sind überall tätowiert, totale Feiglinge und treten immer in Massen auf. Sie warten vor dem Bahnhof, und wenn dann so etwa sechzig von uns ohne Lärm und ohne Schals aus dem Zug steigen, dann fangen sie an, mit den Händen in den Hüften auf dem Vorplatz herumzulaufen und wie kleine Mädchen zu jubeln. Die glauben wirklich, sie werden leicht mit uns fertig, weil wir keine Erziehungsheim-Tattoos und keine drei Schals pro Mann haben. Und daß wir sauer sind, weil ihnen unsere Klamotten nicht gefallen. Es ist jedesmal ein Riesenspaß, wenn wir da ankommen und sie schlicht zur Sau machen. Ihre Gesichter sind einfach zuviel des Guten. Sie wissen nicht, was los ist, und wenn sie dann die Klingen sehen ... Naja, bei Sonnenuntergang sind sie dann älter und klüger. Tranmere ist die einzige Crew in der dritten, die bei Auswärtsspielen mit dem Zug kommt, und wir sind die einzigen, die Stanley-Messer benutzen – wie Chesterfield und die ganzen anderen Idioten inzwischen wissen.

»Die sollen die hierlassen!«
»Was is?«
»Im Ernst. Die sollen die ausziehen und hierlassen hinter der Bar. Kannst nich nach Wrexham fahren mit Scheiß-Parkas an Bord. Die machen verdammte Affen aus uns.«
Elvis lacht.
»Dann sags ihnen!«
Wir holen uns jeder ein Bier, das auf Elvis geht, und bleiben an Batesys Tisch stehen, um ihn wegen seiner Kleider zu veräppeln.
»Mach schon, Batesy! Laß mal sehen!«
»Was is?«
»Komm schon, schön weit aufmachen!«
Ich greife nach seinem Mund. Batesy weicht zurück.
»Pfelpiß dich, du Schwachkopf. Pfeldammt, was solln das?«
Elvis krümmt sich vor Lachen. Ich lege einen Arm um Batesy und packe mit Daumen und Zeigefinger seine Unterlippe.
»Los, komm! Wir wollen nur dein Tattoo sehen! Wo ist es? M-O-D, oder? Scheiße, Batesy, ich dachte, du bist unser Obermacker?«
Batesy grinst. Obwohl er ein bißchen lahmarschig ist, wird er respektiert; er ist ein harter Kämpfer, und ich fühle mich noch nicht sehr lange berechtigt, die Leute hier zu verarschen – nicht nur ihn, sondern überhaupt. Batesy ist gut drauf, und er erzählt uns, daß ein paar von unseren Senioren, Casey und Ally Quinn und ein paar von den älteren Woodchurch-Typen, sich überlegen, für diesmal aus dem Ruhestand zurückzukehren – so verlockend ist der Cup. Batesys diverse Sprachfehler täuschen keineswegs über seinen Mangel an Tücke hinweg. Obwohl er sein Stottern einigermaßen unter Kontrolle hat, kann er zwischen Th, V und F-Lauten nicht unterscheiden, und noch schlimmer ist sein babyhaftes Unvermögen, das R auszusprechen. Deswegen sind die fon Polt Fale gelannt wie die Kalniggel damals im August fol dem Ficky Lodge.

Es sickert durch, daß »The Tub« die ganze Nacht offen hatte, und Batesy aalt sich in einer höchst verwickelten und höchst unwahrscheinlich klingenden Geschichte, in der er und Ally Quinn als unermüdliche Casanovas im Dreier mit der Zahnlosen Elsa vorkommen, einem der zauberhaften Barmädchen im »Tub«. Wir lachen alle heiser und glauben Batesys Geschichte nicht, aber es ist uns egal, ob sie wahr ist. Eine tolle Atmosphäre. Jeder weiß Bescheid. Das wird heute ein gewaltiges Spiel.

Ich und Elvis stehen an der Tür, trinken unser Bier und schauen zu, wie sich all die Kleinen vor dem Bahnhof versammeln. Sie sehen schick aus, Mini-Bengels in Kordhosen, Turnschuhen und Adidas-Windjacken. Ein paar gute kleine Krawallbrüder sind darunter. Billy Powell ist erst ungefähr vierzehn, aber er ist schon mehr als einmal sehr gut zu gebrauchen gewesen. Die meisten der Juniortruppe – hauptsächlich die kleinen Ratten aus Ford und aus Woodchurch – steigen erst in Upton zu. Mit der Firma hier und wenn man davon ausgeht, daß in Bidston noch ein paar dazukommen, sieht das alles nach einer Crew von an die achtzig im Zwölf-Uhr-zehn-Zug aus. Die wird mit Wrexham bequem fertig – sogar bei einem F.-A.-Cup-Spiel.

Damien O'Connor, Martys kleiner Bruder, ist schon im Zug, als wir einsteigen. Er geht mit einem leeren Bonbonglas in den Waggons auf und ab und schnorrt von den älteren Jungen Drinks für seinen bereits traditionellen Pack-Punsch zusammen. Bis jetzt hat er in seinem Glas Carlsberg Special Brew, Bacardi, Wodka, Scotch und eine ganze Dose Cola, was dem Gebräu eine trübe, ekelhafte Konsistenz verleiht.

»Eine Spende, meine Herren?«

»Ihr Kroppzeug solltet eure Finger vom Alkohol lassen«, sagt Elvis.

Elvis kann einen wirklich verdammt runterziehen, wenn er so ist. Nur wenn er Lust zum Trinken hat, ist alles cool: Jim Morrison trank gerne einen, nenn mir einen großen – einen *großen* – Künstler, der nicht in irgendeiner Form von bewußtseinserweiternder Stimulation profitiert hat, bla bla bla. Aber wenn ihn der Alk gerade nicht reizen kann, sind alle, die trinken, Subbies. Trinken macht träge, stumpft den Instinkt für Gefahr ab usw. usw. usw. Und dieser gesunde Menschenverstand gehört, nebenbei gesagt, dem ersten Typen, den ich dabei gesehen habe, wie er jemanden mit einem Stanley von der Schläfe bis zur Oberlippe aufschlitzt. Er ist ein Irrer, unser Elvis, aber das macht einen Teil seines Charmes aus.

»Du wirst uns gegen Wrexham verdammt überhaupt nichts bringen.«

Er kann das so sagen, aber einige von uns *brauchen* ganz einfach vor Spielen wie diesem etwas zu trinken. Es kribbelt schon im Bauch, und wir sind erst in Bidston. Elvis, dürr und sogar in der engsten Lois völlig arschlos, steht auf und greift tief in seine Jackentasche.

»Eigentlich ...«

Er zieht ein kleines Papierbriefchen hervor. Ich sehe einen Tropfen Blut an seiner Fingerspitze, wo er sich geschnitten hat. Ich sage ihm immer, er soll die Klinge einklappen, wenn er das Messer dabeihat – katastrophal für das Jackenmuster. Er öffnet das Briefchen mit dem Speed.

»Komm her!«

Damien reicht ihm das Bonbonglas, und Elvis schnipst vorsichtig die Hälfte des rötlichen Pulvers aus dem Briefchen in die üble dunkle Mixtur. Er zückt sein Stanley, und zum großen Vergnügen der Umstehenden verrührt er die Flüssigkeit zu einem schäumenden Gebräu. Dann gibt er dem kleinen Damien das Glas zurück.

»Wenn du sowieso verrückt wirst, sollst du auch wissen, warum.«

Damien grinst und verzieht sich in eine Ecke des Waggons. Dort versucht er, sich so zu verkeilen, daß er einen ordentlichen Schluck Punsch trinken kann, ohne daß durch das Rütteln des Zuges alles danebengeht. Er schmatzt und zuckt ulkig. Elvis reicht mir das Papier mit dem Speed. Ich meide die blutige Ecke, die er mit seinem verletzten Finger angefaßt hat.

»Hast du ›Whistle Test‹ gesehen?«

»Nee. Bin doch verdammt noch mal beim Warten im Sessel eingeschlafen.«
Elvis beugt sich vor, und aus seinen Augen spricht der nur ihm eigene Wahnsinn.
»Ach, ich faß es nicht, daß du das verpaßt hast, Mann! Joy Division. Völlig drüber. Curtis, Mann ...«
Ich nicke fachmännisch, obwohl ich deren letzte Vorstellung nicht gesehen habe. Elvis und ich haben Joy Division bei einem Wohltätigkeitskonzert für Amnesty gesehen, im Mai. Wir sind hauptsächlich hingegangen, um Kleenex und The Raincoats zu sehen, reine Mädchenbands, die bestimmt ganz gerne hören, daß ihre Plattencover so manchem einsamen Jüngling als Wichsvorlage dienen, ob sie nun Trotzkistinnen sind oder nicht. Aber Joy Division hat uns dann umgehauen. Ian Curtis legte so viel existenzielle Angst und Wahnsinnsenergie in seine Show, daß er nach vier oder fünf Songs zusammenbrach. Sie können nicht länger als eine halbe Stunde auf der Bühne gewesen sein, aber es war absolut überwältigend. Und sie sind noch besser geworden. Vor ein paar Monaten erst sind wir ins »Futurama« in Leeds gegangen, und obwohl Soft Cell, The Human League, Echo and the Bunnymen und U2 mit auf dem Programm standen, hat uns nur Joy Division wirklich vom Stuhl gerissen. Elvis und ich reden oft über einen Selbstmordpakt, der zu »New Dawn Fades« gezeigt wurde.
Als der Zug in Upton einfährt, machen alle lange Hälse und hoffen auf eine gute Crew zur Ergänzung des prächtigen Mobs, der schon an Bord ist. Uns erwartet ein ganz besonderer Anblick. Auf dem Bahnsteig drängeln sich nicht nur die üblichen Mitläufer und Lutscher, die wir erwartet haben, sondern auch eine ausgewachsene Crew aus Woodchurch. Sind ein paar echt gute Kerls dabei, Hardy, Kev the Man, Christy Byatt mit einer grünen Uniformmütze, und alle rempeln sich wie verrückt an und dreschen mit zusammengerollten Zeitungen aufeinander ein. Hardy trägt eine Augenklappe, was einwandfrei aussieht,

obwohl meines Wissens seinen Scheißäugelchen nichts fehlt. Und da ist ein Junge mit einer Krücke, der ein bißchen herumhumpelt. Eine Krücke oder den Arm in der Schlinge macht sich immer gut in der Crew. Ich schätze, daß es mindestens dreißig Neuankömmlinge sind, ein ulkiger Anblick neben der Handvoll stiller Eisläufer, die zum Deeside Leisure Centre in Shotton aussteigen werden. Um besser zu sehen, dränge ich mich zum Fenster, und sofort bin ich überwältigt von Begeisterung für die riesigen roten Backsteinhochhäuser von Ford Estate auf der einen Seite der Schienen und die eintönigen weißen Blocks von Woodchurch auf der anderen. Nicht zum erstenmal stelle ich fest, daß mein Muffensausen der schieren Vorfreude weicht.
Ich packe Damien: »Laß mich mal probieren, ehe diese Kretins einsteigen.«
Ich nehme einen Schluck von seinem Zaubertrank und lecke mir die Lippen. Ich weiß, daß heute etwas passieren wird, und ich weiß, daß ich mittendrin sein werde. Auswärts laufe ich meistens einfach mit der Herde und mache höchstens das, was erwartet wird. Ich renne selbstverständlich nicht weg, aber ich bin auch keiner, der sich zu weit aus dem Fenster hängt. Das ist ungeschriebenes Gesetz. Es gibt Leute wie Marty und John Godden, bei denen man sich darauf verläßt, daß sie den Streit vom Zaun brechen, und wenn man auch manchmal glaubt, daß sie sich ein bißchen viel Zeit lassen – sie sind die Macher. Es ist ihre Entscheidung. Ich bin mir immer der Tatsache bewußt, daß das hier erst der Anfang meiner dritten Saison bei The Pack ist und daß sie gerade anfangen, mich zu akzeptieren. Trotzdem steigt es mir manchmal zu Kopf, ich kann nichts machen, dieser wahnsinnige Adrenalinstoß erfaßt mich einfach, ein taumelnder, wilder, loyaler Stolz auf The Pack. Ich würde nur zu gerne alles für sie tun.
Das empfinde ich jetzt, während der Zug mit einem Ruck zum Stehen kommt, und ich lecke mir die restlichen Körnchen Sulfat von den Zähnen. Ich werde dafür sorgen, daß mich heute jeder kennenlernt,

nicht zuletzt diese Woodchurch-Typen, die gerade zusteigen. Ich nicke Leuten zu, die ich kenne, die aber nicht zum Stamm gehören. Der Traum vom Cup und die Tatsache, daß es Wrexham ist, hat alle möglichen Konsorten hergelockt. Es ist eine höllische Crew, und ich gehöre genau hier hin, zu den besten.

Zwei Jungen, die wir aus »Eric's« und dem Tunnelbus kennen, stellen sich zu Elvis und mir. Was heißt, wir kennen sie – alles, was wir miteinander reden, ist: »Alles klar.« Wir wissen nicht mal, wie die heißen. Wir nennen sie immer die Spics, weil sie ein bißchen nach Latino aussehen. *Portugiesen*, hat Elvis neulich abends nach zu viel Selbstgezogenem bei einem Cabaret-Voltaire-Auftritt beschlossen. Da haben wir so ziemlich zum letztenmal wirklich versucht, mit ihnen zu reden. Sie sind nicht direkt unfreundlich, nur sehr still – und irgendwie ziemlich psychotisch. Danny Allen, ein Scouse-Junge, der seit letztem Sommer auf dem Nocky wohnt, gesellt sich zu uns.

»Alles klar, Paul?« Danny nennt mich immer bei meinem Vornamen, wahrscheinlich, weil er einmal in einer offiziellen Angelegenheit ins Amt kommen mußte. Für mich ist es nur ein Job, aber die Leute haben Angst. Sie glauben, sie kommen nie wieder lebend raus dort.

»Tachchen, Danny. Tolle Bande, hä?«

»Verdammt richtig, Kumpel. Die würden auch Liverpool Beine machen, die hier schon.«

Er ist immer ein wenig unsicher, weil er aus Liverpool kommt, und seit der ganze Ärger wieder angefangen hat, überkompensiert er und macht die Odgies bei jeder Gelegenheit schlecht. Aber er ist trotzdem in Ordnung. Ein bißchen ein Hosenscheißer eben. Ich wollte alle dazu bringen, daß sie ihn Danny Jekyll nennen, weil er immer so heimlich tut, aber das hat sich nie durchgesetzt.

»Das in Buckley will ich sehen«, sagt Danny warnend. »Letztes Jahr im League Cup bin ich mit dem anderen Haufen nach Wrexham gefahren.« Sein Gesichtsausdruck soll andeuten, daß Buckley gegenüber Bowery

beim Großen Preis der bösen Nachbarn keinerlei Hemmungen hat.
»Buckley, Mann. Ich sage dir. Ambush City. Haben jedes Fenster in dem verdammten Zug eingeschmissen.«
Als ob wir über Buckley nicht Bescheid wüßten.
»Ich sage dir, Danny, wenn irgendein Schwanz in Buckley es verdammt noch mal wissen will, dann sind wir raus aus diesem verdammten Zug. Da kennen wir nichts.«
Enttäuschenderweise wartet in Buckley kein Empfangskomitee. Als unser Zug wieder anfährt, kommen zwei Jungen aus ihrem Versteck und machen das Wichserzeichen. Sie sind die reine Wrexham-Scheiße, die beiden, die Sorte, die einem noch auf den Kopf springt, wenn sie zu sechst gegen einen kämpfen. Ich wuchte das Fenster herunter und schreie den näheren, der größer ist, an. Vorstehende Zähne. Häßlicher, dünner Fusselbart. Lächerlicher Versuch, sich so anzuziehen wie wir. Was hat er erwartet? Daß wir Wrexham jetzt plötzlich respektieren, weil sie versuchen, sich passend anzuziehen? Daß wir sie in neuem Licht sehen? Er sieht aus wie ein totaler Arsch. Beschissene Harrington-Jacken, beschissene unbestimmbare Wrangler-Schlurfschuhe, beschissene, dreckige Green-Flash-Hosen. Zutiefst beschissener Versuch eines Popper-Schnittes; das war offensichtlich seine große Schwester, nach einer Zeichnung.
Elvis und ich johlen, und Elvis schreit in seiner Ifor-the-Engine-Stimme: »Grrr, rhm, das ist, naja, auf der einen Seite *lang* und irgendwie, auf der anderen *kurz*.«
»Als wär er von Human League, ja?«
»Hjuman League?«
Batesy kommt durch; wie bei jedem Auswärtsspiel zählt er ab, wer alles im Zug ist. Im nächsten Waggon gibt es eine kleine Auseinandersetzung. Wir sind gerade durch Gwersyllt gefahren, und John Godden will, daß alle an der nächsten Station aussteigen, in Wrexham General. Wrexham General liegt am Stadtrand, aber nahe beim

Stadion. Marty und Eddie wollen bis Wrexham Central weiterfahren und dann ein bißchen durch die Stadt trödeln, mal sehen, was so los ist. Es ist noch nicht mal ein Uhr, und Marty will wissen, was zum Teufel wir zwei Stunden lang an diesem Ende von Wrexham machen sollen.

Godden glaubt, daß er einen guten Tip bekommen hat: »Sie werden da sein, Kumpel. Im ›Turf‹. Verdammte Hundertschaften von diesen Ärschen.«

»Wrexham *hat* keine verdammten Hundertschaften.«

»Ich sags dir. Allys Cousin arbeitet bei Marshall's. Die sind total heiß auf dieses Mal. Wenn du glaubst, daß das ein Spaziergang wird, mußt du verdammt noch mal neu nachdenken.«

»Einwandfrei. Ich hoffe, da *sind* Hundertschaften von denen. Sie werden jeden einzelnen Mann brauchen.«

»Laßt uns einfach an der nächsten Station aussteigen. Wenn sie da sind, geben wirs ihnen. Wenn nicht, laufen wir in die Stadt. Es ist nur eine halbe Scheißmeile.«

»Und was ist, wenn die alle am Central sind und auf uns warten, und wir kommen nicht? Sollen sie überall rumerzählen, daß wir die Nerven verloren haben?«

»Verpiß dich, Marty! Wir werden sie verdammt noch mal verdreschen, wo sie auch sind. Und du *weißt*, wo sie sind.«

»Ja. Vielleicht. Aber erst würd ich mir gerne eine neue Jacke holen. Beim Stadion sind nicht gerade viele Geschäfte, oder?«

Godden sieht aus, als würde er Marty gleich eine reinhauen, aber dann grinst er breit. »Warum hast du das nicht gleich gesagt?«

»Weil ich dir gern auf die Nerven gehe, du Arsch.«

Danny Allen meint offensichtlich, in diesem Moment einschreiten zu müssen, als Stimme der Vernunft. »Laßt uns einfach in die Scheißstadt oder was immer gehen und die Jungs dort aufspüren. *Irgendein* Arsch muß doch da sein, oder?«

Irgendwie hat er die Sache im Griff. Batesy versucht es ein letztes Mal, sie für das Aussteigen an der nächsten Station zu gewinnen, wird aber ausgelacht.

»Batesy übernimmt den Verein für ältere Herren ganz allein!« Elvis lacht. »Sieh zu, daß du diesen Arsch Geraint Williams verdrischst! Der alte Geraint! Ein verrückter Schweinehund!«

Keiner weiß genau, was Elvis eigentlich meint, aber wir lachen trotzdem heiser. Als wir in Wrexham General einfahren, wird Batesy festgehalten und darf erst nach ein paar gesalzenen Kopfnüssen wieder aufstehen. Alle sind ziemlich fest entschlossen, die Stadt hochzunehmen, komme, was wolle, und als der altmodische Zwei-Wagen-Zug schließlich in Wrexham Central zum Stehen kommt, erhebt sich großes Gebrüll.

»Geben! Wirs! Wrexham!« schreit Godden und tritt die Waggontür auf.

»Packt se und zerhackt se!« schreit die Bande.

Alle stürmen aus dem Zug, strömen unter Sprechchören über den Bahnsteig und hinaus auf die Straße. Wir bleiben kurz stehen und wissen nicht, wo wir zuerst hingehen sollen. Dann teilt sich der Mob und schlägt verschiedene Richtungen ein.

Die Juniors, die zu klein sind, als daß ans Aufreißen auch nur zu denken wäre, gehen auf Raubzug. Die werden mal eine tolle kleine Firma, wenn sie älter sind. Die haben vor nichts Angst und kümmern sich wirklich umeinander. Die meisten von der Crew, die in Upton zugestiegen sind, wollen ein bißchen herumtigern, so daß nur unser Kern plus Christy, Hardy und Kev aus Woodchurch übrigbleiben, um sich nach Wrexhams Schätzchen umzusehen. Nach einem Marsch durch die kleine Fußgängerzone im Zentrum haben wir eine bescheuerte Lord-Anthony-Jacke für Marty ergattert, der sie flott findet, und außerdem schiefe Blicke von mißgestimmten Leuten beim Einkaufsbummel geerntet. Von Wrexham-Anhängern keine Spur. Ein überfreundlicher Bulle kommt

vorbei und will mit seiner sauergesichtigen weiblichen Komplizin im Schlepptau mit uns anbändeln.
»Ja hallo, Jungs! Ihr werdet uns doch heute keine Schwierigkeiten machen, oder?«
»Nicht, wenn eure Hosenscheißerbubis sich weiter vor uns verstecken.«
Der Bulle versucht, die Sache locker zu nehmen, und erzählt uns, daß auf ihn eine Nummer wartet, wenn er heute früher nach Hause kommt. Aber die Polizistin ist nicht in der Stimmung, mit Abschaum wie uns zu konspirieren. Sie ermahnt uns und schickt uns weiter. Vor uns ist eine Bande von Kids, die schreien und mit Flaschen werfen. Aber selbst wenn sie uns aus der Reserve locken könnten, was sie nicht können, würden sie einfach wegrennen, ehe wir auf zwanzig Meter an sie herangekommen wären. Überlassen wir sie den Juniors! Ein halbes Dutzend von ihnen wird mit diesen Arschlöchern fertig.
»Das ist Scheiße!« sagt Godden. »Dieser verdammte F.A. Cup! Ich hab mich wochenlang drauf gefreut. Ich hab euch verdammt noch mal gesagt, wo sie sind. Laßt uns zu dem verdammten Stadion gehen und uns die Kretins vorknöpfen!«
»Ach, scheiß drauf!« sagt Marty und bleibt vor einem mitgenommen aussehenden Pub namens »The Mitre« stehen. »Laßt uns da drin was trinken! Los, kommt! Diese Scheißherumrennerei ...«
Danny Allen macht Godden klar, daß die Wrexham-Crew wochentags ins »Mitre« geht. Wir strömen hinein. Das Lokal ist wie ausgestorben. Irgendwie sind die Energie und die Spannung von vorher durch die ganze Zankerei und das ziellose Herumlaufen verpufft. Godden hat recht. Wir sollten einfach zum Stadion gehen und sehen, was los ist. Es kann nicht sein, daß von Wrexham niemand auftaucht. Natürlich werden sie kommen. Sie sind ein größerer Club als wir, wo sie doch jetzt anfangen, sich als Nationalteam von Wales zu verkaufen, und von ganz North Wales unterstützt werden. Dieses Scheiß-Wales absolviert

seine Heimspiele heutzutage im Racecourse. Das hier ist der F.A. Cup. Sie werden kommen. Elvis und ich stehen an der Tür Schmiere, während Kev the Man mit ungültigen Shillingmünzen den Spielautomaten leert.

Draußen auf der Straße, ganz in der Nähe, hört man Gebrüll, und als wir alle drei gleichzeitig hinausrennen wollen, um zu sehen, wer da kommt, klettert eine Meute von mehr als dreißig Mann über den Drahtzaun hinter dem Bahnhof. Elvis rennt geradezu hysterisch in den Pub zurück.

»Los, kommt!« Wie viele legendäre Gefechte sind mit diesen zwei einfachen Worten schon in Gang gesetzt worden? Elvis ist kaum wiederzuerkennen.

»Los, kommt! Sie sind da! Die greifen verdammt noch mal an!«

Alle springen auf, rennen mit dem Glas in der Hand aus dem Pub und wollen es wissen. Als wir an den Flanken aus der Form geraten, weil zu viele gleichzeitig loslegen wollen, kommt das übliche Kommando: »Stehenbleiben!« Ich kann kaum atmen. Mein Blick schießt blitzschnell hin und her, ich suche ein Ziel und hoffe Bucktooth zu finden, den Vorposten.

Er ist nirgends zu sehen. Was ich sehe, sind entfernt bekannte Gesichter. Hardy und Kev gehen vor Lachen in die Knie. Die Bande, der wir gegenüberstehen, besteht aus lauter älteren Jungs, Ende Zwanzig und Dreißigjährige, hauptsächlich Woodchurch-Typen, die vor Jahren immer zu Tranmere gegangen sind. Ach, du liebe Scheiße! Die Senioren sind da. Das wird was!

Wir freuen uns diebisch auf die bevorstehende Schlacht und beschließen, zum Stadion zu ziehen. Marty wirkt jetzt fröhlicher. Der Vorfall hat eine Menge Spannung abgebaut, und die Senioren beleben die gute Laune mit einem Hagel von gemeinen Witzen, die auf einen fetten Skin in ihrer Mitte gemünzt sind, auf Billy Money. Casey hat seine wahre Freude an der Geschichte, wie sie alle in den sechziger

Jahren nach Southport gefahren sind, damals, als Southport in der Liga war, und ein Haufen Jungs von denen sie auf dem Volksfest eingekesselt hat. Billy Money hat dabei laut und sichtbar seine Skinners eingeschissen, ein Vorfall, an dem er immer noch tapfer nagt und den er einem verdorbenen Bier zuschreibt.

Vorn kommen uns ein paar aus der Juniortruppe mit verzerrten Gesichtern vom Stadion entgegen. Damien, vom Trinken und vom Speed ganz frenetisch, bringt kaum ein Wort heraus.

»Da unten … sind ungefähr tausend von denen! Die werden es uns ganz übel geben, Mann! Äxte und so!«

Elvis und ich werfen Godden einen kurzen Blick zu, der hebt die Schultern und grinst. Er hat natürlich recht gehabt, aber Marty in gewisser Weise auch. Was ist, wenn die von Wrexham *wirklich* am Bahnhof gewartet haben? Aber wahrscheinlich haben wir es trotzdem richtig gemacht.

Danny Allen schluckt. »Tausend, verdammt! Wo kommen die alle her?«

Elvis lacht. »Du weißt doch, was tausend in einer Juniortruppe bedeuten, Kumpel. Zwanzig Skinheads und eine Mod-Gang. Los, kommt!«

Christy und Casey und Quinny und die ganze Woody-Mannschaft haben schon angefangen, Zäune abzureißen und Einfassungsmauern einzutreten, wegen der Steine.

Christy nimmt in jede Hand einen Stein. »Los, kommt!« schreit er und stürmt mit glasigen Augen voran.

Unsere so selbstsichere Bande erhebt ein gewaltiges Gebrüll und drängt vorwärts; wir sind scharf darauf, der sagenumwobenen Wrexham-Firma zu begegnen. Ich mache John Godden noch mal auf mich aufmerksam, denn ich warte darauf, daß er und Marty das Okay geben, aber er hat Mühe, in dem Tumult gehört zu werden, und alle rennen an ihm vorbei, schreien und werfen schon jetzt mit losem Mauerwerk.

Die Straße am General-Bahnhof fällt stark ab, eher ein Einschnitt als eine Unterführung, und dort unten zieht eine große Meute aus Wrexham zum Stadion. Christy bleibt für einen Augenblick stehen, und alles stockt. Wrexhams Nachhut ist von dem Radau erschreckt, dreht sich um und weicht instinktiv zurück. Marty und John drängen aus der Mitte von The Pack hervor, mustern die von Wrexham, stürmen den Abhang hinunter und genau mitten ins Volk. Wie in »Rob Roy«. Ohne Ausnahme gehen alle von uns blitzartig auf die anderen los. Die meisten ihrer Jungs drehen sich einfach um und rennen los, aber es ist immer noch eine ordentliche Menge da, die bei Fuß steht und die Prügel einsteckt. Ich verpasse einem Jungen einen Haken, und sofort platzt seine Oberlippe; alles ist voll Blut und Rotz, und er fällt heulend um.

»Los, kommt, Tranmere! Auf die Scheißkerle!« schreit Hardy, während er mit etwas, das wie ein Totschläger aussieht, auf einen Mod eindrischt. Er prügelt ihn immer noch, als der Knabe schon bewußtlos ist und wie ein Kabeljau japst. Der Junge, der sich aufs Humpeln verlegt hat, greift an und schlägt mit seiner Krücke um sich. Von Elvis sehe ich nur etwas Blaßlilafarbenes. Zwei aus Wrexham sind an ihm dran; der eine will ihn von hinten zu Boden ziehen, während sein Kumpel auf der Erde liegt und versucht, Elvis in die Eier zu treten. Ein dritter kommt angerannt und schwingt einen hölzernen Knüppel über dem Kopf, einen ganzen Zaunpfahl. Er will Elvis den Schädel einschlagen. Bevor ich eingreifen kann, kracht das Ding herunter, aber Elvis dreht sich weg. Mit derselben Bewegung ritzt er dem Jungen hinter ihm den Handrücken auf. Der auf dem Boden will wegkriechen, aber ich verpasse ihm mit der Linken eine ins Gedärm, und dann kriegt er noch ordentlich eins aufs Ohr. Der Held mit dem Knüppel steht wie angewurzelt da und starrt Elvis' Klinge an, als könnte sie ihm nichts tun, solange er sie im Auge hat. Elvis springt ihn an, streift ihn oben am Skalp und schnellt zurück. Er kauert vor diesem armen Arsch, bereit, ihm noch mehr zu verpassen. Ein dünnes Blutrinnsal fließt an der Stirn des Kerls hinunter, gabelt sich an der Nase und läuft über seine aufgeschwemmten Wangen. Er hält immer noch seinen Knüppel fest. Ich springe hin und trete ihn in die Seite, und diesmal läßt er den Zaunpfahl fallen. Elvis greift wieder an und zersäbelt den Tölpel mit der üblichen Schnipselnummer. Der fällt um, und Elvis ist offenbar froh, daß er aufhören kann. Aber ich muß den Arsch einfach fertigmachen. Er schaut mich dumm an und will etwas sagen, da hebe ich sein Holz auf und schlage damit auf ihn ein. Er rollt sich zu einer Kugel zusammen, um sich zu schützen, und als ich mit dem Knüppel auf seine Hände dresche, höre ich seine Knöchel krachen.

Die Angst vor der Klinge hat sich ausgebreitet. Sie sind überzeugt, daß wir alle Stanleys haben, und ziehen sich Richtung Stadion zurück, ohne sich allerdings wirklich umzudrehen und zu fliehen. Neben ein paar Hämmern und Totschlägern gibt es jedoch nur fünf oder sechs echte Stanley-Experten in The Pack. Die von Wrexham verallgemeinern das und nehmen es als Vorwand. Ich bin ein bißchen enttäuscht, denn ich weiß, daß wir sie heute fertiggemacht hätten, auch ohne Waffen und ohne Casey und Co.

Es kommen immer mehr berittene Polizisten mit knurrenden Hunden. Ein paar von den älteren Wrexham-Skins rotten sich vor dem Stadion zusammen und versuchen, ihre Crew zum Stehen zu bringen. Die Hundeführer treiben sie jedoch hinter die Drehkreuze und sperren sie ein, während die Berittenen versuchen, die Tranmereleute zu unserer Seite herüber zu treiben. In all dem Geschrei und Gebell versuchen wir, gegen die Polente anzudrücken und dabei diesen sabbernden Hunden aus dem Weg zu gehen. Die Bullerei ist gerade im Begriff, uns erfolgreich von Wrexham zu trennen, als ein weiterer Zug in Wrexham General einfährt. Er ist voller Tranmere-Kutten, und ihre schiere Masse, die aus dem Bahnhof quillt, durchbricht den Polizeikordon. Ein einziger lauter Aufschrei, und wir stürmen wieder hinüber auf die Wrexham-Seite, aber inzwischen sind sie im Stadion, hängen über die Balustrade, pöbeln uns an und werfen mit allen möglichen Sachen nach uns. Auf der Straße weinen Kinder, weil vor ihren Füßen Glas zersplittert und die Schäferhunde gnadenlos bellen, während ihre Dads versuchen, sich unter einem Hagel aus Flaschen und Gläsern von der Wrexham-Seite aus einen Weg durch unseren Haufen zu bahnen.

»Verdammte Scheiße, Tranmere!«

Ich wußte es.

»Scheißnieten, ohne eure Messer! Hosenscheißer!«

Wir drängen wieder zurück zu den Toren. Die Bullen verlieren die Geduld, stürmen mit den Hunden in unsere Mitte und treiben uns über die Straße auseinander.

»Stehenbleiben, Tlanmele! Bleibt pfeldammt noch mal stehen!« schreit Batesy, und sein zerschnittenes Augenlid zuckt manisch.

»Macht die pfeldammten Hunde feltig, wenns sein muß!« Das ruft in unseren Reihen eine solche Heiterkeit hervor, daß das hoffnungsvolle Verlangen nach einer schönen Attacke auf die Tore in sich zusammenfällt. Die Hunde fertigmachen!

Wir gewinnen das Spiel 1:0 und hätten noch mehr Tore schießen können. Das löst unter den Trainspottern Szenen des Deliriums aus und bringt uns in die außergewöhnliche Situation, an der Auslosung für die nächste Runde des Cup teilzunehmen. Die Polizei sperrt uns nach dem Spiel für eine halbe Stunde im Stadion ein. Wenn wir nur halb so schlagkräftig sind, wie wir meinen, kommt mir in den Sinn, dann sollte unsere Crew in der Lage sein, ein paar hinterwäldlerische Bullen niederzumachen und uns den Weg hinaus freizuprügeln. Aber wenn ich mich umsehe, muß ich feststellen, daß alle die Köpfe hängen lassen. Die Älteren haben getrunken, sie sind schlicht im Arsch und wollen nach Hause. Die Polente bringt uns unter so strenger Bewachung nach Wrexham General, daß sogar Marty seinen Plan fallenläßt, sich nach dem Spiel in der Stadt zu betrinken. Es herrscht das deprimierende Gefühl, daß wir heute nicht so recht in die Gänge gekommen sind, obwohl wir eine der gepflegtesten Crews seit ewigen Zeiten hatten.

Vielleicht waren es zu viele Anführer, vielleicht haben wir erwartet, daß die anderen sich ergeben; jedenfalls haben sie nicht die Dresche bekommen, die sie verdienen. Heute hätte alles richtig außer Kontrolle geraten können. Wir hätten Schlagzeilen machen können – aber so, wie es aussieht, hat es nur eine routinemäßige Rauferei mit ein paar mutigen Tölpeln gegeben, und das wars auch schon. Uns versöhnt nur die Länge des Zuges, den British Rail eingesetzt hat, um uns alle aus Wrexham wegzuschaffen. Wie ein Sonderzug für Manchester United. Ich lasse die Pläne für eine Nacht im Slum fallen und schleiche mich in eines der hinteren Abteile, wo die Kutten immer noch aufgeregt von John Kerrs Tor quasseln. Ich setze mich still in die Nähe der Tür, schlüpfe in Neston aus dem Zug und warte im Dunkeln auf dem Bahnsteig, bis er davonrollt.

19. November 1979

Es ist seltsam, an einem Sonntag so früh aufzusein. Ich habe versucht, mich umzudrehen und weiterzuschlafen, aber das hysterische Gejubel der Kirchenglocken und das Geschrei der Bälger im Mostyn House haben das verhindert. Gestern abend bin ich tatsächlich zu Hause geblieben. Ich hatte gedacht, daß Molly vielleicht da ist und daß wir kurz ins »Old Quay« gehen und uns ein bißchen über all die steilen Weiber dort lustig machen, aber sie war schon weg. Ich hoffe nur, daß sie nicht auf einen von diesen pickligen Idioten reinfällt, mit denen ich sie immer an der Bushaltestelle quatschen sehe.

Nicht nur Molly war weg, sondern auch Dad. Ich bezweifle, daß er irgendwas Interessantes vorhatte – er läuft nirgendwo Gefahr, sich zu amüsieren. Aber auch wenn es nur das Jahrestreffen im Kegelverein war – er ist am Samstagabend ausgegangen, und das ist schon mal etwas. Ich bin mir nicht sicher, ob meine Freude darüber mit einem natürlichen Interesse an seinem Wohlbefinden zu tun hat oder mit unserem zunehmenden Unbehagen in Gesellschaft des anderen. Als Mum noch am Leben war, habe ich davon gar nichts bemerkt, aber ich und Dad, wir haben uns nicht viel zu sagen. Wenn ich einen guten Tag habe, mache ich mir klar, daß ihm fast ohne Vorwarnung das Herz aus dem Leib gerissen wurde und daß sein anschließender Rückzug in sich selbst Mitleid verdient. Aber meistens empfinde ich ihn als unnahbar und mißmutig. Ich nehme nicht an, daß er mich besonders mag, und ich weiß bis heute nicht recht, was ich von ihm halte. Er ist mein Dad.

Mitten in »Match of the Day« kam Dad rein, grunzte ein paar spitze und unpassende Bemerkungen über Duncan McKenzie und schlurfte wieder hinaus. Er ist noch keine fünfzig, aber er hat die Haltung eines geschlagenen alten Mannes. Ich merkte erst, daß er zu Bett gegangen ist, als die Fußballsendung zu Ende war. Ich blieb bis nach Mitternacht

auf, wartete darauf, daß Molly nach Hause kam, und zappte durch die Kanäle, aber ich fand nichts. Normalerweise gehen wir beide sonntags am Nachmittag sowieso etwas trinken, also konnten meine Fragen auch warten.
Ich bin zu früh aufgestanden und wandere durch das Haus. Ich frage mich, ob Dad schon wach ist, und ich frage mich, ob ich ihm das Frühstück ans Bett bringen soll. Dann denkt er wahrscheinlich, daß ich irgend etwas will, obwohl ich mich nicht erinnern kann, wann ich ihn das letzte Mal um etwas gebeten habe. Bestimmt nicht um Geld. Gilmartin's macht erst um acht auf, also beschließe ich, einen Spaziergang um den Block zu machen.
Ich komme bis Chompers, wo mir ein mißmutiger kleiner Junge auffällt. Er steht vor der Kirche; es ist ihm zuwider, dort zu sein, und aus Protest steht er auf den Außenseiten seiner Schuhe. Seine Mutter, die für ihr Alter ziemlich gut aussieht, gibt ihm einen Klaps und sagt, daß er sie abwetzen wird. Ich fühle mich an meinen ersten Tag in St. Johns Primary School in Rock Ferry zurückversetzt. Ich bin vier drei Viertel Jahre alt, und bei der Morgenandacht, meiner ersten Morgenandacht überhaupt, stehe ich in der zweiten Reihe, während der Rektor Mr. Bolton den großen Kindern sagt, daß sie besonders rücksichtsvoll mit den neu angekommenen, kleinen Kindern umgehen sollen, besonders auf dem Schulhof. Was ich fühle, ist weniger Fremdheit als Angst und, mehr als alles andere, Haß. Ich hasse alle anderen Kinder in meiner Reihe. Ich schaue mich unter all den neuen Jungen und Mädchen um und verachte sie. Den einen, weil ein riesiger schokoladenbonbongroßer Leberfleck seine Wange ziert, die andere, weil sie rauhe Stellen auf der Haut hat, einen dritten, weil sein Haar zu sehr glänzt. Aber zwei Plätze neben mir ist ein Junge, den ich nicht umbringen werde. Mit dem werde ich mich anfreunden. Der hat Stil. Er fällt auf, weil er beim Zuhören den Kopf verächtlich schief legt und sein Gewicht auf die Außenseiten seiner Schuhe verlagert. Er sieht aus, als ob er kämpfen

könnte. Michael Reilly und ich sollten während meiner zwei und noch was Jahre im Johnny dicke Freunde werden.
Der mürrische Junge wird in die Kirche getrieben, und ich bleibe in meinem bitteren Elend auf der alten Sandsteinhafenmauer stehen. Mickey Reilly und Rock Ferry scheinen eine Million Jahre weit weg zu sein. Wahrscheinlich hat das gar nicht stattgefunden. Wo ist mein Leben geblieben? Wohin wird es mich führen? Ich schaue über das grasige Marschland nach Flint hinüber und die Küste entlang zum Point of Air, und ich frage mich, was die ganzen armen Scheißer in Wales mit *ihrem* Leben machen. Vögeln? Ausschlafen? Hin und her überlegen, ob sie ihrem geknickten Vater das Frühstück ans Bett bringen sollen? Wohl kaum. Wahrscheinlich machen sie dasselbe wie die oberen Zehntausend in Hollywood oder in Kowloon oder in Port Elizabeth. Sie machen sich Sorgen. Sie machen sich Sorgen über das Altwerden oder über die Arbeit oder über Geld oder über den Freund, die Geliebte, den Liebhaber, das Haus, die Gesundheit, die Zukunft. Das Leben ist Scheiße. Es hat verdammt noch mal keinerlei Sinn. Nicht mehr, seit wir das Stadium des bloßen Überlebenskampfes hinter uns gelassen haben. Vielleicht haben wir mal gelebt, um zu jagen, zu töten, zu essen und einen weiteren Tag zu leben. Jetzt schlagen wir nur noch die Zeit tot, und zwar auf so viele raffinierte Weisen wie möglich. Sinnlose Jobs. Sinnlose Leben. Arbeit. Fernsehen. Fußball. Ich schaue nach Wales hinüber, und ich denke, daß die Hügel hübsch sind. Eines Tages gehe ich dort hin und sitze einen ganzen Tag lang einfach da und sehe keinen und sage kein Wort. Das wird guttun. Aber im Moment geht es mir einfach schlecht.
Ich latsche zu Gilmartin's zurück und kaufe die Zeitungen. Den »Sunday Express« für Dad. Den »Observer« für Molly. Und den »Mirror« für mich. Der »Mirror« ist so ziemlich die einzige Sonntagszeitung, die regelmäßig über Tranmere schreibt, ansonsten würde mir auch der »Observer« reichen. Mrs. Gilmartin freut sich, mich zu sehen, wie immer in

den zwölf Jahren, die wir schon in Parkgate wohnen, auch wenn aus ihrer gluckenhaften Mütterlichkeit neuerdings zuviel Scheißmitleid spricht. An manchen Tagen kann ich ihre Art, mir diese innigen, tragischen Blicke zuzuwerfen, wirklich nicht aushalten. Ich möchte schreien: »Es geht mir gut!« Womit mein Fall dann sicher abgeschlossen wäre.

»Und wie gehts der kleinen Molly?« flötet Mrs. Gilmartin.

Eins fünfundsiebzig, denke ich, aber ich sage nur: »Gut.«

»Hat sie einen Freund?«

Kümmere dich um deinen eigenen Kram, du anzügliche Hexe! »Dafür lernt sie zuviel, Mrs. G. Ich mache mir schon Sorgen um sie.«

»Oh, die wird es mal weit bringen. Das werdet ihr beide!«

Ich nicke zustimmend, während Mrs. Gilmartin zwei Fünfziggrammmeßbecher Birnendrops in zwei Papiertüten schüttet und sie mir in die Hand drückt, wie sie es zwölf Jahre lang getan hat.

»Aber erzähl es nicht den anderen Kindern!«

»Bestimmt nicht!« Ich lache. Dann bin ich draußen.

Ich lese die vielen Sportseiten in allen drei Zeitungen, und zu meiner unaussprechlichen Freude steht sowohl im »Express« als auch im »Mirror« eine kleine Notiz über den Ärger vor dem Wrexham-Spiel.

Die Bereitschaftspolizei mußte gestern in Wrexham, North Wales, ausrücken, um brutale Zusammenstöße zwischen betrunkenen Fußballrowdys vor dem F.-A.-Cup-Spiel Wrexham gegen Tranmere Rovers niederzuschlagen. Die Polizei macht die Tranmere-Anhänger für die Unruhen verantwortlich, räumt aber ein, daß sie von den Fan-Massen, die aus Merseyside gekommen waren, überrascht worden ist. Die Zusammenstöße begannen in der Innenstadt und breiteten sich bis in das Gebiet um das Stadion von Wrexham aus, wo berittene Polizei mit Hundeführern die gegnerischen Parteien schließlich trennen konnte. Es kam zu zwei Verhaftungen wegen Verstoßens gegen die öffentliche Ordnung.

Beide Berichte sind gleichermaßen hysterisch und listen dann die Gewaltausbrüche bei anderen F.-A.-Cup-Spielen auf. Ich verspüre eine tiefe Befriedigung. Wir stehen schwarz auf weiß in der Zeitung, neben Margaret Thatcher und Richard Branson. Chelsea und West Ham und Leeds werden das lesen. The Pack ist berühmt!

Das gibt mir einen solchen Auftrieb, daß ich Wurststullen improvisiere und die jeweilige Darjeeling-Sorte aufbrühe, um Dad und Molly auf Tabletts ihr Frühstück zu bringen. Molly findet es gar nicht witzig, um acht Uhr fünfunddreißig geweckt zu werden. Sie verscheucht mich, doch dann sind ihre Schuldgefühle stärker. Sie setzt sich auf, ruft mich wieder herein, schenkt mir ein wäßriges Dankeslächeln und bittet mich, das Tablett neben ihr Bett zu stellen. Ich weiß, daß es da immer noch unberührt stehen wird, wenn sie um halb zwölf aufwacht.

Als ich in Dads Zimmer komme, erschrecke ich. Er hat alle Laken vom Bett geschoben und liegt vollkommen nackt da, totenweiß und totenstill. Schnarcht nicht mal. Ich weiß, daß er tot ist, aber ich fühle nichts Intensiveres als Neugier. War es eine Überdosis? Natürliche Ursachen? Kann man wirklich an gebrochenem Herzen sterben? Ich gehe näher heran. Seine Beine sind schrecklich dünn, weich und alabasterweiß, und seine haarlosen Hinterbacken sind eingefallen und ganz flach. Vielleicht sind sie zuerst gestorben. Ich frage mich, ob irgendwelche Teile von mir gerade sterben oder schon gestorben sind. Ich frage mich, ob er uns einen Haufen Geld hinterlassen hat. Vielleicht bin ich reich. Ich fahre zurück, weil Dad sich kerzengerade aufsetzt, und zum erstenmal in meinem Leben höre ich ihn fluchen.

»Verdammte Scheiße!« entfährt es ihm.

Ich habe »Scheiße« immer für ein Wort von heute gehalten, aber da ist es, es fliegt aus seinem dürren Mund davon in die Unendlichkeit. Er schaut mich mit irrem Blick an, als wäre ich ein Eindringling, den er noch nie gesehen hat.

»Hab ich dir gemacht«, sage ich und stelle das Tablett an das Fußende

seines Bettes. Er zieht schützend die Laken um sich und starrt mich immer noch merkwürdig an. Ich nicke in Richtung Tablett, damit er weiß, daß er zulangen soll, und drehe mich auf dem Absatz um.
»Schönen Sonntag!« sage ich aus einer Laune heraus.
Ich springe nach unten und lese alle Sportberichte noch einmal, ehe ich die Notizen des Anstoßes für mein Sammelalbum herausreiße.

20. November 1979

Ich sitze mit meinem Chef Bob McNally mittags im »Copperfield« – na ja, soweit man beim Finanzamt, PAYE Division, in Birkenhead überhaupt einen Chef haben kann. Bob ist ein sehr netter Kerl, sehr unzufrieden mit seinem Los, und er besteht sehr nachdrücklich auf seinen »manischen Montag« im »Copperfield«. Die meisten Leute feiern Geburtstage, Zahltage, Freitage, was auch immer, aber Bob meint, daß nach ein paar großen Jamiesons zum Beginn der Woche der Rest derselben weniger bedrohlich aussieht. Bei fünfundzwanzig Pence für einen Doppelten am Montag klingt dieser Ratschlag einwandfrei.

Bob ist scharf darauf, Ratschläge zu geben. Er ist besonders scharf darauf, daß ich nicht so ende wie er, der schon siebenundzwanzig seiner dreiundvierzig Jahre Beamter ist. Er beschreibt das ziemlich zutreffend als moderne Tragödie, und seit Mum letztes Jahr gestorben ist, hat er es mit missionarischem Eifer auf sich genommen, mich durch die unruhigen Wasser meines letzten Teenagerjahres zu lotsen. Er hat für alles gute Ratschläge parat, unser Bob, und die simple Bitte um Büroklammern kann dazu führen, daß er aus den Schriften Kants zitiert. Er bearbeitet mich ständig, daß ich ein *sinnvolles* Leben leben soll, wobei sein Gesicht zur halb aggressiven, halb flehentlichen Maske der Weisheit wird. Es ist schräg, von jemandem bephilosophiert zu werden, der so beschissen aussieht wie Bob. Er mißt eins fünfundsechzig, trägt immer leicht glänzende marineblaue Hosen, in die er sein weißes Hemd hineingestopft hat, und seine Ärmel sind mit geometrischer Präzision ein Stück hochgekrempelt. Was von seinem schwindenden Haar noch übrig ist, ist zu einer brutalen, stacheligen Bruce-Foxton-Rübe ohne die langen Strähnen hinten gestutzt, und ein bescheuerter Rasierklingen-Ohrschmuck im linken Ohrläppchen zeigt an, wie scheißegal ihm alles ist. Bobs Zähne sehen aus, als wären sie mit einer Feile geschärft worden. An schlecht angezogenen Leuten

verblüfft mich oft, wieviel Überlegung und Planung sie darauf verwenden, so schlecht auszusehen. Diese kleinkarierte Ärmellänge zum Beispiel. Ob Bob findet, daß das gut aussieht? Ich habe ihn nie gefragt.
»Denkma darüber nach, Paulijungchen. Wie oft hastn in deim Leben *wirklich* ne wunderbare Zeit gehabt?«
Das Auswärtsspiel in Darlington, letzte Saison, überlege ich. Beide Spiele gegen Chester. Die Schnalle aus Doncaster, die Baby und mir vor dem Vorsaison-Freundschaftsspiel hinter einem Pub einen geblasen hat. Das ist einfach. Aber ich nicke weise mit dem Kopf und lächle in Bobs ernstes Gesicht und über seinen Scouse-Akzent, der fast schon eine Karikatur ist. Er hat *wirklich* ne verrückte Stimme, der alte Bob.
»Das is die einsame Tragödie vonnem Lumpenproletariat. Die wirklich schönen Momente in seim Leben sin schon ausgeschildert: heimliche Vögelei, die Sommaferien unnes Weihnachtsbesäufnis. Kann sich auf nix anderes freuen als auf das. Kannste besser haben, Paul. Viel besser!«
Das letzte Wort klingt, als habe er einen volleyballgroßen Schleimklumpen ausgehustet. Bässä! Ich gehe zur Toilette und betrachte meine Physiognomie im Spiegel. Er hat schon recht. Ich bin ein sexy Arsch. Ich muß bestimmt nicht auf Weihnachtsknutschereien und besoffene Nummern in den Ferien warten. Der volle orangefarbene Haarschopf ist sofort ein Blickfang. Wohlgemerkt nicht rotblond, nicht tizian oder kupfer, sondern ein voll orangefarbener Popper, das Vermächtnis meiner großartigen, verrückten irischen Mutter, und dieser leuchtenden Pracht wird nur durch einen gelegentlichen Schlag Henna ein kleines bißchen nachgeholfen. Und mein Gesicht – man kann sagen, daß es hübsch ist, bis auf die häßliche drei Zentimeter lange Narbe links auf meiner Oberlippe. Auch ein Geschenk von Ma, diesmal mit ihrem Claddagh-Ring. Über Sex und wie man ihn bekommt mußte ich mir noch nie Gedanken machen.
Aber ich *denkma,* ich habe Bob richtig verstanden. Er will darauf hinaus, daß man den Augenblick nutzen soll, das Hier und Jetzt in die

Arme schließen, *sofort* ein gutes Leben haben, anstatt immer für bessere Tage zu arbeiten oder sie sich im nachhinein vorzustellen. »Nachhinein bringt nichts ein.« Das ist einer der Sprüche des ulkigen kleinen Mannes. Ich starre in meine großen wassergrünen Augen und sehe keinen Grund, warum ich mich nicht daran halten sollte.
Als ich in die Bar zurückkomme, sehe ich, daß Bob versucht, drei Frauen mit einer Geschichte zu unterhalten. Sie sehen genervt aus, denn sie warten auf den unanständigen Teil und dann auf den Teil, wo er sie fragt, was sie nach der Arbeit machen. Aber sie können unbesorgt sein. Bob macht keine Frauen an. Er ist Janie treu ergeben und hat höchstwahrscheinlich noch nie in seinem Leben eine andere Frau geküßt. Er ist schon eine ziemlich edle Nummer.
»Du, mein Schätzchen, biss ne verdammte kleine Pracht. Biss verdammt großartig. Was haste gesagt, wiede heißt?«
Dieser letzte Teil der Geschichte versaut die Sache. Es ist offensichtlich, daß er alles verarscht: sich selbst, die Situation, das ganze In-Bars-Weiber-Anquatschen-Ritual. Er steht neben einer der Frauen, die vielleicht – na ja –, vielleicht so sechsunddreißig ist. Sogar im Sitzen reicht sie ihm bis an die Brust. Sie lächelt geduldig, aber einiges spricht dafür, daß sie Bob ernst nimmt – und er tut ja auch kaum etwas, ihr die Befangenheit zu nehmen.
»Schau sie dir an, Paul! Isse nich *groß-ar-tig?*«
Die Frau trägt eine zarte, weiße Jacquardbluse, durch die man den Umriß eines schwarzen Büstenhalters erahnen kann. Mum hat mich immer vor Mädchen gewarnt, die Schwarz unter Weiß tragen, denn sie seien Huren. Aber diese Dame hier ist keine. Alles an ihr – die einfache Amethystkette, die ihren nackten braunen Hals ziert, der leicht zerzauste Haarwust, die aufrechte, wache Haltung – weist auf eine ausgeglichene Sexualität, auf Selbstbeherrschung, auf Bescheidwissen hin. Besonders ihr Rock verrät ihr subtiles Selbstvertrauen. Er ist schwarz, beinahe knöchellang und ohne jeden Schick, aber er ist

bis zum Oberschenkel geschlitzt und gibt den Blick auf lange, schlanke, bloße Beine frei. Sie sitzt ganz ruhig da, während Bob witzelt und sabbert. Die Frau nickt mir kurz vertraulich zu. Ihr Gesicht gibt sehr wenig preis. Sie lächelt nur, läßt alles geschehen und wartet ab, was kommt. Und da ist noch etwas anderes, so ein allgemeines Flackern von, hmmm – *Verlangen*? Ich glaube schon.

Ich weiß es, sobald wir an unseren Tisch zurückkehren. Ich schaue zweimal zu den Frauen an dem anderen Tisch hinüber. Beim erstenmal begegnet sie meinem Blick für eine Sekunde und schenkt mir ein hübsches halbes Lächeln; dann ist sie ganz außer sich wegen irgend etwas, das ihre Freundin erzählt. Aus den Augenwinkeln sehe ich, wie sie zu der Geschichte ihrer Freundin höflich nickt, während sie immer noch zu mir herüberschaut. Ich tue so, als würde Bob mich faszinieren und ich ihre Aufmerksamkeit nicht bemerken. Beim nächstenmal kriegt sie mich; sie fesselt meinen Blick und starrt mich unmittelbar an, so tief und so echt, daß es mir angst macht. Aber ich schaue nicht weg. Es gibt kein Zurück mehr.

Bob trinkt aus und angelt seine glänzende Anzugjacke von der Stuhllehne. Ich sage ihm, daß ich vielleicht noch ein bißchen bleibe. Er folgt meinem Blick und wirft in gespielter Verachtung den Kopf zurück.

»Ooooh nee! Nee, wirklich nicht. Och nö, Paul, Kumpel ...«

»Komm schon, Bob! Sei ein feiner Kerl ...«

Er ist eine harte Nuß, dieser Bob.

»Aber zum letztenmal, Paul. Zum letztenmal. Kapiert?«

»Nett von dir, Bob.«

»Meine Fresse. Und das heute noch. Finito. Viel Spaß, verdammich. Weil wennste morgen reinkomms, dann erzählste mir die ganzen dreckigen Details, und dann stellsten Antrag auf Beförderung. Kriegs dein Leben innen Griff! Klar?«

Ich nicke. Mit einer Entschuldigung setze ich mich beinahe förmlich zu den Frauen. Sie heißt Suzy. Oder Susie. Mir gefällt Suzy besser. Ihre

Freundinnen tun aufreizend verschwörerisch mit ihren bedeutungsvollen Blicken. Sie stehen auf, aber sie gehen nicht; sie sind viel zu fasziniert von diesem kleinen Flirt und scheinen beschlossen zu haben, bis zum letzten Ersatz-Flash hier herumzulungern. Ich wünschte, sie würden sich endlich verpissen und uns in Ruhe lassen. Schließlich gehen sie.
Suzy und ich plaudern ein bißchen. Irgendwie bringt sie das Thema auf Wein – sie macht ihren eigenen oder sie hat neuen Beaujolais oder irgend so was. Ich höre kaum hin. Mein Hals wird dick, und mein Bauch tut da, wo er in die Leiste übergeht, jedesmal weh, wenn sie sich zum Aschenbecher beugt und mich in ihre Bluse schauen läßt. Sie wohnt in Oxton. Wir nehmen ein Taxi.
Ich kenne die Einzimmerappartements von Oxton gut. Elvis hat eine Wohnung in Reedville, und eine meiner ersten echten Romanzen von der Birkenhead Highschool hat in der Columbia Road gewohnt. Oxton ist eine Art Bohème-Enklave, in der man vom Altphilologieprofessor bis zum Kiffer alles trifft. Trotzdem bin ich von Suzys winziger Hütte überrascht, die hinter der Poplar Road an einem holprigen namenlosen Sträßchen versteckt ist. Ich hätte nicht gedacht, daß so etwas außerhalb der Cotswolds existiert. Sie hat es total gemütlich, jede Menge Wandteppiche und Blümchentapeten und überall haufenweise Kissen. Sie hat was von einem Hippie.
Während der kurzen Taxifahrt sprechen wir kein Wort. Sie schaut starr aus dem Fenster, während ich tief in den Sitz sinke und versuche, entspannt zu wirken. Ich überlege, wie das hier am besten zu machen ist, versuche, mir vorzustellen, was sie wohl von mir wollen wird, und komme zu dem Schluß, daß es nicht mehr sein kann als die Jugend meiner Haut. Sie erwartet sicher eine Nashornerektion und einen kräftigen Ritt und denkt wahrscheinlich, daß sie mir dann die Feinheiten der Liebe in zehnwöchigem Heimunterricht beibringen kann. Sie wird sich wundern. Für einen Neunzehnjährigen hatte ich schon eine

Menge Sex, und ich kenne den Wert von Überrumpelungsstrategien. Sobald wir durch die Tür sind, werde ich sie gegen die Wand drücken und sie nehmen, einfach so, diesen Rock hochgeschoben bis zur Taille. Das wird es sein, was sie will.
Als habe sie meinen Plan geahnt, läßt sie mich die Tür schließen und geht direkt weiter in eine kleine, steingeflieste Küche. Ich folge ihr. Sie bückt sich, um eine Flasche aus dem Weinregal auszusuchen, und ich glaube, sie schwenkt ihren Hintern leicht und eine Idee zu lang. Aber plötzlich bin ich mir nicht mehr so sicher. Instinktiv möchte ich einfach zu ihr gehen, von hinten ihre Titten grapschen, ihr den Rock über den Kopf stülpen und es ihr schlicht besorgen, in den Arsch vielleicht. Aber ich weiß nicht. Mein ganzes Selbstvertrauen ist nach diesem einen kurzen Zögern dahin. Sie dreht sich um und übergibt mir eine Flasche Beaujolais und einen Korkenzieher.
»Willst du so gut sein?«
Sie kann den Ärger in ihrer Stimme nicht verbergen. Sie hat sich einen halben Tag freigenommen und irgendeinen Knaben mit nach Hause gebracht, und statt den Nachmittag voll gierigem Sex zu bekommen, den sie erwartet hat, muß sie jetzt mit mir reden und meine Meinungen anhören und mich mit Wein abfüllen. Könnte ich mir zumindest vorstellen. Jedenfalls hat sich irgend etwas verändert, und ich komme nicht dahinter, was es ist, und ich will nur da raus.
Der Wein ist mild und steigt in den Kopf. Suzy ist sehr gelassen, was mich nur noch nervöser macht. Es kommt mir so vor, als könne sie den ganzen Nachmittag so dasitzen und reden. Sie versteht eine Menge von Musik und legt eine beruhigende LP mit Klaviernocturnes von Eric Satie auf.
Damit es gebührend peinlich wird, komme ich von der Toilette zurück, setze mich neben sie auf die kleine Couch und fange an, sie zu küssen und ihren Hals zu streicheln. Sie gibt keinen Laut von sich. Nichts gefällt oder mißfällt ihr. Dieses mangelhafte Engagement erregt mich,

und ich ziehe – vielleicht ein bißchen ängstlich – ihre Bluse aus dem Rock, schiebe meine Finger unter den BH und versuche, an ihre Titten zu kommen, was durch die Bügel und dadurch, daß ich fast auf ihr liege erschwert wird. Sie legt ihre Hand auf meine und lächelt freundlich. Die Zeit ist abgelaufen. Ihr Blick sagt alles. Ich habe das nicht ganz richtig verstanden. Ich bin ein süßer Junge. Vielleicht ein andermal ... Suzy kann meine Enttäuschung sehen. Sie schaut zu, wie ich meine Schuhe anziehe, und bringt mich zur Tür. Sie wirkt verlegen, als würde sie sich ein bißchen schämen. Wenn ich Glück habe und ein Taxi finde, kann ich die Zeit im Büro wahrscheinlich noch aufholen. Was für einen Ratschlag wird mir der verdammte Bob-die-ganz-dreckigen-Details-McNally jetzt für *das hier* geben? Suzy öffnet die Tür; sie sieht immer noch mitfühlend und traurig aus und streift meine Ohren mit ihren Lippen.

»Ich mags, wenn man mich zwingt«, murmelt sie. Scheiße.

Ich komme nicht mal bis zum Ende des Sträßchens. Ich schlüpfe durch ein Loch in der bröckelnden Sandsteinmauer eines großen, unheimlichen Hauses und hole mir hinter einem Stechpalmenbusch in der hinteren Gartenecke wie rasend einen runter. Ich komme schnell und wische die Soße strangweise mit einem großen Blatt ab, das ich aus der überwachsenen Rabatte zupfe. Im Grunde geht es mir jetzt gar nicht so schlecht. Nach Bobs Definition ist heute wirklich etwas passiert. Ich habe Erfahrungen gemacht. Ich hatte eine *wirklich* wunderbare Zeit. Ich bin immer noch besäuselt von dem fruchtigen Rotwein und gehe zum »Shrewsbury«, um mein Ding ordentlich zu waschen und um nachzusehen, wer da ist.

Weil heute alles so merkwürdig gewesen ist, habe ich die Auslosung für die nächste Runde im Cup vollkommen vergessen. Sobald ich einen Fuß ins »Shrew« gesetzt habe, steht Tony Byatt, Christys gräßlicher kleiner Bruder, vor mir, hält das »Echo« hoch und grinst verlogen.

»Auswärts in Halifax! Einwandfrei, hä?«
Eigentlich nicht, denke ich. Nicht so gut wie, sagen wir, in Huddersfield oder ein Hinspiel in Preston oder einem netten Marktflecken wie Shrewsbury oder Hereford, in den man dann einmarschieren kann. Aber auswärts in Halifax, na ja, ist okay, weit genug weg für einen Tagesausflug und nah genug, um die unsicheren Kandidaten zu überzeugen. Was wichtiger ist, Halifax hat in dieser Saison schwer zu kämpfen, und mit ihnen haben wir jetzt eine sehr reelle Chance, die Dritte zu schaffen und einen echten Preisskalp zu gewinnen. Tony und ich vertreiben uns eine ganze Stunde lang die Zeit mit der Debatte, wie die beste Ziehung ausgesehen hätte. Er findet alle gut, von denen man es ohnedies weiß: Liverpool, Manchester United, Aston Villa und so weiter. Aber ich wende ein, daß diese Teams so viele Kutten haben, daß man nie an ihre Jungs rankommt. Manchester City würde mir gefallen, oder Mannschaften wie Middlesbrough oder Leicester; Teams, die allerhand mitbringen und wo man trotzdem noch einiges entdecken kann. Einig sind wir uns beide, daß Everton die schlimmstmögliche Auslosung gewesen wäre, weil so viele Tranmere-Fans auch zu Everton-Spielen fahren. Der ganze Ärger mit den Odgies wird, zu Recht oder Unrecht, einer bestimmten Liverpool-Crew aus Huyton zugeschrieben. Das sind die, die auch zu dem Watford-Spiel gekommen sind. Für mich läßt sich das aber nicht unterscheiden. Alle Scousers hassen eben jeden. Die sind einfach so.
Tony fängt an, über die Geburtstagsfete für Christy zu reden. Sie ist heute abend im »Chelsea«. Ich hatte in Wrexham davon gehört, habe es aber glatt vergessen. Ich kenne Christy Byatt eigentlich nicht richtig. Ich mag ihn, man hat bei ihm immer was zu lachen, und er ist einer, der die Sache mit Irland ernst nimmt. Aber ich habe den Verdacht, daß er mich von Anfang an nicht ganz für voll genommen hat, weil ich nicht dem Woodchurch-North-End-Downtown-Clan angehöre oder was auch immer.

Macht nichts. Ich brauche keine großen Ausreden, um an einem Montagabend ins »Chelsea« zu kommen. Sie nennen das jetzt »Alternativabend«, was heißen soll, daß man vielleicht Gary Numan oder Kraftwerk gleich nach den Abtanzern von Sister Sledge zu hören bekommt. Aber eigentlich ist das montags abends die Schulkinderdisco. Der Laden ist gerammelt voll mit kleinen, vierzehn, fünfzehn Jahre alten Schätzchen mit Strapsen, die sich auf der Tanzfläche wie Pornostars aufführen. Die Rausschmeißer im »Chelsea« nennen diesen Mob das Junggemüse, und es gibt so manche Geschichte über die Obertürsteher Richie Givens und Barry McGrath, die da in ziemlich unappetitliche Sachen verwickelt sein sollen.
Auf die etwas älteren Mädchen da drin bin ich eher scharf. Sie flirten nicht so viel, und sie sehen alle wunderbar aus mit ihren extremen, asymmetrischen Popper-Frisuren, weißen Fred-Perry-Hemden, kurzen Kilts und Kickers- oder Pod-Schuhen. Klone nennen wir sie zum Spaß. Klone, die den ganzen Abend nichts unternehmen, um dich zu ermutigen, und die dich dann leise nach Hause zum Sex einladen. So sind die jungen Mädchen im »Chelsea«, dabei sind sie durch die Bank minderjährig. Alles, was sie anhaben, sind diese riesigen weißen oder nadelgestreiften Opahemden, Strümpfe, Strapsgürtel und Schuhe mit hohen Absätzen. Ziemlich viele tragen die Haare immer noch lang und offen, weil man sie so besser zu Roxy-Music-Songs herumwerfen kann. »Dance Away« ist die Hymne des Junggemüses. Sie kommen alle rauf auf die Bühne, spreizen weit die Beine und verarschen die klappmäuligen Gaffer rund um die Tanzfläche. Elvis und ich schaffen das ganz gut da drin. Wir wenden ein paar ziemlich revolutionäre Techniken an. Als einzige unter den Typen im »Chelsea« tanzen wir mit und finden nichts dabei, vier oder fünf Songs hintereinander am Ball zu bleiben. Mitten im Gefecht bekommt man unübertreffliche Nahaufnahmen von der ganzen Mösenlandschaft – eine essentielle Vorarbeit, wenn man später nicht enttäuscht werden will. Es gibt nichts

Schlimmeres, als ein Mordsvorgebagger in ein hübsches Mädchen zu investieren, um dann, wenn das Saallicht angeht, festzustellen, daß sie einen fetten Arsch hat. Die Tanzfläche oben ist der einzige Ort, wo man die Möglichen von den Wahrscheinlichen trennen kann. Ab und zu wollten nicht gerade sehr feine Elemente aus Leasowe uns bloßstellen und vollführten gleich neben uns übertrieben unmännliche Tänze, aber die haben sich bald gelangweilt. Es gibt da drin selten Ärger. Was es da gibt, sind Mädchen und garantierter Sex. Also – ja, ich komme zu Christys Fete.

Ein Anruf und ein kurzer Fußweg, schon bin ich in Elvis' Wohnung in Reedville. Bei ihm ist es cool, die Sache ist es wert, daß man sich in den vierten schmuddeligen Stock eines ätzenden georgianischen Wohnhauses hinaufschleppt. Er hat das ganze Obergeschoß für sich, und abgesehen von der kleinen Küche, um die er sich nicht richtig gekümmert hat, ist das ganze Apartment unglaublich verrückt. Was Elvis mit seinen Zimmern angestellt hat, würde anderen nicht im Traum einfallen. Die üblichen Yuccapalmen reichen fast überall bis unter die hohen Decken, aber seine Möbel und seine Farbkombinationen sind das totale Melodram. Das Wohnzimmer wird von einem gigantischen Aquarium beherrscht – mindestens dreieinhalb Meter lang und fast mannshoch. Eine Orgie wimmelnden Lebens: dutzendweise Neontetras, Guppys und schwermütige Schlammbeißer, die über schimmernde Sandbänke patrouillieren und dem sensationellen Zimmer einen blendenden Glanz verleihen. Elvis hat die Wand gegenüber so verputzt, daß sie an die Oberfläche eines Golfballs erinnert, und sie dann vom Boden bis zur Decke mit marineblauem Glitzer besprüht – mit dem Zeug, das man für Weihnachtsdekorationen verwendet. Er hat mir mal erzählt, daß er jede einzelne Dose in einem anderen Schreibwarenladen in Birkenhead geklaut hat. Er hat acht Monate dafür gebraucht. Es sieht phantastisch aus. Links und rechts von dem unbenutzten gußeisernen Kamin befindet sich sein ganzer Stolz: die Bang-&-Olufsen-Boxen,

aus denen nahezu ständig seine schräge Musik erklingt. Ich komme sehr gerne hierher. Ich könnte mir so eine Wohnung niemals einrichten.
Als ich hinkomme, hört Elvis sich gerade den Soundtrack von »Apocalypse Now« an. Er öffnet die Tür, grinst, bittet mich mit einem kurzen Zurückwerfen seiner Ponyfransen herein und fährt fort, die Dialogfetzen herunterzurasseln, kurz bevor sie auf dem Soundtrack kommen. Am Anfang mochte ich diesen Zug, seine obsessive Liebe zu hippen Filmen, und ich habe versucht, eine Masse guter Sprüche aus »Taxi Driver«, »Der Pate« und so zu lernen, aber jetzt macht es mich einfach nur fertig, wenn er die ganze Zeit sagt: »Oxton. Verdammte Scheiße. Noch immer bin ich nur in Oxton.«
Ich wasche meine Achselhöhlen, reinige meinen Schwanz gründlich und durchwühle seinen Kleiderschrank. Ich werde hier übernachten, wie es üblich geworden ist, also hänge ich meine Arbeitsklamotten über einen Stuhl und suche in Elvis' erstaunlich unsensibler Sweatshirtsammlung nach einer Art Schadensbegrenzung. Er hat gute Laune und macht gerade eine Schnitte für mich. Naja, Toast, und auf Wunsch Maggi drauf.
»Trifft Hooker auf der Lime Street eine aus Liverpool«, schreit er aus der Küche. »Wie wärs mit nem Blow-Job, fragt sie. Weiß nicht, sagt er, krieg ich dann noch mein Arbeitslosengeld?«
Wir vertiefen uns in eine Debatte über die relativen Vorzüge des neuen Albums von The Clash, »London Calling«. Elvis findet, daß es das beste ist, das sie je gemacht haben.
»›Lost in the Supermarket‹, Mann. Und ›The Cart Cheat‹. Verdammt großartige Songs, Mann. Das ist ne Band, die gerade ihre Blütezeit hat. Diese Band wird einfach immer besser.«
»Ist aber nicht gerade Rock, oder? Ist für mich einfach nicht The Clash. Ist einfach hemmungslos. Wir mögen Reggae, also mögt ihr das auch. Wir haben mit unseren neuen Rastakumpels Lovers' Rock entdeckt,

also schreiben wir jetzt einen Song, der ›Lovers' Rock‹ heißt. Und weißt du was? Du wirst dich totlachen! Er ist Lovers' Rock!«

»Ach, du willst dich nur querstellen. Du hast Angst, daß sie zu populär werden und daß deine kleine Schwester sie mag, was?«

»Nein!«

»Na klar. Ist doch immer so, oder? Du entdeckst eine Gruppe, gehst zu all ihren Auftritten, wenn noch kein Arsch da ist, kaufst ihre erste Platte und fragst dich, wieso du als einziger Arsch genügend Durchblick hast, um auf die zu stehen. Und dann – wumm! Sie packens. Und du willst nichts mehr von ihnen wissen.«

Das ist natürlich dummes Geschwätz. Es gibt wunderbare Sachen auf »London Calling«. »Guns of Brixton« etwa ist der reine Clash-Genius. Aber es klingt alles gefährlich nach Mainstream.

»Als nächstes erobern sie Amerika und machen Jeansreklame.«

»Quatsch!«

Elvis zwinkert und kitzelt mich unter dem Kinn. Äußerst ärgerlich. Er steckt sich eine Marihuanazigarette an und scheucht mich auf.

The Pack trifft sich im »Travellers«, gleich am Bahnhof New Brighton, also gehen wir direkt dorthin, um den asozialen Abschnitt des Abends hinter uns zu bringen. Christy einen ausgeben, den Jungs auf die Schulter klopfen, uns gegenseitig einreden, daß wir gegen Wrexham erfolgreich waren, über Halifax spekulieren, und dann nichts wie weg. An der Chick-Front im »Chelsea« hat man schlechte Presse, wenn man zu eng mit einer großen Crew Jungs zusammenhängt, obwohl es nicht schaden kann, wenn sie sehen, daß man Verbindungen hat. Die bösen Jungs finden sie dort immer noch geil, aber es ist nicht cool, an so einem Ort den großen Macker zu machen.

Nicht, daß das Christy und Co. besonders interessiert. Wir kommen in das »Travellers«, und sofort ist dicke Luft. Batesy steht an der Jukebox und drückt siebenmal hintereinander »Message in a Bottle«. Ich hasse diese Scheißband. Der Sänger sieht aus wie vierzig und tanzt wie ein schlechter Vollidiot beim Üben. Ich verstehe nicht, wie jemand die ernst nehmen kann. Für Batesy gehören sie offenbar zu diesem New-Mod-Dings, aber an The Police ist nichts Neues, Modernes oder Gutes. Batesy schaut kaum auf und studiert sorgfältig das Verzeichnis, dann wählt er noch einmal The Police.

»Eglemont und Seacombe sollen luntelkommen.«

Das ist typisch Batesy. Er lebt für Gerüchte über angebliche Schlägereien, aber trotzdem will man seine Geschichten immer hören.

»Wie das, Batesy?«

Er nickt hinüber zu Christy, Hardy, Kev the Man und Baby. Alle haben glasige Augen und sind besinnungslos betrunken.

»Die Klachblüdel da. Ham sich den ganzen Nachmittag dulchs ›Blighton‹ gekloppt und lautel Scheiß gebaut. Sogal Malty hat gemeint, el ist lein und gleich wiedel laus. Is sauel aupf die. Haben uns lautel Mist eingeblockt.«

»Scheiße, Batesy«, spottet Elvis. »Das hatten wir doch alles schon mal, oder? Scheiß-Seacombe hier, Seacombe da. Scheiß-Egremont! Wer sind die schon? Ein paar Scheißpappnasen. Scheißprovinzganoven, dieser Haufen. Dealen ein bißchen mit Gras und denken schon, sie sind wunder was. Wer zum Teufel sind die!«

Batesy wendet sich von der Jukebox ab; sein Blick flattert immer noch, wegen Samstag. »Wil leden hiel nicht übel Bully und Pfitzy und die andeln kleinen Idioten. Und ey – wenn die mal mitkliegen, daß sie ne Chance haben, sind die sopfolt da, abel unsle Clew hat diesmal die pfalschen Leute geälgelt.«

Elvis und ich lachen jetzt wie wahnsinnig. Elvis legt den Arm um Batesys Schulter. »Sag mal, Batesy. Reden wir hier über Wallasey? Oder vielleicht doch über Rio oder Neapel oder die Scheiß-Bronx? Wer zum Teufel will uns in *der* Gegend hier irgendwelchen Kummer machen?«

Batesy macht eine Pause, wegen der dramatischen Wucht. »Alfie Noble?«

Elvis und ich starren uns an.
»Du machst Witze ...«
Die Nobles sind keine Familie, mit der man sich anlegt. Sie stellen alle Rausschmeißer und insofern auch die Drogen für die Clubs und Pubs rund um Wallasey. Alfie Noble gehören auch verschiedene Bars, und eine davon ist das »Brighton«. Offiziell baut er die Schuppen nur auf, was immer das heißen mag, aber er steht in dem Ruf, in dem kleinen Reich, das er kontrolliert, brutal zu herrschen.
»Also, was ist da passiert?«
Batesy spielt sich jetzt warm für seine Rolle als Der-Typ-der-alle-Informationen-hat.
»Also, die sind alle im ›Blighton‹, ne, und alles glinst und alle ham sich lieb. Dann kommt Ali Noble lein und übelnimmt die Bal.«
Elvis vergräbt schon sein Gesicht in den Händen. Das »Brighton« ist ein mittelschäbiger Pub in der Vicky Road, den die Nobles erworben und im Rahmen eines dieser Unternehmenserneuerungsprogramme aufgebrezelt haben. Alfie hat den Laden seiner Tochter Alison überlassen, die ihn betreibt. Ali Noble ist eine der ewigen Schönheiten der jüngeren Geschichte, eine Unberührbare, deren schweres Schicksal es ist, daß ihr eine ganze Serie muskelbepackter Schweinsgesichter den Hof macht, alles Bekanntschaften von Noble *père*. Ali ist eine Göttin, und Christy Byatt wird um so besessener von ihr, je öfter sie über seine Bitten um ein Rendezvous lacht.
»Das reicht. Bitte ...«, stöhnt Elvis.
Alles ist schrecklich vorhersehbar. Christy hat fröhlich mit Ali herumgequatscht, er hat sie zum Lachen gebracht und sie zum Armdrücken herausgefordert, worin sie Meisterin ist. Christy, der sich im Laufe eines Bieres von Mr. Fröhlich in Mr. Eklig verwandeln kann, kommt vom Klo zurück und fängt an, sein Verlangen nach der schönen Alison zum Ausdruck zu bringen, indem er sie wiederholt eine Schlampe nennt und sie auffordert, ihren Dad flachzulegen und jeden anderen, den der Alte

mitbringt. Alison ist nicht besonders beleidigt, aber sie gibt zu verstehen, daß die Jungs für diesen Nachmittag genug getrunken haben. An diesem Punkt gehen Hardy, Kev und Baby, die sich nicht eben sehr zurückhalten und ihren Kumpel beschützen wollen, dazu über, den Pub zu zerlegen.

»Hat sie sich nun mit ihm verabredet?« Elvis lacht.

Wir gehen Marty suchen, um uns einen Eindruck zu verschaffen, wie ernst das alles ist.

Er schüttelt in stiller Verachtung den Kopf. »Sehr schwache Show für Tranmere, das. Ich kann mich für die Nobles auch nicht gerade erwärmen, aber ich kann mit denen leben. Ich hab für diese Ärsche schon öfter die Kastanien aus dem Feuer geholt, aber das hier ...«

Christy, Tony und die meisten aus dem Tranmere-Kontingent im Pub nutzen diesen Moment, um einen der schaurigsten Kampfgesänge von Tranmere anzustimmen. Marty zischt und nimmt einen großen Schluck von seinem Bier. Er wirkt immer so bedächtig, beinahe wie ein Mann mit Prinzipien, aber dann sieht man ihn irgendeinen Arsch mit einem Backstein bearbeiten.

»Ne Nacht im schönen Pariiis! Du zahlst fünf Francs für dieees!«

Der Gesang klingt heiser. Marty muß mir ins Ohr schreien. »Du kriegst die Kurve noch, weißt du. Keiner hat dich reinkommen sehen. Ich würds machen, wenn ich du wäre. Ist irgendwie nicht dein Krieg, oder?«

»Ne dicke fette Marlieeees!«

Das bringt mich wirklich auf die Palme. Glaubt er, daß ich nicht weiß, wovon er redet? Er redet alles mögliche, und nichts Gescheites. Sicher, er schließt Elvis in seine Generalamnestie ein, und er erzählt uns, daß er zu uns hält, wenn wir keine Lust haben, für Christys kleinen Knatsch mit The Mob den Kopf hinzuhalten. Aber das ist alles heiße Luft, und im Grunde fragt mich Marty so nett, wie er eben kann, wieso ich mir die Nase einschlagen lassen will, wenn ich zu der Party nicht mal eingeladen bin. Das hier ist für den harten Kern, für die Jungs, die sich schon ewig kennen, und wie weit auch immer ich für The Pack gehen will – deshalb werde ich nicht wirklich dazugehören. Scheiß auf ihn! Ich bin jetzt seit über zwei Jahren mit Tranmere unterwegs, und ich habe nie gekniffen. Sogar als die von Stockport am Ende meiner ersten Saison ihr beschissenes kleines Stadion umzingelt hatten und mit Baseballschlägern auf uns losgegangen sind, war ich mittendrin, gleich neben Marty. Ich glaube, mich an einen gewissen Christy Byatt zu erinnern, der sich im Verkaufsraum versteckt hatte. Aber er ist eben einer von den guten alten Jungs, und basta.

Elvis, der aus Ford stammt, sieht aus, als würde er Marty gleich eine knallen. Es gelingt ihm, seine Stimme zu beherrschen: »Los, komm! Er hat recht. Das hat mit Fußball nichts zu tun.«

»Na und, verdammt! Scheiß drauf! Wir halten zusammen! Wir gehen zusammen da hin und sehen, was passiert!«

Elvis schüttelt den Kopf und schaut zu Boden.

»Laß uns sehen, was verdammt noch mal passiert, Elvis.«

Er seufzt und schaut mich mitleidig an.

»Was willstn trinken?« frage ich ihn. Ich glaube zu bemerken, daß Marty in sich hineingrinst.

Elvis kommt zu mir an die Bar. »Carty – geh da nur hin, wenn du hingehen *willst*. Wenn du für die Ärsche diese Art von Loyalität spürst. Aber mach nicht das, was du glaubst, daß du laut Marty machen sollst. Weißt du, was ich meine?«

Ich weiß, was er meint. Und er hat recht. Aber ich *will* hingehen.

Wie so oft bei solchen Sachen passiert gar nichts. Marty plaudert an der Tür liebenswürdig mit Richie Givens, und nach ein paar angespannten Momenten, während derer alle wohldosiert an den Nägeln kauen und nach mutmaßlichen Seacombe-Typen Ausschau halten, kümmert sich jeder wieder um seine eigenen Angelegenheiten. Der größte Teil von The Pack zieht sich in das Hinterzimmer zurück, um Lieder über Potenz und Gewalt zu singen, während Elvis, ich und ein wackeliger

Baby Millan auf die Tanzfläche gehen. Ich sehe John Godden kommen, zusammen mit Alfie Noble. Sie steuern gleich die Sektbar an. Es ist nicht schwer zu erraten, was im Gange ist. John, der selten ausgeht, ist von *Il Capo* herbeizitiert worden, um dessen Haus in Ordnung zu bringen. Mir kommt in den Sinn, daß John, der aus der Innenstadt kommt, vielleicht sogar Geschmack an dem Job finden könnte – nach der Art, wie Christy am Samstag vor all den alten Woody-Kerls den Angriff geführt hat.

Mal sehen.

Ein Junggemüse macht mir im »Chelsea« schöne Augen. Ein *sehr* junges. Wenn sie schon fünfzehn ist, dann aber gerade soeben. Wir tanzen zu »Electricity« von Orchestral Manœuvres, ein Montagabendfavorit hier drin. Sie sagt, daß ihr mein Sweatshirt gefällt. Es ist grelltürkis mit einem großen, beschissenen INEGA-Schriftzug in Lila quer über die ganze Vorderseite. Sehr Elvis. Sie klagt über die Hitze und die Enge, was ich als Versuch verstehe, zu einem Glas Lager mit Limone zu kommen, aber sie sagt nein, laß uns ein bißchen rausgehen. Im halbdunklen Foyer des »Chelsea« sehe ich sie zum erstenmal richtig. Süß, aber ehrlich gesagt, noch nicht lange eine Frau. Sie hat einen schönen, kleinen Arsch, weiß das und setzt ihn ziemlich dreist in Bewegung, während sie vorausgeht. Sie hat ihr langes braunes Haar zu einem Pferdeschwanz zusammengebunden und trägt ihr weißes Lois-Sweatshirt in der Jeans, um ihre kleinen, aber wohlgeformten Brüste zu betonen. Barry McGrath grinst sie und mich anzüglich an, als wir an ihm vorbeigehen und den Club verlassen, und das erinnert mich ein letztes Mal daran, daß sie *jung* ist. Ist mir egal. Sie ist cool und weiß Bescheid, und ich muß immer noch an Suzy denken.

Wir gehen langsam über die Promenade und kuscheln uns instinktiv zusammen – gegen den Wind, der aus Richtung Mersey hereinfegt.

»Immer noch zu warm?« japse ich mit bibbernden Lippen. Ich habe

meine Jacke in der Clubgarderobe gelassen, damit ich nicht zweimal zahlen muß. Es ist eiskalt. Sie schmiegt sich eng an mich.
»Schau mal!« sage ich und zeige auf das gelb erleuchtete Hafenviertel und die wilde, mörderische Flut. »Man fühlt sich ganz ... *winzig*, nicht?«
Ich meine es ernst, aber ich versuche auch, ihr die sensible, romantische Seite meines Wesens zu zeigen. Sie schiebt ihre Hand in meine, und als ich gerade dabei bin, mich mit einem Knutschmarathon und vielleicht ein bißchen Tittenfummeln abzufinden, zieht sie an meiner Hand.
»Gehen wir da rauf?«
Ich spüre, daß man mir meine Überraschung ansieht. Sie führt mich zu einer Lücke im Zaun des Vale Park. Keine großen Umstände. Sie setzt sich auf den Abhang, ich setze mich dazu, und sie fängt an, mit mir zu schmusen. Wir küssen uns gerade mal fünf Sekunden lang, als die Hand, die weder meine Wangenknochen streichelt noch meine Kopfhaut kratzt, nach dem Reißverschluß greift und mein Ding aus dem Schlitz meiner Unterhose kramt. Weise Voraussicht, daß ich den Bengel gewaschen habe.
»Nicht besonders steif.«
Ich halte das für eine entschieden unerotische Äußerung, aber ich mache unermüdlich weiter und ziehe ihr Sweatshirt aus der Jeans. Kein BH, und als ich über ihre weichen Brüste herfalle und sie küsse und beiße, gibt sie fast gar nicht nach. Allmählich wird es, aber ich bin noch immer nicht voll erigiert, als sie mich niederdrückt und anfängt, geschickt am Schaft meines Schwanzes zu züngeln und mit den Fingernägeln meine Eier zu kratzen. Ich erlaube mir, mich einfach zurückzulehnen und an das Gewicht von Suzys großen Titten in meiner Hand und an die erschütternde Abschiedsquittung zu denken.
Ich mags, wenn man mich zwingt.
Warum zum Teufel bin ich darauf nicht gekommen? Ich bin jetzt steif

wie ein Knochen, und das Junggemüse steht auf. In dem seltsamen Mondlicht sieht sie schön und blaß aus, wie sie ihre schlanken Arme hebt, um aus dem Sweatshirt zu schlüpfen. Auf einem Bein balancierend, zieht sie die Jeans aus, und für einen Moment steht sie vor mir, vollkommen weiß und nackt bis auf den knappen Slip, der ihren glatten, flachen Bauch und ihre weichen Hüften betont. Sie steigt aus ihrem Höschen. Gott sei Dank! Ein kompakter dunkler Busch – ich befürchtete schon, sie wäre noch kahl. Sie fixiert mein schwankendes Ding, stellt sich rittlings über mich, hockt sich hin, greift meinen Schwanz und streichelt sich mit der Spitze. Ein scharfes Keuchen, und sie läßt sich nieder, bis ich ganz in ihr bin und sie ihre Knie fest in meine Seiten drücken kann. Ich versuche, nach ihren Titten zu greifen, aber sie wirft den Kopf zurück, sträubt sich heftig, packt meine Handgelenke und schimpft in einem sanften Sopran.
»Du Schweinehund! Du verdammter kleiner Schweinehund! Ich vögel dir deinen verdammten Schwanz ab, du kleiner ... verdammter ... mach schon!«
Es ist zu viel. Mein Ding explodiert gleich, sie ist so schnell und so eng. Ich halte es nicht aus. Ich werfe sie auf das nasse Gras und fange an zu rammeln. Ich kann mich nicht bremsen. Sie seufzt leise und mädchenhaft, ein langes Schamgeheul folgt, dann murmelt sie mir etwas zu.
»Komm nicht in mir, Liebling!«
Das löst sofort eine heftige Ejakulation aus. Ich ziehe mich zurück und spritze über ihren Bauch und ihre Rippen. Ich lege mich hin und sehe zu, wie mein Schwanz erschöpft zur Seite plumpst und immer noch krampfartig zuckt. Ich greife nach ihr, aber sie ist schon aufgestanden und zieht sich an. Ich schaue ihr zu, wie sie in ihr Höschen steigt, und bin wohl schon verliebt, als sie wieder etwas sagt.
»Na Klasse. Guck dir meine Hose an! Überall verdammte Flecken! So kann ich da nicht mehr reingehn – du mußt mich schon heimbringen!«

Ich erkläre ihr, daß das nicht geht, weil ich morgen arbeiten muß und meine Bürokleidung bei Elvis ist und ich bei ihm übernachte.
Die Tatsache, daß ich einen Job, und zwar einen Bürojob habe, scheint sie zu beruhigen, aber sie sieht nicht ein, warum sie nicht mit mir zu Elvis kommen kann. Ich verspreche ihr, sie am Mittwoch im »Chelsea« zu treffen, und es ist mein Ernst. Sie heißt Lilly.
Ich finde Elvis an der Sektbar, wo er mit Marty und John und Richie Givens sitzt. Marty ist gegenüber dem nachdenklichen Modell von vor ein paar Stunden ein völlig anderer Mann; er begrüßt mich wie einen Bruder, stellt mich Richie als einen der Klassetypen vor und klärt mich auf. Es ist mörderisch gewesen im Club. John hat Christy plattgemacht, weil er nicht hingehen und sich bei Alison Noble entschuldigen wollte. Elvis sitzt angespannt da, während Marty sich in seiner Geschichte sonnt. Tony Byatt und der Rest der Woodchurch-Crew sind ausgeflippt und haben alle ihnen bekannten Liverpool-Kerls da drin verdroschen, auch jene, die in Ordnung sind, um sich dann den zahlenmäßig überlegenen Rausschmeißern zuzuwenden. Als Richie gerade ein paar Kameraden aus dem »Oystercatcher« in Leasowe herbeigerufen hatte, ist The Pack schon über die Promenade gedonnert und auf Autos losgegangen, und sie haben Leute überfallen, die aus dem »Grand« und dem »Guinea« kamen. Marty und Alfie sind ihnen nachgefahren und haben versucht, die Lage zu entspannen, aber die Heilsarmee war schon auf der Szene. Muß ein ziemlicher Aufstand gewesen sein. Ich habe keinen Ton gehört.
Elvis schweigt, während wir die Vicky Road entlanggehen und ein Taxi suchen. Ich weiß nicht genau, ob er sauer auf mich ist, weil er wegen mir im »Chelsea« bleiben mußte. Ich kann nicht länger als eine halbe Stunde weg gewesen sein, aber ich frage ihn trotzdem. Er sagt, daß es nur wegen The Pack ist, daß sie ihn deprimieren. Er erzählt mir, daß Godden Christy niedergeschlagen hat, als der ihm den Rücken zuwandte. Er hatte keine Chance. Elvis glaubt, daß The Pack sich wegen dieser

Sache spalten wird. Ich sage, daß The Pack seit Jahren gespalten ist. Wie auch immer, ich glaube nicht, daß ich es besonders eilig haben werde, wieder nach New Brighton zu fahren. Ich überlege mir, daß ich Lilly zu Elvis hätte mitbringen sollen. Aber das hätte einfach nicht gepaßt.

24. November 1979

Port Vale sind eine Crew, aus der man nur schwer schlau wird. Bis vor kurzem haben sie bei den Vereinen der dritten Liga einigermaßen Respekt genossen. Es gab Spielzeiten, da brachten sie an einem nebligen Montagabend sechs- oder siebenhundert Mann zusammen, und durchaus auch ein paar Kampfhähne – aber dann gab es wieder Spiele, wo nur eine Busladung Kutten auftauchte. Heute abend habe ich den starken Verdacht, daß letzteres der Fall sein wird, obwohl wir Freitagabend haben und The Potteries nur neunzig Minuten entfernt ist. Wir haben letzten August gegen sie im League Cup gespielt und ihnen sowohl zu Hause als auch auswärts eine schlimme Abreibung verpaßt. Besonders beim Rückspiel hier oben konnte man The Pack mit extrem schlechten Manieren erleben. Es ist kaum anzunehmen, daß Vale es eilig hatte, wieder herzukommen.

Vor diesem Auswärtsspiel an einem glühendheißen Samstag sprangen ungefähr siebzig von uns in Kidsgrove aus dem Zug und zogen los. Es ist ein ganzes Stück bis zum Stadion, und sogar in unserer Sommerkleidung – Fred Perrys, Canvasjeans und Leinenschuhe – ist uns wahnsinnig heiß, und als wir am Stadion ankommen, brauchen wir einen Drink. Wir gehen in ein paar Pubs in der Umgebung, wo wir nur angestarrt werden, und dann, so gegen halb drei, geht es los. Massen von uns sitzen auf der Mauer vor dem Pub und genießen die Sonne, und ich persönlich fange an, mit einem gemütlichen, streßfreien Tag zu rechnen. Dann gibt es drinnen an der Theke einen Krach, und gleichzeitig fliegt ein Hocker durch das große Glasfenster. Wir springen auf, rennen hinein und sehen, daß Batesy und Eddie Spark auf einem kleinen erhöhten Balkon eingekeilt sind und daß etwa zwanzig Vales versuchen, die Treppe zu stürmen. Batesy und Eddie haben den Spielautomaten an das obere Ende der Treppe gezerrt, und als wir ins Lokal kommen, schaukeln sie ihn hin und her, um ihn auf die Crew von Port

Vale hinunter zu kippen. Wir gehen auf die Vales los. Der Junge, dem ich gerade eine knallen will, kriegt mit einem Humpen voll eine aufs Ohr, freundlicherweise zur Verfügung gestellt von Mr. O'Connor.
Elvis hält mitten in der Schlägerei inne, als wäre er in der Bewegung zum Standbild erstarrt, und deutet dem Jungen direkt ins Gesicht: »Bei den Kämpfen hat ein Mann ein Ohr verloren«, sagt er mit der bescheuerten Stimme eines Nachrichtensprechers; dann kämpft er doppelt so heftig wie alle anderen weiter und rammt so ein armes Dickerchen immer wieder mit dem Kopf, bis es umfällt. Ständig zieht Elvis verrückte Grimassen, während er durchgedrehte Kampfstellungen nachmacht. Ich könnte schwören, daß er die meiste Zeit glaubt, in einem Film zu spielen. Die Bullen werden auf die Szene gerufen. Als wir gerade zum Stadion aufbrechen wollen, zeigt der leidgeprüfte Pub-Manager verzweifelt auf Eddie Spark.
»Der da! Der da! Der war dabei!«
Wir blockieren die Tür, damit Eddie abhauen kann, dann ziehen wir in aller Ruhe zur übergroßen Gästetribüne. Die Juniors scharen sich aufgeregt um uns und verteilen Adidas-T-Shirts und bizarrerweise Puma-Schweißbänder. Sie sind bis Stoke im Zug geblieben und haben dann die Geschäfte in Hanley geplündert. Nach dem Spiel umringt uns eine ganze Legion verdrießlicher Bullen. Die sind keineswegs erfreut, bei diesem Wetter viereinhalb Kilometer in Uniform laufen zu müssen, um die guten Menschen von Burslem vor uns Diebsgesindel zu beschützen. Jeder, der es wagt, die Straße zu betreten, kriegt eins mit dem Gummiknüppel und dazu das zeitlose Polizeimantra: »Benehmt euch nur wie Tiere, dann werdet ihr auch behandelt wie Tiere.«
Zum Rückspiel brachte Vale dann Hunderte mit. Im klassischen Subbie-Bauernstil drängelten sie sich in meterweiten Birmos aus den Waggons, waren sturzbetrunken, sangen aus Leibeskräften und breiteten weit die Arme aus. Ich werde nie begreifen, warum diese Subbie-Crews so viel singen. Arschlöcher.

Das Problem für Vale an diesem Abend ist, daß der Busparkplatz am Open End nur zwei Drehkreuze hat. (Vale kommt *immer* mit dem Bus.) Die bremsen die Massen, wenn sie ins Stadion strömen. Die Vales tröpfeln herein, und wir springen sie sofort an. Die Bauern außerhalb des Stadions sehen, was mit ihren Jungs passiert, und versuchen, die Tore zu stürmen.
Sie warten hinter den Drehkreuzen, bis sie so ungefähr hundert sind, und dann rennen sie alle ins Open End, heulen wie die Komantschen und denken, daß wir uns verziehen. Tun wir aber nicht. Und noch immer kommt Nachschub aus Vale. Überall rennen Polizisten herum und bemühen sich, die vielen kleinen Einzelgefechte zu beenden, die im Gange sind. Vom Cow Shed aus muß das schick aussehen. Die Bullen zeigen wirklich vollen Einsatz.
Der größte Teil von The Pack rottet sich hinter dem Kiosk zusammen. Ein Fehler. Jetzt hat die Polente sie alle an einem Ort, und es gelingt ihr, sie mit den Schlagstöcken den Abhang hinunter ins Paddock zu treiben. Es ist relativ leicht, sie dort festzuhalten. Die Bullen müssen nur eine doppelte Reihe Uniformen mit gezücktem Schlagstock quer über die Ecke des Open End aufstellen und auf alles einschlagen, was ihnen zu nahe kommt. Als Port Vale sieht, daß sie sicher sind, stürmen sie direkt auf die Polizeilinie zu, spucken aus und zeigen The Pack den Stinkefinger. Aber sie haben nicht mit jenen ungefähr zwanzig Mann von uns gerechnet, die immer noch über das Open End verstreut sind, und es sind ein paar gute Kämpfer dabei. Wir nicken uns schweigend zu, ich, Elvis, Baby, Godden, die Spics, Batesy, Eddie und ziemlich viele Juniors. Wir gehen im Gänsemarsch hinten um das Open End herum und an der Seite entlang zum Kiosk. Die von Vale sind drei, vier Meter unter uns und wenden uns den Rücken zu. Sie hüpfen vor den Bullen auf und nieder und tun so, als würden sie gleich gegen Tranmere durchbrechen.
Marty sieht uns vom Paddock aus und fängt an zu schreien, daß wir

angreifen sollen. John hält uns zurück und befiehlt uns zu warten. Die Vale-Idioten fangen allmählich an, sich umzudrehen. Johns Gesicht ist verzerrt, und überall fliegt Spucke herum.

»Ro! Vers!«

Vale erstarrt, obwohl sie in Massen da sind. Die, die in unserer unmittelbaren Nähe stehen, fangen an, sich gegenseitig voranzuschieben. Das reicht. Ein Kommando ist nicht nötig. Wir rasen die Ränge hinunter und stürzen uns auf sie. Unter einem wilden Hagel von Stiefeltritten und Faustschlägen fallen wir über sie her. Ich sehe, daß Baby seine Klinge zückt, und gleich darauf teilt sich das Rote Meer. Vale will es nicht wissen. Sie werden nicht kämpfen. Wir verjagen sie in alle Himmelsrichtungen. Manche springen über die Absperrung und rennen in heller Panik auf das Spielfeld. Von da an herrscht Chaos. Die Bullen wenden sich vom Paddock ab, worauf The Pack zum Open End zurückstürmen kann. Mehr und mehr Vale-Fans flanken aufs Spielfeld, andere versuchen, sich in den Klos und hinter den Nebengebäuden zu verstecken. Manche vergessen in ihrer Angst jeden Schmerz; sie rennen mit Anlauf gegen die Außenzäune, springen hoch und halten sich in sicherer Höhe am Stacheldraht fest. Ein bißchen komisch ist das schon. Manche von ihnen sind Kerls in den Dreißigern, die sich nicht schlagen wollen, aber die Juniors zerren sie immer wieder auf den Boden und verprügeln sie. Es ist kraß, erwachsene Männer so weinen zu sehen. Später laufen am Rand des Spielfelds immer noch verstörte Vale-Fans herum und warten darauf, daß die Polente ihnen sagt, was sie machen sollen. Mir verrät ein junger Bulle, daß dies die beste Action war, die er in drei Jahren als Polizist bei Spielen von Liverpool, Everton und Tranmere gesehen hat.

Heute kommen die üblichen Gerüchte aus dem »Spuds« und dem »Free Library«. Vale ist auf Rachefeldzug. Sie wollen mit drei Busladungen Saftheinis zur »Rockvilla« kommen und dort auf uns warten. Wo zum Teufel kommen diese Gerüchte her? Es läuft immer darauf hinaus, daß

die Schwester von irgendeinem Typ mit einem Typ aus welcher Stadt auch immer verheiratet ist, gegen die man zufällig spielt, und der wiederum hat zufällig gehört, wie der Anführer der Crew genau erklärt hat, welche Arrangements sie für die Reise getroffen haben. Ich weiß, daß die Leute nur etwas Pep in langweilige Spiele bringen wollen, aber das kann nach hinten losgehen. Dieses Jahr erst, am Ostermontag, hatten wir Carlisle zu Gast. Irgendein Kumpel im »Baby's« *versicherte* uns, daß er einen Kumpel bei der Automobile Association hat und daß der ihn angerufen und gesagt hat, vier Busladungen seien unterwegs. Wir haben beschlossen, die wirklich anzuscheißen, die M 62 hinauszufahren und sie aus dem Hinterhalt zu überfallen. Aber Elvis und Marty konnten uns davon überzeugen, daß wir uns nur zu Idioten machen würden. Wir haben noch anderthalb Stunden im »Ship« gewartet, um sie niederzumachen, sobald sie die Borough Road entlangkommen. Carlisle hat an diesem Tag genau zweiunddreißig Fans mitgebracht, und zwar in unverfänglichen Autos.
Ich rufe Maggie im »Library« an, um zu fragen, wer da ist, und sie gibt mich weiter an Batesy. Batesy sagt, daß sie alle zur »Rockvilla« spazieren wollen, sicherheitshalber, und ich versuche, ihm klarzumachen, daß das Zeitverschwendung ist. Nebenbei erzählt er mir, daß Woodchurch wegen dem Quatsch am Montagabend Tranmere boykottiert. Er selbst glaubt es nicht. Ich bin mir nicht so sicher. Sie können sehr engstirnig sein, diese Woodys. Das wäre tragisch, so, wie The Pack in dieser Saison durchgestartet ist. Tranmere ist nichts ohne die Woodys.
Ich mache um fünf Uhr Feierabend und marschiere zum »Carlton«, wo ich mich vor Heimspielen immer mit Elvis treffe. Ich bin früh dran, also flitze ich noch kurz zu Maguire's, um das »Echo« zu holen. Obwohl Tranmere heute abend spielt und Liverpool und Everton erst morgen in hochgradig uninteressanten Spielen gegen Coventry und Ipswich antreten, werden wir auf der hinteren Umschlagseite nicht

erwähnt. Wie üblich steht Tranmere unter ferner liefen auf der vorletzten Seite. Ich weiß nicht, wieso ich mich überhaupt mit dem »Echo« befasse.
Zwei Schätzchen von der Birkenhead Tech kommen herein. Ich kenne sie vage aus dem »Rupert's«, wo sie als »die Flötistinnen« bekannt sind. Dieses Privileg scheinen aber nur Rausschmeißer und einige Promis zu genießen – wenn du von Tranmere bist, vergiß es! Die eine, die, wie ich glaube, Sonia heißt, lächelt herüber. *Ganz* Tranmere? frage ich mich. Irgendein Arschloch, das immer noch Pod trägt, schleicht zu ihnen hin, bleibt aber nicht lange. Muß ein Dozent sein, so wie der angezogen ist. Sonia winkt mich mit einer kurzen Kopfbewegung zu sich herüber. Ich weiß ganz genau, daß solche Mädchen sehr gerne den letzten Arsch aus einem Jungen machen und einen ganzen Sack voller Tricks haben, um einen dumm aussehen zu lassen. Ein Lieblingsspiel ist, daß sie fragen, womit man seinen Lebensunterhalt verdient, und wenn man antworten will, unterdrücken sie ein gespieltes Gähnen und stehen einfach auf und gehen weg. Aber diese zwei sind süß. Scheiß drauf, denke ich, und ziehe mir einen Hocker heran.
Sonia heißt wirklich Sonia, und ihre Freundin heißt Jackie. Jackie ist sehr nervös und geschwätzig und die – na ja – etwas Nuttigere. Sie sehen alle beide großartig aus, aber während Sonia blaß und türkisäugig und schön ist, ist Jackie aufdringlich und braun gebrannt; um ihre braunen, riesigen ovalen Augen herum trägt sie eine Tonne Mascara. Und während Sonia anscheinend gerne zuhört, redet Jackie atemlos über ein Thema: Kerle.
»Du ziehst mit Mark Elways rum, oder?«
»Elvis? Ja. Ist mein bester Freund. Woher kennst du Elvis?«
»Immer unterwegs, oder? Hab ihn heute gesehen. Hat ne neue Rübe.«
Das ist mir neu.
Jackie markiert mit beiden hohlen Händen einen imaginären Astronautenhelm um ihren Kopf. »Er hat so einen riesigen verrückten Kugelkopf

mit irgendwie so einem mähnenmäßigen Pony vorne und so einem verrückten Stück, das hinten absteht, und es ist irgendwie *lila* gefärbt.« Schweinehund! Letzte Woche haben wir im »Swinging Apple« zwei Jungen mit dieser Frisur gesehen. Ich war es, der herausgefunden hat, daß der Schnitt Pilz-Popper heißt, und wir haben abgemacht, daß wir es morgen zusammen riskieren wollen. Wir sind davon ausgegangen, daß die ganze Operation nicht länger als eine Stunde dauert, und haben uns für drei Uhr bei Minsky's angemeldet. Dann ist noch genügend Zeit, daß wir nach Hause gehen, uns umziehen und wieder weggehen können, ohne daß die neue Frisur zu merklich durchhängt. Wenn man einmal die Haare gewaschen hat, ist die Frisur nicht mehr dieselbe, egal, wie gut die Heimstyling-Ausrüstung ist. Typisch für den verdammten Elvis, daß er zuerst hinflitzt.

Ich mache den Mädchen klar, daß das Lila, das Jackie erwähnt hat, wahrscheinlich Pflaume ist und daß der Pflaumen-Pilz *der* angesagte Haarschnitt werden wird. Ich lasse Sonia wissen, daß ich den ersten Popper in Birkenhead hatte und daß Elvis sich noch wie Lou Reed kleidete, als ich ihn kennenlernte. Sie lächelt wunderbar, wobei sie kaum die Oberlippe hebt. Ich verliebe mich in den zarten Anflug von Sommersprossen auf ihrer Nase und in den einzelnen winzigen Fleck über ihrer Lippe und in die Art, wie sie manchmal nach unten schaut, wenn man mit ihr spricht. Als Elvis ins »Carlton« geschlendert kommt und versucht, mit seiner weltkugelgroßen, lilapinkfarbenen Haarskulptur in Form eines umgedrehten Goldfischglases lässig auszusehen, bin ich bereits in Sonia vernarrt. Deprimierenderweise scheinen ihre Augen ein wenig heller zu irrlichtern, als Elvis uns sieht und herüberkommt. Sie macht etwas bereitwilliger Platz, als streng ladylike gewesen wäre, und er pflanzt sich hin. Sein Haar erbebt. Sonia kriecht förmlich in ihn hinein, während sie mit ihm spricht. Schweinehund! Ich muß daran denken, in Zukunft mehr Mauve zu tragen. Jackie und ich unterhalten uns tapfer und versuchen, uns zu amüsieren.

»Wir müssen mal zu viert ausgehen, he?« sagt sie heiser und zündet sich eine weitere Kippe an. »Aber keine Bedingungen! Kein Scheißgefummel!« Sie kreischt vor Lachen über diese nicht besonders komische Bemerkung. Wir umarmen die Mädchen herzlich und rennen in Richtung der weißen Flutlichtmasten von Prenton. Nach all den Jahren immer noch ein erhebender Anblick. Zu unserer Überraschung und zu unserer beträchtlichen Freude haben wir fast zehn Minuten der ersten Halbzeit verpaßt. Das Spielfeld ist zu uneben und zu glitschig, als daß eine der Mannschaften besonderen Eindruck machen könnte. Elvis und ich fangen unwillkürlich an zu spekulieren, ob die Woodys sich wirklich von Tranmere fernhalten werden, und wir schwelgen in Erinnerungen an sagenumwobene Auftritte imaginärer Mobs. Für eine so ereignisarme Begegnung kommt die Halbzeit schnell.

Es sind nicht viele Zuschauer da. Port Vale hat keinerlei Unterstützung mitgebracht, und Tranmere offenbar auch nicht. Wir stehen wie üblich auf der Bebington-Seite der Borough-Road-Tribüne, aber keiner der Kerls läßt sich blicken. Kein Marty. Kein Batesy. Ganz sicher kein Christy und kein John Godden. Ich und Elvis, wir sind The Pack. Scheiße sei Dank, daß Vale keine Anhänger mitgebracht hat.

Im Moment kommen wir mit etwa 1800 Zuschauern aus, und mit einer anständigen Auswärtscrew können es bis zu 2500 werden. 3000 ist die Rekordmarke. Heute, an einem zugegebenermaßen miserablen Abend, sind kaum 1200 da. Es weht ein gemeiner Wind, und ein Speerhagel von Regen klatscht jetzt mit einer Geschwindigkeit und in einem Winkel nieder, wie es nur bei Tranmere möglich ist. Bedenkt man, daß Tranmere nur noch ein paar Siege vom Aufstieg entfernt ist, nimmt sich die Beteiligung heute abend wirklich erbärmlich aus. Vielleicht wollen oder brauchen die Leute einfach kein drittes Team in Merseyside. Vielleicht hat das »Echo« die Sache richtig eingeschätzt. Elvis und ich stehen zitternd in unseren dünnen Adidas-Anoraks da

und debattieren über die Vorteile von Nastase-Trainingsschuhen gegenüber ihren gräßlichen, ich glaube gelben Forest-Hills-Imitationen.
Gegen neun Uhr öffnen sich die Tore an der Cow-Shed-Seite, damit die Rentner und die, die es ganz eilig haben, hinaus können. Herein marschiert The Pack in seinem ganzen regennassen Glanz, vierzig oder fünfzig Mann, alle feingemacht und durchgeweicht bis auf die Knochen, und obwohl Montag ist und alles – bei diesem Anblick muß man lächeln. Die meisten von den Woody-Typen sind da, nicht aber Christy. Marty erzählt uns, daß sie durch jeden Pub in Rock Ferry gelaufen sind und Vale-Fans gesucht haben. Die müssen definitiv irgendwo dort sein. John Goddens Cousin hat sie alle im »Little Chef« an der A 41 gesehen. Es entsteht eine Pause, bis bei allen der Groschen gefallen ist, und dann brechen wir vor Lachen zusammen.
Nach dem Spiel passieren reichlich merkwürdige Dinge. Elvis und ich haben uns angewöhnt, nach den Spielen auf ein Bier ins »Halfway House« zu gehen, während ich auf den F-23-Bus warte. Er kommt von dort aus leicht nach Oxton. Als wir die Woodchurch Lane entlanggehen, hören wir hinter uns große Schaufensterscheiben krachend zu Bruch gehen. Ein Sprechchor wird angestimmt: »Wir aus Woodchurch! Halten zusammen! Wir aus Woodchurch! Halten zusammen!«
Fünfzig Meter hinter uns auf der Straße ist eine Woodchurch-Crew, einige waren nicht im Stadion. Christy ist dabei, und Tony, Hardy und Baby. Sie kämpfen mit der großen stählernen Mülltonne vor der Frittenbude. Sie reißen die Tonne aus der Verankerung, treten ein paar Schritte zurück und schleudern sie durch das Fenster der Bude. Überall sieht man noch immer diese vernünftigen Tranmere-Familienväter, die nach Frühlingsrollen oder wer weiß was anstehen, aber das ist den Woodys egal. Krach! Bestürzte und ungläubige Ausrufe der Kundschaft und der Widerhall Dutzender rennender Füße, als sie hysterisch lachend über die Woodchurch Lane davonstürmen. Christys kleine Firma

muß auf Sulfat sein, die sind wild wie der Teufel. Hardy kommt ganz nahe an mir vorbei; er ist völlig weggetreten. In diesem langen Tweedmantel, der gerade bei den über fünfundzwanzigjährigen Ex-Punkern sehr angesagt ist, sieht er ziemlich unheimlich aus. Er rennt an mir vorbei, erkennt mich nicht einmal und deutet nach vorn zur Bushaltestelle. Dort stehen Jungs aus Thingwall, die mit Tranmere zu Auswärtsspielen fahren, aber gewöhnlich einen Bogen um The Pack machen. Elvis sieht besorgt aus.

»Was glaubst du?«

»Keine Ahnung. Die verarschen die, oder?«

»Glaub ich kaum. Du weißt, wie die sind.«

»Das ist Sammy Dean und so, oder? Colin Bullen? Die werden doch nicht auf die losgehen, oder?«

»Keine Ahnung. Du weißt, wie die sind.«

Ich weiß, wie die sind. Vor Jahren, als ich gerade angefangen hatte, zu Tranmere-Spielen zu gehen, habe ich mich immer in einer Ecke des Wartehäuschens an der Haltestelle Halfway House ganz dünn gemacht und gebetet, daß das Woodchurch-Kontingent weiterziehen und keine Lust haben würde, auf den Bus zu warten. Meistens gingen sie vorbei, und manchmal haben sie vielleicht irgendeiner Kutte den Schal abgenommen oder irgendeinen Arsch auf den Hinterkopf geklatscht. Aber ab und zu konnte man sie schon von weitem streiten hören, ob sie den Bus entern sollen, und wenn sie näher kamen, wurden die Stimmen immer lauter, und dann blieben sie stehen, genau hinter einem. Sie nahmen also den Bus. Es sind nur drei Stationen bis Woodchurch, aber wenn der Bus Verspätung hatte, kam es einem wie eine Ewigkeit vor. Man hatte große Angst, einem der Kretins aufzufallen.

»Wo kommstn her, Kumpel? Leih mir mal zehn Pence!«

Ich erinnere mich an so einen traurigen Schlachtenbummler aus Greasby, der konzentriert auf den Boden starrte und verzweifelt versuchte, keinen Anstoß zu erregen. Einer von den Mini-WEBB, ein

kleiner Skin so um die zehn, legte sich genau in der Sichtlinie des Greasby aufs Pflaster, so daß der ihn zwangsläufig ansehen mußte.
In gespielter Wut sprang der Kleine auf: »Scheiße, was glotztn so, du kleine Pfeife. Rück deine verdammte Jacke raus!«
Der Junge zog ergeben seine Jacke aus, weinte leise und vermied immer noch jeden Blickkontakt. Niemand kam ihm zu Hilfe. Das waren Schweinehunde, diese WEBB, und sie sind es noch, aber wegen dieser Kaltschnäuzigkeit fürchtet jede Crew in der dritten Tranmere wie das Kaninchen die Schlange.
»Los, komm!« rufe ich Elvis zu und renne ihnen nach. Elvis schüttelt den Kopf und trottet halbherzig hinter mir her. Sie haben die fünf aus Thingwall umzingelt, aber die zeigen keine Angst, was sie ehrt. Hardys zerfaserter Geist ist deswegen ein bißchen durcheinander, und ich weiß, wenn ich schnell genug eingreife, ist er damit zufrieden, sie nach dieser diplomatischen Intervention wieder freizulassen.
»Ey! Hardy! Baby! Wasn los, Kumpels?«
Baby wirft mir einen scheißfinsteren Blick zu, was ich zu den Akten lege. Hardy wirkt auch nicht gerade einladend, aber er ist zu hinüber, um den Unterschied zu erkennen. Elvis holt mich ein und begrüßt den Thingwall-Fünfer äußerst freundlich, wenn man bedenkt, daß er sie kaum kennt. Gut gemacht, Elvis! Die Spannung löst sich. Ich wende mich an Colin Bullen.
»Bei den Rovers gewesen, Col?«
Colin nickt. Natürlich war er. Warum zum Teufel steht er wohl sonst am Freitag um halb zehn abends an dieser Bushaltestelle? Diesen *A-posteriori*-Beweis lege ich Richter Hardy vor.
»Du kennst Col und seine Kumpels, oder, Hardy? Gute Jungens das.«
Hardy hegt eindeutig Zweifel an ihrem Stammbaum, aber offenbar ist er bereit, im Zweifelsfall zu ihren Gunsten zu entscheiden. Unter seinen Mannen macht sich Enttäuschung breit; schon wieder hat man ihnen den Sport gestrichen. Sie trotten davon, und der eine oder andere gibt

mir einen Klaps auf die Schulter und meint: »Bis dann, Kumpel!« Baby Millan streift mich, als er mit Christy und Tony vorbeigeht, und Hardy rennt ihnen nach. Sie halten eine Konferenz ab, während sie den Swan Hill hinuntergehen. Ich bin ziemlich sicher, daß es um mich geht.

Als mein Bus anfährt, schaue ich mich nach Elvis um, der an der Ampel auf Grün wartet. Zu meiner beträchtlichen Erheiterung hat der Regen seine neue Rübe komplett planiert. Er sieht aus, als würde Norman Bates durch die regennassen Seitenstraßen schleichen. Ich kann den morgigen Abend kaum erwarten.

26. November 1979

Vor dem heutigen Tag habe ich mich gefürchtet. Heute ist es ein Jahr und einen Tag her, daß Mum gestorben ist, und wir sind unterwegs nach Landican zum Jahresgedächtnis. Molly hat wirklich Angst davor, wieder auf den Friedhof zu gehen. Nach der Beerdigung hatte sie einen guten Monat lang lebhafte Alpträume, in denen auch ihre eigene ausführliche Einäscherung vorkam. Wir haben darüber gesprochen, wie wir um diesen traurigen Ausflug herumkommen könnten, aber wir wissen, das würde Dad umbringen, wenn wir nicht dabei wären. Er versuchte diese alte Ich-verlange-doch-nicht-viel-von-euch-Tour und redet von Mum immer als von »eurer Mutter«.

Molly und ich haben die Formulierung in den letzten Tagen ständig benutzt. Gestern abend wollte ich gerade weggehen, als Moll in mein Zimmer kam, eine Runde um meinen lockeren neuen Pilzpopper drehte, den Kopf schüttelte und mißbilligend sagte: »Das hätte deiner Mutter nicht gefallen!«

Gestern abend hatten wir eigentlich vor, Sonia und Jackie zu suchen, sie mit zu Elvis zu nehmen und sie so durchzuvögeln, daß ich danach in den Schlaf des Gerechten verfallen wäre und es irgendwie fertiggebracht hätte, diesen Gedenktag zu verpennen. Eine schändlichere Ausgeburt der Phantasie läßt sich kaum vorstellen, doch ist es kinderleicht, sie zu finden. Als wir ins »Rupert's« kommen, streichen die zwei um die beiden Gorillas herum, die die Tür bewachen. Als Antwort auf unsere überschwengliche Begrüßung lächelt Jackie uns besonders dünn an, und die katzenhafte Sonia dreht uns den Rücken zu und flüstert einem der Rausschmeißer etwas ins Ohr. Er kippt auf seinen Absätzen nach hinten und lacht unverschämt, nicht ohne mir einen verächtlichen Blick zuzuwerfen. Meine Ohren werden rot, und ich komme mir auf einmal extrem blöd vor, wie ich da mit meinen neuesten Lois-Jeans, blauen Kios-Stiefeln und einer unglaublich homosexuellen

Frisur herumstehe, während die Rausschmeißer über unser Unbehagen grienen und die Mädchen uns komplett ignorieren. *Ganz* Tranmere? Ich glaube schon.

Elvis erschüttert diese Abfuhr offenbar nicht sehr. »Sowieso zwei Schnallen, Kumpel. Keine Ahnung, wieso du so fixiert auf die bist.«

»Ich! Du hast doch gestern abend die ganze zweite Halbzeit lang wegen Sonia rumgemacht! Und wegen der anderen! Der Vierer war doch nicht meine Idee …«

Elvis grinst schief.

»Ich bin in dieser Hinsicht sehr maßvoll«, stelle ich fest.

Darüber muß er lachen.

»Geradezu konservativ!«

Er schüttelt ungläubig den Kopf.

»Du würdest es also nicht machen?«

»Najaaaa …«

Er lacht schallend und schlägt mir auf den Rücken. Er will mich überreden, mit ihm zu Prag Vec und Gruppo Sportivo ins »Eric's« zu gehen. Ich bin in Versuchung. Mein schöner Pilz sieht zehnmal besser aus als seiner, und einige der älteren Vamptypen im »Eric's« sind scharf wie der Teufel – aber der Reinfall mit den ungnädigen »Flötistinnen« bringt mir wieder den Gedenktag in Erinnerung. Ich werde jetzt verschwinden und das einzig Richtige tun: Dad Freude machen und ein guter Sohn sein. Elvis versteht das und versucht nicht einmal, mich unter Druck zu setzen. Wir gehen zusammen bis zum Hamilton Square, wo wir uns schließlich auf den entgegengesetzten Bahnsteigen gegenüberstehen. Wir schneiden verrückte Grimassen. Sehr zur Bestürzung sämtlicher Pärchen auf dem Bahnsteig drüben tut Elvis so, als müßte er sich übergeben. Mein Zug kommt zuerst. Als er anfährt, winke ich Elvis zu. Er scheint ziemlich froh zu sein, daß er allein ausgehen kann. Vielleicht war der Plan mit den »Flötistinnen« *doch* meine Idee. Vielleicht geht Elvis jetzt endlich dahin, wo er hinwollte. Ich steige in

Birkenhead-Nord aus und freue mich, daß der Zug aus Wrexham schon da ist.

Also liege ich jetzt hier, und auf meinem Nachttisch steht ein angeschlagener Becher, in dem seit Stunden eine Ölschicht den Tee überzieht. Ich bin hellwach und fürchte mich schrecklich vor dem kommenden Tag. Ich kann nicht aufstehen. Ich habe es mit der üblichen Litanei versucht: Wenn du bei fünf aus dem Bett bist, spielen wir im F.A. Cup gegen Liverpool. An Wochentagen funktioniert das. Wenn ich arbeiten muß, kann ich aufstehen, kein Problem. Bin bis jetzt noch nie zu spät gekommen. Was ich heute gar nicht gebrauchen kann, sind noch mehr verrückte Gedanken. Ich denke ständig wahnsinniges Zeug. Manchmal sitze ich mit Dad zusammen, und plötzlich fühle ich mich wirr im Kopf und bin sicher, daß er mich jeden Moment packen und erwürgen wird. Ich muß wirklich kämpfen, um mich normal zu benehmen, mich mitten im Gespräch zu entschuldigen und nach draußen zu rennen, um Luft zu holen. Sehr oft komme ich auch nicht gegen den Gedanken an, daß alles, was ich tue, mich einen Schritt näher zum Tod hinführt. Daß ich mir zwanghaft »New Dawn Fades« von Joy Division anhöre, kann als mildernder Umstand gelten, aber es lenkt nicht von der Wahrheit ab, daß ich auf der Straße in das Tal des Todes dieses kleine Stückchen weiter gegangen bin, sobald ich das Badezimmer erreicht habe.

Ich frage mich gerade, wie viele Tote von allen Verstorbenen überhaupt auf dem Landican-Friedhof liegen, als Molly an die Tür klopft, um nachzusehen, ob ich aufgestanden bin. Molly ist schon jetzt das schönste Mädchen der Welt und wird, wenn sie sechzehn ist, für Dutzende von liebeskranken Trotteln verantwortlich sein, und außerdem ist sie die klügste Person, die ich kenne. Sie erfaßt jede Situation vollkommen und dringt direkt zum Kern jeder Frage vor. Heute morgen sieht sie, daß ich einfach traurig und lustlos bin und vor allen Dingen Angst habe.

Sie lenkt mich ab, wie man ein Kind ablenkt: »Los, komm, Paul! Bringen wirs hinter uns, und dann können wir uns auf Weihnachten freuen.«

Weihnachten! Obwohl es vor der Tür steht, habe ich bisher kaum daran gedacht. Büropartys! Sex in der Materialausgabe mit verheirateten Zimperliesen! Auswärtsspiel gegen Crewe! Gott segne dich, Molly, ich stehe auf!

Obwohl ich mir vor und nach dem Frühstück kräftig die Zähne geputzt habe, weiß ich, daß ich von dem vielen Bier gestern abend aus dem Mund rieche. Ich finde es nicht in Ordnung, ein Gotteshaus mit durchdringendem Mundgeruch zu betreten, also renne ich, kurz bevor wir gehen wollen, noch einmal hinauf ins Badezimmer. Ich schmiere Zahnpasta aufs Zahnfleisch und stecke meine Zahnbürste ein. Ich werde noch mal rubbeln, bevor wir aus dem Wagen steigen. Während ich die Treppe hinunterspringe, habe ich noch einen Geistesblitz. Pernod! Zwei Fliegen mit einer Klappe: Ich kann auf einen Schlag meine wachsende Nervosität mit einem entspannenden Pastis eindämmen, und ich kann den Belag von meinem Gaumen schälen. Während ich am Schraubverschluß herumfummele, kommt mir eine noch bessere Idee: Ich gieße den letzten Rest aus einer kleinen Flasche Hunts Tonic aus, öffne eine fast volle Flasche Schweppes Pfefferminzlikör und fülle das leere Gefäß fünf Zentimeter hoch. Die Hupe des Wagens ertönt, sie klingt ärgerlich. Komm schon! Ich füge weitere fünf Zentimeter Pernod hinzu. Beinahe geschafft. Ich angle nach einer tiefblauen Flasche Domestos. Damit muß ich vorsichtig sein. Aber dieses Zeug wird die übelriechenden Lager-Bazillen auslöschen, die in meinen Gedärmen lauern und mich furzen und stinken lassen. Zuviel davon, und ich habe ein Problem. Nur einen Hauch, eine Spur von Haushaltsbleiche, und ich werde wiedergeboren als Fabio Frischluft. Hup! Hup! Molly trippelt über den rosa Kiesweg, ich höre ihre eleganten Schritte. Auf dich, Mum! Prost! Ich fülle das Elixier mit Leitungswasser auf, schüttele die Flasche kräftig, kippe einen ordentlichen Hieb, gurgele

damit und spucke ihn in das Spülbecken. Wusch! Mr. Minty! Und jetzt laßt uns trauern!
»Was zum Teufel machst du hier!« zischt Molly einigermaßen sauer.
»Nur Hygiene, Moll. Hygiene für Jesus. Komm, gehn wir!«
Das vielgefürchtete Jahresgedächtnis erweist sich als bewegende, befriedigende Erfahrung. Ich bin gezwungen, mich an Dinge zu erinnern, die ich verdrängt hatte, und ich entdecke einen Aspekt dieses vergangenen Jahres, über den ich mir nicht im klaren war oder den ich einfach nicht wahrhaben wollte. Diese ganze Sache mit Tranmere und The Pack. Ich sehe jetzt, daß die Zeit, als ich sicher wußte, daß Mum sterben würde, auch die Zeit war, wo ich anfing, mich in der Crew zu verstecken. Ich war auf der Suche nach einem neuen Betätigungsfeld, nach einem Weg, um mich auszudrücken. Nicht, daß es mir wirklich danach war, viel zu reden. Ich wollte einfach Action. Ich wollte von der Schule abgehen. Ich wollte einen Job und Geld. Ich wollte mein Leben selbst in die Hand nehmen, ein Leben, das nichts mit dem Plan zu tun hat, den Mum und Dad entworfen hatten und der sich inzwischen als schrecklich fehlbar erwiesen hatte.
Das hat nichts von einer großen Racheaktion oder einem bösen Vorsatz. Man glaubt eben, daß man selbst klarkommt. Oder es macht einem einfach nicht so viel aus. Oder man hat vielleicht eine andere Auffassung davon, was anständig ist, was falsch ist oder richtig. Irgend etwas ändert sich einfach. Es gibt kein großes Geheul, keinen verzweifelten Schrei des Herzens. Da geht schlicht etwas aus. Etwas wird abgeschaltet.
Passiert ist das an dem Abend, als ich direkt von der Schule zur Krebsstation in Clatterbridge gegangen war, ihre ausgezehrte gelbe Hand gehalten hatte und sicher wußte, daß es keine Rettung für sie gab. Ich wartete nicht, bis Dad mit dem Wagen kam. Ich wollte den ganzen Heimweg laufen, ganz allein über die Feldwege. Ich fühlte mich einsam und irgendwie besonders. Kein Kind in der Schule machte das

durch oder würde das jemals durchmachen müssen. Jetzt würde ich nie wieder auch nur eine einzige Sache mit diesen selbstzufriedenen, behüteten und unerfahrenen kleinen Jungens gemein haben. Ich lief meilenweit über die dunklen Feldwege, und ich fühlte mich grandios.
Heute gibt es weder Kirche noch Predigt oder Gesang. Wir besuchen Mums makelloses Grab – Dad muß ziemlich oft hier gewesen sein –, legen frische Blumen hin und stehen für eine Weile schweigend da. Dad hält Mollys Hand. Ich glaube, er möchte meine auch gerne halten, aber er weiß, daß ich mich dann unwohl fühlen würde. Er lächelt uns beide an und scheint zu sagen: Wißt ihr, es ist doch eigentlich gar nicht so schlimm hier, oder? Ihr müßt keine Scheu haben. Kommt öfter her!
Er fängt an, mit dem Grab zu reden. Moll und ich treten ein paar Schritte zurück – nicht aus Verlegenheit, sondern weil es uns angemessen vorkommt. Ich kann gerade eben hören, wie er vor sich hin murmelt: »Unsere Molly macht sich prima. In Französisch und im Fach Theater ist sie mit Abstand die Beste. In Englisch die Zweite. Zweiundneunzig Punkte von hundert. Was sagst du dazu? Will immer noch unbedingt auf die Schauspielschule. Will immer noch Schauspielerin werden. Glaube nicht, daß sie sichs noch mal anders überlegt.«
Molly zwinkert mir zu, aber ich bin unglaublich gerührt. In all seiner Schwäche ist er so stark. So einfach, ruhig und glücklich. Werde ich jemals glücklich sein?
»Unserem Paul geht es sehr gut mit seiner Arbeit. Er macht Überstunden, und man hat ihm gesagt, daß er einen Antrag auf Beförderung stellen soll. Ist noch nicht anderthalb Jahre dort. Wie findest du das, Patsy?«
Ich weiß, daß Dad nicht stolz auf mich ist und daß er mich jetzt nur erwähnt, um gerecht zu wirken, aber ich komme nicht dagegen an, daß seine Worte mich rühren. Nicht so sehr, weil er etwas Nettes über mich sagt, sondern weil er da unter freiem Himmel steht und ohne

Umschweife mit meiner Mum über mich, ihren Erstgeborenen, redet. Ich schlucke und beiße mir auf die Lippen. Ich habe mich nie für sentimental gehalten. Im Gegenteil. Ich finde es schwierig, elementare Gefühle in einer persönlichen Gesprächssituation auszudrücken. Ich kann keine Freude über Geburtstags- oder Weihnachtsgeschenke zeigen, nicht einmal, wenn sie mir sehr gefallen. Wenn ein Arbeitskollege einen Trauerfall hat und die Leute sich seiner annehmen und ihr Mitgefühl zeigen und ihn unterstützen, kann ich das nicht. Ich bin natürlich nicht offen abweisend, aber mein Standpunkt ist in etwa: traurig, aber sterben müssen wir alle. Und dann fange ich an, meine Anteil nehmenden Kollegen zu fragen, ob sie das Opfer persönlich gekannt haben. Die meisten glauben, daß ich entweder krank bin oder daß ich nur aus Selbstzweck in Opposition gehe. Das tue ich nicht. Ich empfinde wirklich so. Aber jetzt empfinde ich es als okay, leise zu weinen, während Dad mit seiner innig geliebten Patsy redet. Ich weiß nicht mehr, ob ich bei der Beerdigung geweint habe. Ich weiß nur noch, daß eine Menge Leute da waren, die hingebungsvoll flennten und die ich noch nie zuvor gesehen hatte. Aber das ist offenbar normal.
Auf Dads Vorschlag hin fahren wir über New Ferry nach Hause und halten vor dem ersten Geschäft an, das wir hatten. In den späten Fünfzigern, noch vor Spar und all diesen Supermärkten, hatte Mum die Idee, einen Gemischtwarenladen aufzumachen, in dem es *alles* gab und der achtzehn Stunden am Tag offen war. Sie hat Dad im Grafton kennengelernt, und die beiden sind als ungewöhnliche Kombination aus Sanftmut und Wahnsinn sofort aufeinander geflogen. Haben von da an kaum eine Nacht ohne den anderen verbracht, bis sie zu ihrer ersten Bestrahlung nach Clatterbridge mußte. Dad war verrückt nach Musik und Dichtung und wollte in einem Künstlerviertel ein Beat-Café betreiben – in der Bold Street oder der Lark Lane. Patsy war in dem Revier hinter der Duke Street unter Gaunern aufgewachsen und wollte raus aus Liverpool. Als Kind hatte sie mit all den anderen Rangen

einen Tagesausflug zum Meerwasserschwimmbad in Parkgate gemacht. Parkgate wurde ihr Schicksal. Dort sollte sie wohnen, auch wenn das fünfundzwanzig Stunden Arbeit am Tag bedeutete. Und dorthin kam sie nach Hause, um zu sterben.

Wir sitzen im Wagen vor dem alten Laden, und Moll möchte, daß wir in unserem Gedächtnis stöbern. Sie erinnert sich überhaupt nicht mehr an die Jahre in Rock Ferry. Alles, was sie kennt, ist Parkgate und nette Leute und Ponys und frische Luft. Mir machen meine Erinnerungen etwas Kummer – hauptsächlich fallen mir heftige Streitereien zwischen Mum und Dad ein. Dad erzählt, wie er den Bankmanager um ein Darlehen über fünfhundert Pfund gebeten hatte, um das Lager aufzufüllen, und wie Mum darauf bestand, daß jeder Pfennig für ein umwerfendes Warensortiment ausgegeben wurde. Nicht nur Chips und abgepackten Walls Bacon und Wonderloaf-Brot in diesem Wachspapier mit den gestanzten Rändern, sondern auch jeden vorstellbaren Farbton von Dylon in kleinen Blechdosen, dazu Terry's-Spartan-Schokolade und die Kartoffelschäler mit dem orangefarbenen Band um den Griff – Sachen, von denen wir nie erwartet hätten, daß sie sich verkaufen, und von denen Mum dank ihrer Kenntnis der echten Bedürfnisse der Arbeiterklasse wußte, daß sie weggehen würden wie warme Semmeln.

Jetzt sehe ich klarer. Ich sehe mich, wie ich helfe, Zigarettenschachteln auszupacken: Sovereign und Number 10 und winzige Päckchen Park Drive Filterless Five. Der Anblick der vielen Schachteln und Warenkartons hat mich vor Aufregung immer ganz verrückt gemacht. Genau wie in der Schule. Von einer großen neuen Schachtel Kreide oder einem Ries Papier wurde mir schwindelig. Ich weiß noch, daß Dad mich die Pappkartons voller Chips und Five-Boys-Schokolade mit einem höllenscharfen Handwerkermesser aufschneiden ließ und daß ich beim Anblick all der greifbar nahen Leckereien nach Luft schnappen mußte. Obwohl wir an der Quelle saßen, durfte ich keine Süßigkeiten oder

Chips essen. Bei Molly waren die Eltern etwas nachgiebiger, aber sie hat sich nicht allzuviel aus Süßigkeiten gemacht.
Ein paar Jahre später lief der Laden so gut, daß Dad und Mum umziehen und das Erfolgsrezept in Neston ausprobieren konnten. Sie hätten auch eine Ladenkette eröffnen oder mit Supermärkten weitermachen können, wenn sie gewollt hätten, aber Dad sagte immer, daß sie mit dem zufrieden seien, was sie hatten. In meinen frühen Teenagerjahren machte ich ihm wegen dieses Mangels an Ehrgeiz oft Vorwürfe und nannte ihn einen Verlierer, und ich sah, wie sein freundliches, intelligentes Gesicht vor Schmerz zuckte, wenn Mum brüllend auf mich losging und mich mit einem Eßlöffel durch das Zimmer prügelte, als hätte schon immer sie alle Strafen ausgeteilt.
Das alles tut mir jetzt leid, aber es ist zu spät. Ich habe all die Filme gesehen und die Bücher gelesen und ich weiß, daß Väter und Söhne für gewöhnlich irgendeine besondere lebenslange Bindung haben. Ich nehme an, ich habe die unsere vor langer Zeit gelöst. Wahrscheinlich habe ich eines der wenigen guten Dinge im Leben vermasselt. Als wir weiterfahren, drückt Molly leicht meine Hand; sie ist froh, daß ich Nachsicht mit Dad und seinen Erinnerungen habe.
Wir verbringen den Nachmittag im »Malt Shovel« und amüsieren uns köstlich. Dad trinkt selten, aber Mum war hier äußerst beliebt, und wir sind hergekommen, um sie zu feiern. Dad ist wirklich lustig, wenn er seine Geschichten erzählt, und ich fühle mich noch schlechter, weil ich ihn so sehr von allem ausschließe. Vielleicht ist es niemals zu spät, etwas wiedergutzumachen.
Molly trinkt zuviel Rum und Johannisbeerlikör, und sie fängt an, mit den Debilen an der hinteren Bar zu flirten. Gerade als ihr ein rotgesichtiger Fischer für meinen Geschmack zu nahe kommt, preßt Molly die Hand auf ihren Mund – zu spät, um zu verhindern, daß ein Geysir aus lila Erbrochenem den geilen Krabbenfänger von oben bis unten besudelt. Er steht sprachlos da und wischt sich sinnloserweise mit der

bloßen Hand Erbrochenes vom Pullover. Ich verberge meine Schadenfreude, bringe Molly nach draußen und entschuldige mich bei dem verblüfften Fischer.
»Der hätte deiner Mutter nicht gefallen!« sage ich zu Molly, als wir das »Malt Shovel« verlassen. Wir bummeln den Hügel wieder hinunter zum Ropewalk, wo Dad vor unserem Traumhaus aus den sechziger Jahren stehenbleibt und verkündet, daß er beschlossen hat, es zu verkaufen. Molly und ich glotzen uns an.

30. November 1979

Als ich gerade zum Priory gehen will, um meine Sandwiches zu essen, ruft Elvis an. Auch wenn es eiskalt ist, muß ich in der Mittagspause raus aus dem Büro. Normalerweise mache ich einen Spaziergang zum Fluß oder zum stillen Gelände des Priory, der alten Münsterruine von Birkenhead, oder einfach zum Square, um hier ganz allein meine Stullen zu essen. Abgesehen von meinen kleinen Tête-à-têtes mit dem Maniak McNally habe ich mich eigentlich nie der Büro-Pub-Szene angeschlossen, obwohl ich angenehm überrascht war, als ich bemerkte, wie viele wirklich nett aussehende Mädchen sich regelmäßig in der Mittagspause betrinken. Die müssen doch alle ihren Job hassen.

Heute scheint die Sonne so hell und diffus wie im hochsommerlichen Hitzedunst, aber der frische Wind sorgt dafür, daß die Luft kühl bleibt. Dennoch ist immer noch Hemdsärmelwetter, und ich erwäge gerade ein nettes Nickerchen im Sonnenschein, als Elvis losquasselt, daß sein Cousin Alfie seine Prüfung bestanden und diesen alten Triumph Herald gekauft und Lust auf eine Spritztour nach Chester hat.

»Komm schon!« drängt Elvis. »Scheiß doch für einen Nachmittag auf deinen Bürojob, Mann! Wart die Flut ab! Ganz entspannt. Geh mit der Strömung!«

Ich kann mit diesem aufgesetzten Surf-Gequatsche nicht viel anfangen, in das er oft verfällt, seit wir zum drittenmal »Apocalypse Now« gesehen haben, aber immerhin ist die Aussicht, den Dienst zu schwänzen, äußerst reizvoll. Zumal Bob McNally heute krankmacht, was selten passiert. Dieser Mann würde wahrscheinlich nicht einmal bei der Beerdigung seiner Oma einen ganzen Tag lang fehlen, deshalb vermute ich, daß entweder Janie endlich schwanger ist oder daß sich die verflixten Gallensteine wieder gemeldet haben, die ihn regelmäßig plagen. Bob und ich haben uns irgendwie eine überflüssige arbeitsethische Philosophie angewöhnt. Wir versuchen, den mindestens acht Stunden, die wir jeden Tag in diesem Gebäude verbringen, einen Sinn zu geben, indem wir uns ständig einreden, daß wir Stärke und Disziplin zeigen und diese stundenlange Maloche einfach bringen müssen – nicht für die Regierung, den eigentlichen Nutznießer unserer Arbeit, sondern für uns selbst. Leute, die den Dienst schwänzen, heißen bei uns »Weichtiere«, also ist mit Bob irgend etwas im Gange.

Elvis schlägt vor, daß wir uns im »Copperfield« treffen, aber ich will nicht, daß mich jemand sieht – nicht, weil ich Angst habe, daß Bob es erfährt, sondern weil ich die moralische Höhenposition nicht aufgeben will.

»Holt mich vor dem Central ab! Könnt ihr in zehn Minuten da sein?«

Kein Problem, sagt er, aber natürlich kommen sie zu spät. Während ich da stehe und mein Gewicht von einem Fuß auf den anderen verlagere, grübele ich darüber nach, wie sehr Elvis in den letzten Jahren zu einem Teil meines Lebens geworden ist. Er ist mein bester Freund, sicher, ein ständiger Begleiter und ein Meinungsmacher für alles – von Wayne Countys Geschlechtsumwandlung bis zur größtmöglichen Anzahl von Knöpfen am Bund der Unterhose eines Huddersfield-Fans. Trotzdem kenne ich ihn nicht. Und was ich von ihm weiß, ist nicht besonders liebenswert. Er ist lustig und auf eine grausame Art geistreich. Niemand ist besser im Verarschen, einem Talent, dem ich nacheifere, wie ich feststellen mußte – und mit einigem Erfolg. Er hat ziemlich viel Einfluß auf mich, dieser Elvis.

Obwohl ich bei Tranmere über Jahre hinweg zugesehen hatte, was er macht, kam ich erst wirklich mit ihm ins Gespräch, als der Punk im »Eric's« einzog. Skeleton Records brachte ein paar Punk-Bands ins »Digby's« in Birkenhead, hauptsächlich The Jam und The Vibrators, aber auch Motorhead, weil sich die Punks für deren schnellen, dreckigen Sound und ihren abstoßenden Frontmann Lemmy interessierten. Aber im »Eric's« war die Crème: The Clash, The Damned, Generation X, The

Stranglers ... Sie kamen alle ins »Eric's«, und für die Minderjährigen gab es die berüchtigt wilden Matineeshows.

Ich sah, wie Elvis mit übertrieben großen, attraktiv geschminkten Augen an der Tunneleinfahrt Autos anhielt oder versuchte, als blinder Passagier den Tunnelbus zu nehmen, der die ganze Nacht fährt und schon damals vierzig Pence kostete. Einmal nickte er mir an der Bushaltestelle zu, und ich verging fast vor Verlegenheit. Ein paar Wochen später versteckten wir beide uns mit zwanzig anderen Kids nach einer X-Ray-Spex-Matinee im Mädchenklo und blieben dort bis zur Abendshow. Es war unglaublich. Mädchen in Dominaklamotten knutschten auf der Tanzfläche miteinander, während sich ein idiotischer Typ mit einem Toilettensitz um den Hals an der Jukebox von einem magersüchtigen Hexenweib im Plastikmini einen runterholen ließ. Ich war verliebt in den Laden, obwohl ich nie leiden konnte, wie sie dort angezogen waren. Elvis saß in der hintersten Ecke und rauchte unentwegt, als ob das Lokal seinem Dad gehörte und die Leute ein notwendiges Übel wären. Er ignorierte meine Versuche, ihm aufzufallen, und als die Spex mit ihrer faszinierend aggressiven Show fertig waren, verschwand er in der Nacht.

Aus dem »Eric's« ging eine neue Musikszene in Liverpool hervor. Donnerstag abends bekam jeder alte Scheißer mit einem langen, hochtrabenden Namen ein Podium. Es kostete zehn Shilling Eintritt, und sie ließen die Vierzehn- und Fünfzehnjährigen gerne mit dem übrigen spärlichen Außenseiterpublikum ein, das wegen Modern Eon aufkreuzte, wegen Pink Military Stand Alone, Those Naughty Lumps, Orchestral Manœuvres in the Dark, Echo and the Bunnymen und The Teardrop Explodes.

Mich hypnotisierten gerade die Brüste von Jane Casey von den Pink Military, während sie den sexy-vorpubertären Refrain von »Nothing Special« sang, als Elvis neben mir auftauchte: »Spitze, hä?«

War es. Aber ich überwand meine Nervosität, erzählte ihm, wo ich meine Pod-Sandalen herhatte (aus Neil's Corner), und wir setzten uns an einen Resopaltisch und unterhielten uns über Joy Division, über Elvis' Behauptung, daß Curtis bei Ezra Pound klaut (ich habe Sylvia Plath angeboten, nur um zu zeigen, daß ich ein bißchen was über lasterhafte, depressive Dichter weiß), und über die Aussichten, ob dieses Arschgesicht Pete Wylie es jemals schaffen wird. Ich war offen niedergeschmettert, als Kenny, der knuddelige Rausschmeißer, uns unsere Drinks wegnahm und sagte, daß der Club seit einer Viertelstunde geschlossen sei.

Aber das war es noch nicht.

»Sollen wir ins ›Cazza‹ gehen?« fragte Elvis, während er schon an Yates' Conway Lounge vorbei und Richtung Tunnel ging.

Im »Eric's« hatte ich gehört, wie Leute über das »Cazza« sprachen – immer im Zusammenhang mit Saufereien nach dem Club. Ich hatte mir einen verräucherten Keller vorgestellt, in dem verrückte Leute auf umgedrehten Kisten sitzen und über Semantik diskutieren. Ich wollte unbedingt hin. Ich hatte eine Pfundnote und an die dreißig Pence in Münzen, was für zwei Drinks reichte, aber bei weitem nicht, um nach Hause zu kommen. Außerdem war Mum krank, und ich wollte ihr nicht noch mehr Grund zur Sorge geben.

»Ich hab Draht«, sagte Elvis. Ich verstand das so, daß er Einfluß auf die Türsteher hatte. Er zog ein dünnes Bündel aus ziemlich neuen Fünfern hervor, etwa sechzig oder siebzig Pfund. Ich starrte ihn mit offenem Mund an.

»Hier, für dich«, sagte er und gab mir einen Blauen. »Leih ich dir.«

Wir gingen die Bold Street und die Hardman Street entlang, bogen am »Philharmonic Pub« in die Hope Street ein und kamen zu einer Reihe eleganter georgianischer Stadthäuser. Elvis führte mich eine Treppe hinunter in den Keller eines leicht vergammelten Gebäudes, an dem eine schmutzige Messingplakette verkündete: »Casablanca Club« – das »Cazza«.

Es war verräuchert, die Drinks kamen in der Dose, die Musik aus einer kratzigen Jukebox, und auf wackligen Stühlen saßen ernsthafte Möchtegerns und diskutierten über situationistische Kunst. Es war wunderbar. Ich fand es toll. Am nächsten Tag beim Aufwachen dachte ich sofort schwärmerisch an Elvis, und das Gefühl war genauso mächtig wie jedes, das ich bis dahin für ein Mädchen empfunden hatte. Wir waren in Birkenhead Park aus dem Tunnelbus gestiegen und hatten uns verabschiedet, und ich war von dort die Schienen entlang bis zur Uferstraße in der Nähe unseres Hauses gelaufen – ein Marsch von hundertfünfzig Minuten, die mir wie fünf vorkamen, und im Gehen hatte ich mich in der Erinnerung an unsere knappen Gespräche geaalt, und mein Geist war elektrisiert von all den Gedanken und Möglichkeiten.

Elvis und ich kamen uns sehr schnell sehr nahe. Ich glaube, ich hatte mehr von diesen frühen Ausflügen als er. Mir wurde schnell klar, daß er außer meiner Mum die einzige Person aus der Arbeiterklasse war, mit der ich regelmäßig Kontakt hatte. Er erinnerte mich an meine Herkunft – oder daran, woher ich gerne gekommen wäre. Der Reiz, den eine Liverpool-irische Abstammung verleiht, ist erheblich verführerischer als die Sicherheit eines Ladenbesitzerssohnes, wie ich einer war. Also mußte ich feststellen, daß der Akzent meiner Mutter bei mir mehr und mehr durchkam – und gleichzeitig ihr Selbstvertrauen, ihr scharfer Verstand und ihre Heftigkeit. Elvis und ich gingen überall zusammen hin. Außer zu den Tranmere-Spielen.

Damals, vor gar nicht so langer Zeit, hat es mich geärgert, daß es ihm peinlich war, mich in The Pack einzuführen. Ich genoß die Geschichten, die Auswärtsspiele, die Typen, aber ich kam nur so nahe an sie heran, daß ich von der anderen Seite der Borough-Road-Kabinen aus sehen konnte, wie Elvis und Marty und Eddie und Co. Woche für Woche hereindrängten und sich gegen Walsall und Rotherham, Brighton und York ihr Renommee erwarben. Ich konnte zusehen, wie dieser ganze

Liverpool-Kult entstand – die Frisuren, die Kleidung, die snobistische, überhebliche Art, die man hat, wenn man bei etwas von Anfang an dabeigewesen ist –, und Tranmere entwickelte sich zu einer Szene für sich. Jeden zweiten Freitag tauchten neue Gesichter auf, alle in einheitlichen Röhren-Lois, und alle Gesichter waren zur Hälfte unter absurden, wogenden Ponyfransen versteckt. Ich wollte dazugehören.

Es war auswärts in Crewe, ein Mittwochabendspiel. Ich traf Elvis bei Moorfields, und wir wollten zu Probe gehen, wo es eine Zwölf-Zoll-Klarvinylpressung von »Public Image« von der neuen Johnny-Lyndon-Gruppe PiL gab. Ich glaube, es war so geplant, daß ich Elvis' Platte mit nach Hause nehmen sollte, damit sie in Crewe nicht kaputtging. Daß auch ich zu dem Spiel gehen sollte, davon war nicht die Rede. Wir gingen die Stanley Street entlang und quatschten über das Mädchen von Stevie and the Stopouts, einer New-Wave-Gruppe aus Birkenhead. Elvis glaubt, daß das Mädchen am Baß ihm schöne Augen macht. Er glaubt, daß er nur ein Wort zu sagen braucht. Normalerweise würde mich das interessieren, aber ich warte nur ab, bis er das Maul hält, damit ich ihm sagen kann, daß ich mitkomme nach Crewe.

Beim »Lisbon« überqueren wir die Victoria Street, und Elvis sagt, daß das eine Absturzkneipe ist, wie er es schon hundertmal gesagt hat. Mit gespielter Nonchalance schlendern wir die drei Stufen zum Rundbau von Probe Records hinauf. Wir sind gewappnet für den Überheblichkeitstest, den ein Plattenkauf bei Probe mit sich bringt. Sofort schlägt einem Patschuliduft entgegen; peinlich fühlt man sich in jene nicht allzu lang vergangenen Tage zurückversetzt, als das Probe noch ein Headshop war. Man wird schnell von der pseudo-obskuren Undergroundatmosphäre solcher Läden absorbiert, aber die Idioten, die da arbeiten, bringen einen bald auf den Boden der Tatsachen zurück. Jahrelang habe ich all meinen Mut zusammengenommen und bin nach der Schule zu Skeleton in Birkenhead gegangen. Der Oberschwachkopf da drin, ein Bruce-Foxton-Doppelgänger mit gestreiftem Seemannshemd und Steppjacke, sah dann den Schulblazer, wartete ab, bis man allen Mut zusammengenommen hatte, um zum Tresen zu kommen, und genau in diesem Moment drehte er einem den Rücken zu und fing an, zehn ewige Minuten lang nach einer nichtexistierenden Scheibe zu suchen. Wenn er wieder zum Vorschein kam und man ihn nach einer Second-hand-Platte von Velvet Underground oder Can fragte, wirkte er ein wenig enttäuscht, daß er über diesen Wunsch nicht lachen konnte.

Eines Tages kam ich rein, und er stand mit dem Rücken zum Laden und quatschte an der Kasse fröhlich mit einem verwahrlosten Typen. Da hörte ich ihn sagen: »Die beste Scheißscheibe, die ich seit einer Scheißewigkeit gehört habe, Mann. ›Driver's Seat‹ von Scheiß-Sniffing-the-Tears.«

Ich bin zusammengebrochen. Ich habe laut gelacht, und Bruce Foxton ist rot geworden. Scheiß-Sniffing-the-Tears, Mann! Aber bei Probe wird der Einkauf immer noch zur Tortur.

Eine Horde ledergekleideter Gruftis, alle mit extravagant schwarzlackierten Fingernägeln, schwarzen Pomadeköpfen und einer Unzahl von Totenkopfringen und Kruzifixen, hat sich in konspirativem Schweigen am Tresen versammelt. Als wir hereinkommen, rühren sie sich für einen Augenblick und verziehen kurz die Lippen zu dem vertrauten Hohnlächeln, das für alle Normalos reserviert ist, die dieses Allerheiligste betreten. Dann wenden sie sich wieder dem Oberscheusal zu, einer weißgesichtigen gezierten Schaufensterpuppe, die jeden Einkauf im Probe, wenn er nicht über beträchtliche Beträge geht, zu einer Bußübung macht. Dieser aparte Verein ist bei Außenstehenden unter dem Namen »die Probies« bekannt.

Elvis geht direkt auf sie zu. Der Ober-Probie, ihr Anführer, ignoriert ihn und erzählt in schleppendem Tonfall weiter von einer tätlichen Auseinandersetzung im »Masquerade«: »Also wir warn da im ›Mazzy‹, ne, und Kev, ihr kennt doch Kev, ja, den Friseur, von X-Tremes ...«

Das Wort »Mazzy« dauert bei ihm eine halbe Minute, weil er die Silben in diesem gespielt-effeminierten Stil um seine Zähne wickelt, der bei den Sefton-Park-Leuten gerade hip ist.
»Laufen wir irgendwie Gefahr, hier bedient zu werden, mein Freund?« ruft Elvis fröhlich dazwischen. Der Ober-Probie hält nicht einmal inne, um ihm einen vernichtenden Blick zuzuwerfen. Elvis ist einfach nicht da, hat nichts gesagt, existiert nicht. Zum erstenmal sehe ich, daß Elvis etwas zur Weißglut bringt. Er schaut mich nicht an. Für einen Moment denke ich, er dreht durch.
»Hey, Arschloch, ich rede mit dir!«
Diesmal hört der Probie ihn. Er seufzt und zieht für seine Clique die Augenbrauen hoch; dann erzählt er seine Geschichte weiter. *»Hey!«* schreit Elvis.
Bevor er noch etwas sagen kann, hat ihn der weißmaskierte Freak am Kragen gepackt und halb über den Tresen gezogen. Es ist bekannt, daß die Probies ordentlich loslegen können, aber das hier ist zum Totlachen. Ein Transvestit, der den Kämpfer spielt.
»Jezzzzz höööörmaaaa sssssuuuuh, du Froiiind«, lispelt der Probie. »Ich uuuunterhaaaalte mich graaaade mit meeeeeinen Froiiinden. Beee-nimmm diiich!«
Er wirft Elvis zu Boden. Elvis steht tödlich verlegen auf und wischt sich den Staub von den Kleidern, während alle anderen Kunden kichern – normale studentische Klientel, die sich einschmeicheln will, indem sie sich der allgemeinen Fröhlichkeit anschließt. Das ärgert mich. Da gibt es nur eins: Ich muß die angeknackste Ehre meines Kumpels wiederherstellen und ihm dabei gleich beweisen, daß ich zugreifen kann, wie es sich gehört. Auf dich, Elvis! Ich stürze mich auf die Probies und schlage zuerst einmal wahllos um mich. Die positive Energie aus meiner Wut verleiht mir die furchterregende Kraft, es mit jedem Arsch hier drin aufzunehmen. Die Studenten und ein paar Probies scheißen sich in die Hosen und rennen aus dem Laden. Es ist jetzt wie in dem

Moment, in dem man mit dem Kopf voran vom höchsten Brett springt. Man weiß, daß man es tun wird. Man weiß, was die Folge sein wird. Ich springe auf den Tresen und trete Graf Probie in die Fresse. Sein Alabaster-Make-up zerbricht in Stücke. Ich bin fasziniert. Dann rieseln dünne rote Blutfäden über sein Gesicht und folgen den Linien der zerklüfteten Landkarte. Ich höre Elvis irr lachen, als ich dem Ladenschwengel noch eins verpasse und dann herunterspringe, um abzuhauen.

»Schnapp dir die Kasse!« Elvis lacht atemlos und hysterisch. Ich sehe, daß er einem von der Probe-Crew voll den Kopf ins Gesicht rammt. Dessen Nase platzt auf, und er krümmt sich schreiend. Das ernüchtert mich. Der arme Junge sieht ganz verstört aus, wie er da in seinem eigenen Laden steht und blutet.

»Los, komm!« keuche ich, packe Elvis und ziehe ihn mit mir. »Laß uns abhauen!«

Elvis beschließt, Crewe sausenzulassen, denn er ist überzeugt, daß wir von Interpol gesucht werden. Er ist sicher, daß wir wegen dieser Sache in großen Schwierigkeiten sind und daß wir uns bei Probe Records oder im »Eric's« für ewige Zeiten nicht mehr blicken lassen können. Aber weit gefehlt. Als wir das nächste Mal dem Ober-Probie begegnen, ist er unterwürfig freundlich, und obwohl er seine Unnahbarkeit wiederfindet, haben wir anschließend nie mehr Schwierigkeiten, die Aufmerksamkeit des Personals im Geschäft auf uns zu ziehen. Elvis glaubt, daß die Mittelschicht physische Gewalt mehr als alles andere fürchtet und daß jede politische Partei, die Sicherheit *garantieren* kann, auf ewig gewählt werden würde.

An diesem Abend habe ich zum erstenmal in Elvis' Wohnung flachgelegen, Marihuanazigaretten geraucht und Coney Island Baby, Funhouse und Station to Station gehört. »Wild is the Wind«. Was für ein Song! Was für eine Bude!

Mein Tagtraum wird vom asthmatischen Röcheln eines flaschengrünen

Triumph Herald unterbrochen – bedauerlicherweise nicht das flotte Vitesse-Modell mit Klappverdeck, sondern ein guterhaltener Misthaufen aus den späten Sechzigern, der kaum weniger auffallend ist. Zu meinem bitteren Grauen sitzt John Godden neben Alfie auf dem Vordersitz und runzelt wie immer finster die Stirn. Er steigt widerwillig aus, um den Sitz für mich umzuklappen. Ich schaue Elvis böse an und setze mich neben ihn. John Godden ist nicht der Typ, mit dem man einen Tag im malerischen Chester vertrödeln möchte, und ich bin ziemlich sicher, daß ich lieber im Birchen House für Ihre Majestät den Zehnten eintreiben würde, wenn Elvis diesen kleinen Umstand erwähnt hätte.

»Alles klar, John«, sage ich fröhlich und hasse mich dafür.

»Alles klar, Prof«, grollt Godden. Kretin! Der einzige Mensch, der mich immer noch so nennt. Der »Professor« und später der »irre Professor« waren Spitznamen, die Marty mir verpaßt hat, als Elvis mich anfangs zu Auswärtsspielen und The Pack mitgenommen hat. Damals habe ich nicht versucht, meine Stimme zu verstellen, die nicht ganz so rauh ist wie der gutturale Scouse-Akzent von Leuten wie Marty oder Godden. Damals war ich der Meinung, daß jeder einfach so sein soll, wie er ist. John Godden hatte einen verdammten Schnauzbart, verdammt noch mal, und keiner hat ihn deswegen verprügelt. Wie konnte nur irgend jemand glauben, daß ein Schnauzbart cool aussieht? Wie konnte nur irgend jemand mit einem Schnauzbart ein Urteil über mich abgeben? Jedenfalls, indem John Godden mich beharrlich Prof nennt, macht er deutlich, daß er mich noch immer für eine Pfeife hält – welche Heldentaten ich auch mit The Pack vollbringe und wieviel Elvis oder sonst jemand auch von mir hält. Ein Außenseiter. Ich bin in Ordnung, aber weiter geht es eben nicht. Und ich habe nichts dagegen. Du fieser, schnauzbärtiger Arsch.

Wir fahren über die A 41 los. Wir kommen an unserem alten Laden in New Ferry vorbei. Die Unterhaltung ist verkrampft. Ich bin Alfie schon drei- oder viermal begegnet, und ich fand ihn sofort sympathisch und unkompliziert. Das Problem ist Godden. Ich kann damit leben, daß Elvis jetzt auch nicht gern über unsere üblichen Themen spricht, damit wir nicht als Angeber gebrandmarkt werden: »Ezra Pound! Wersn das? Der Vorsitzende von Barnsley?«

Außerdem kennt ihn keiner von uns beiden gut genug, um ihn nach Christy zu fragen oder ob er gehört hat, daß die Woodys nach dem Port-Vale-Spiel aufgeräumt haben, oder ob er irgendwelche neuen Witze kennt.

»Gib acht! Fahr mal kurz ran!« befiehlt er. Alfie hält vor einem Lebensmittelladen in Little Sutton. Godden springt raus. Der Ladenbesitzer in mir stöhnt leise.

»Was zum Teufel machtn der jetzt?« seufzt Elvis.

»Wieso zum Teufel hastn den mitgebracht?« schnauze ich.

»Ist einfach so passiert, oder, Alf?«

Alfie nickt bedrückt.

»Wir standen da gerade an der Ampel bei der Bibliothek, da kam er aus dem ›Ship‹ und sah mich im Wagen sitzen und meint: ›Ooh! Ein Autochen! Wo fahrt ihr denn hin?‹ Ich kann ihm ja schlecht sagen, daß er sich verpissen soll, oder?«

Ich bin froh, daß das hier keine vorab vereinbarte Godden-Geschichte ist. Er kommt mit einem großen Karton voller Eier zum Wagen zurück. Er setzt sich wieder vorn auf den Beifahrersitz und verrenkt seinen Hals, bis er mich sehen kann.

»Spaß haben, hä?«

Ich nicke. Es macht mich ein bißchen traurig, wie dieser große, respektierte Kämpfer, einer der unumstrittenen Anführer einer der härtesten Fan-Crews im Fußball, versucht, sich uns anzupassen, und geräuschvoll Fröhlichkeit verbreitet. Außerdem bin ich wegen der Eier ein klein wenig irritiert. Was meint er mit ›Spaß haben‹? Er läßt uns nicht lange im dunkeln tappen. Als wir in Upton sind, einem Vorort von

Chester, müssen wir an einem Kreisverkehr anhalten. Ein hochgelahrt aussehender Teenager nimmt sich eine Ewigkeit Zeit, um auf seinem Fahrrad vorbeizufahren. Pflatsch! Ein Ei landet genau zwischen seinen Schulterblättern, ziert seinen Schulblazer mit einer herrlichen Schweinerei und läßt das Fahrrad bedenklich schwanken. Die Ohren des Schuljungen werden zornesrot, aber er hat zu viel Angst, um sich umzudrehen und die Angreifer zur Rede zu stellen. Wir gakkern grauenhaft. Godden hat recht, sie ist zum Schreien, diese Eiernummer.

Er lehnt sich aus dem Fenster, als wir an dem unglücklichen Radfahrer vorbeikommen: *»Tran! Mee! Yah!«* schreit er und macht drei Silben aus dem Wort.

Wieder fällt der Junge beinahe vom Rad.

Wir machen eine turbulente Eierwurftour durch Chester – kindischerweise bilden wir zwei Mannschaften und sammeln Punkte für Treffer auf amerikanische Touristen, die dünn gesät sind, und auf mutmaßliche Chester-Fans, von denen es ziemlich viele gibt. Wir platzen fast vor Lachen, als John auf der alten Fußgängerbrücke über den Dee Stellung bezieht und voll einen Ruderer trifft, der gerade seine Liebste spazierenfährt. Er trifft ihn voll auf den Zinken, worauf der Mann vor Schmerz aufschreit und beinahe in den Fluß fällt. Seine Freundin scheint den Augenblick zu genießen.

Wir treffen uns am anderen Flußufer, dort, wo die Schule ist.

»Noch jemand irgendwelche Eier?« frage ich. Ungeduldig wie immer habe ich mein Quantum schon lange nach der nichtsahnenden Bevölkerung des römischen Deva geschmissen.

»Zwei«, sagt Alfie, mein Teamkollege.

»Eins«, sagt Godden.

Elvis streckt die Arme weit aus und hebt die Schultern. Ich zeige über den Fluß auf den Musikpavillon. Dort drüben ist der geniale, immergrüne Fernsehmoderator Stuart Hall und präsentiert eine fröhliche

Morris-Volkstanzprozession und eine komplette Blaskapelle. Er läßt atemlos einen ununterbrochenen Strom Kauderwelsch für die Kameras ab und wendet sich dann den blöd verkleideten Tänzern zu, die einander inzwischen im Takt mit Stöcken schlagen.

»Kraß!« schreit Godden und springt auf. »Echt Scheiße zu viel, das!« Er schaut hinüber und schüttelt mit leicht geöffnetem Mund den Kopf. Er gibt mir sein übriggebliebenes Ei.

»Nimms!« sagt er und rennt in Richtung Fußgängerbrücke davon.

Wir schauen uns an und zucken mit den Achseln.

»Heidnische Rituale machen ihm schwer zu schaffen.« Elvis lächelt. »Deber spibinnt tobotabal!«

Wir müssen alle drei kichern. Godden kommt jetzt auf der Brücke in Sicht. Er stampft so heftig, daß man von hier aus sehen kann, wie der Steg, ein winziger Doppelgänger der Clifton-Hängebrücke, bebt. Genauso sieht Godden aus, wenn er einen Angriff auf eine Auswärts-Crew anführt.

Unsere Aufmerksamkeit richtet sich wieder auf den weißen Anzug und die weißen Zähne von Stuart Hall. Er ist nun mitten unter den Morris-Tänzern, hüpft mit den Besten herum, grinst wie ein glücklicher Narr und singt aus vollem Hals. Es handelt sich um eine Art Weihnachtsumzug.

Ich drehe mich zu Elvis und Alfie um: »Fünfzig Punkte für Stuart?«

Alfie lacht schallend und gibt Elvis eins von seinen Eiern. »Eins ... zwei ... drei!«

Unsere gemeine Eiersalve fliegt durch die Luft und braucht qualvoll lange, bis sie ankommt. Wir gehen unter den Bäumen in Deckung und spähen heimlich hervor, damit wir die Folgen unseres Übermuts nicht verpassen. Die Eier verfehlen zwar Stuarts Anzug und seine Zähne, aber eines detoniert auf seinem blendendweißen Schuh. Ein anderes fliegt ganz vorbei, aber das letzte trifft genau ins Schwarze und landet auf der Schulter des Tänzers, der den Narren darstellt. Wir brechen fast

zusammen, schütteln uns die Hände und wagen es kaum, wieder hinzusehen. Als wir es tun, erwartet uns ein entsetzlicher Anblick.
John Godden tanzt wie ein Verrückter inmitten der Morris-Tänzer. Er grinst und sabbert und wackelt mit dem Kopf. Einige Musiker der Blaskapelle und andere Zuschauer betrachten ihn besorgt und halten ihn für schwachsinnig oder betrunken oder für beides. Stuart Hall, ganz der Profi, nähert sich ihm weiter tanzend und weiter lächelnd. Er verscheucht einen Bullen, der zuschlagen will. Nur keine Umstände, nicht nötig! Wir schauen uns an und vergraben unser Gesicht in den Händen.
Stuarts Weg ist durch zwei Reihen von Tänzern blockiert, die Schlaghölzer schlagen, und Godden entkommt. Er erscheint am Ende der Reihe. Er schaut einem Tänzer unmittelbar ins Gesicht und sagt etwas. Der Tänzer ist einverstanden, lächelt und nickt. Godden schlägt ihn nieder und nimmt ihm das Holz aus der Hand. Er nimmt seinen Platz in der Phalanx ein, versucht, das Tempo zu halten, und imitiert die sportlichen Sprünge und Hüpfer. Er schnellt empor, tritt seinem Tanzpartner ins Gesicht und zieht ihm das Holz über die Stirn. Godden bückt sich flink, um sein zweites Schlagholz einzusammeln, macht einen Knicks vor den nächsten beiden Tänzern, verbeugt sich tief, knüppelt dann die beiden vergnügten Hopser zu Boden, tanzt um ihre besinnungslosen Körper herum und winkt Stuart Hall fröhlich zu.
»Los, kommt!« sagt Alfie. »Wir lassen schon mal den Motor an.«
Keinen Moment zu früh. Die Musik verlangsamt sich zu einem disharmonischen Geheul, während die entsetzten Tänzer zur Seite treten, und Godden steht allein da. Der beleibte Polizist hat offenbar nicht die geringste Lust, sich mit ihm anzulegen. Stuart Hall tritt vor. Wir rennen zum Wagen, der ganz in der Nähe beim »Handbridge-Pub« geparkt ist. Alfie wendet mit quietschenden Reifen, damit Godden auf der richtigen Seite einsteigen kann – wie wir fälschlich annehmen. (Alfie erzählte uns später, daß er das getan hat, weil sein hinteres Nummern-

schild schmutzig ist und man die Nummer nicht lesen kann.) Godden erscheint lachend und schwitzend auf dem Treidelpfad; er wird von diversen dämlich aussehenden College-Jungs und dem unerschrockenen Bullen verfolgt. Stuart Hall ist nirgends zu sehen.

Fünf Minuten lang weinen wir im Auto dann echte Lachtränen. Godden besteht wie ein Kind darauf, daß wir einen Pub mit Fernseher suchen, damit er »Granada Reports« sehen kann. Ich hege seit dieser zutiefst blödsinnigen Vorstellung wesentlich freundlichere Gefühle für ihn, und wir alle wissen, daß wir uns an diesen Nachmittag immer erinnern werden.

2. Dezember 1979

Elvis kommt an den Tisch in der Bahnhofsgaststätte zurück; er bringt Kaffee und eine Schinkenstulle für mich und einen Becher heiße Schokolade für sich. Ich glaube, ich habe Elvis noch nie etwas essen sehen – höchstens mal einen Haschischkeks. Seine Wohnung bezeugt sein offenkundiges Verlangen, diese ganzen Krankheit-der-Jugend-Phantasien auszuleben. Es gibt Cannabispflanzen, Speed-Päckchen, Tütchen mit Pfefferminz-Schokolade-Drinks, Hunderte von Platten, die die Glitzerwand säumen und unter denen etwa ein Dutzend Bowie-Raubpressungen, Importe und andere Raritäten einen Ehrenplatz einnehmen. Alles ist auf elegante Weise nutzlos. Das ist nicht die Behausung eines gesunden Menschen.

Gestern nacht bin ich, wie geplant, dort geblieben. Nicht geplant dagegen war die Riesensitzung, die wir mit Sonia und Jackie hatten. Elvis ruft mich gegen halb sechs im Büro an. Ich mache – wie ohnehin meistens am Freitag – Überstunden, um die Zeit von gestern wieder hereinzuarbeiten. Nach ein Uhr ist das Büro ziemlich ausgestorben. Alle verschwinden ins »Copperfield« und ins »Post Office«, und nur wenige kommen zurück. Insofern ist es eine geruhsame Art, im eigenen Arbeitsrhythmus Stunden aufzuholen.

Elvis ruft aus dem »Carlton« an und ist äußerst aufgeregt: »Carty! Hör zu, mein Lieber, komm rüber, aber pronto! Das mußt du sehen! Die ganzen Schätzchen von der Tech sind hier mit Misteln und allem – und sturzbesoffen. Die Flötistinnen machen überall an mir rum, Mann, die sind sternhagelvoll und fragen, wo du bist und so. Sie grapschen mir an die Zigarre und alles ...«

Zugegebenermaßen einige ermutigende Anzeichen, aber nach dem Debakel im »Rupert's« bewahre ich lieber die Ruhe und leiste meine Minusstunden ab. Und außerdem – wenn sie schon jetzt betrunken sind, sind sie um sieben Uhr wachsweich.

Als ich hinkomme, sehe ich sie sofort. Das »Carlton« ist gerammelt voll mit weihnachtlich aufgemotzten Studenten, die knutschen, kämpfen und kotzen, aber hinten in der Ecke sitzt mein dünner Freund und lächelt in sich hinein, während Sonia ihn unter dem Tisch streichelt und Jackie in seinem Ohr herumschleckt. Er sieht ziemlich cool aus, mein Elvis. Sein Kopf ist fast zu groß für seine Schultern, und sein totenblasses Gesicht wirkt abgezehrt und tragipoetisch: riesige blaue Augen, rote, sehr rote Lippen und diese flache keltische Nase. Der freche Arsch trägt meine schwarze Lederhose, die ich für heute abend bei ihm deponiert habe, aber mit der grünen Uniformmütze, die er tief in die Stirn gezogen hat, sieht er wunderbar darin aus.
Er nimmt einen Schluck von seinem Drink und tippt grüßend an den Rand seiner Mütze. »Scheiße Carty, Kumpel – hat ne Weile gedauert, was? Die Mädels hier warten nicht auf jeden, weißt du.«
Ich lächele den beiden zu, küsse ihnen die Hand und entschuldige mich in einem dämlichen Roger-Moore-Tonfall: »Wie unglaublich ungezogen von mir. Bitte, verzeihen Sie!« Jackie und Sonia kichern neckisch und blitzen mich aufmunternd an.
Elvis steht auf. »Was trinkstn?«
Ich bestelle Wodka mit PLJ, einem besonderen Lime Juice, weil ich weiß, daß das »Carlton« so ungefähr der einzige Pub ist, der das führt, und setze mich hin. Binnen Sekunden schnurrt Sonia mir betrunkene Ruchlosigkeiten ins Ohr. Offenbar schlägt sie mir vor, meinen Schwanz zu lutschen, während Jackie ihren Finger mit dem Schlagring dran in mein Arschloch bohrt. Seit ich vierzehn bin, weiß ich über alle möglichen Frauen Bescheid, aber ich kann es immer noch nicht fassen, daß Mädchen genauso sexbesessen sind wie wir. Ich habe immer das Gefühl, eine Art Kunststück vollbracht zu haben, wenn ich an ein Loch komme, und über so etwas wie das hier staune ich immer noch – darüber, daß so viele Mädchen ... zu *allem* bereit sind. Die beiden benehmen sich und reden wie Oberklassehuren, aber es sind nur Sonia

und Jackie aus Birkenhead. Ich weiß noch genau, wie Michelle Biley und ich im vierten High-School-Jahr in Eastham Woods in der Nähe ihres Elternhauses spazierengingen und sie stehenblieb und sich gegen einen Baum lehnte und sagte, daß sie zu allem bereit sei. Das hat mich bis ins Mark erschüttert, und sie mußte mir eine Art Menü vorlegen, bis mir wirklich klar wurde, wie weit ich mit ihr gehen konnte. Ohne die verdorbene, geile Michelle wäre ich nie so ein Fachmann im Analen geworden. Von hinten hat sie es *geliebt.* Sonia knöpft mein Hemd auf und streicht dabei mit der flachen Hand über meine Leiste.

Elvis kommt zurück und grinst. »Gefällts dir, was du hörst?«

»Keine Ahnung.« Ich lächele. »Die sind unheimlich scharf, oder? Richtige Huren!«

Die Mädchen brechen vor Lachen zusammen, obwohl die infantile Bemerkung das kaum verdient, und dann entschuldigt Jackie sich für die Szene mit dem Rausschmeißer im »Rupert's«. Sie hat glasige Augen. »Wir kennen sie halt«, erklärt sie. Ich nicke. Die Mädchen wollen nichts mehr trinken. Ich auch nicht, denn ich weiß, was noch kommen wird. Wir rufen ein Mini-Cab und warten draußen. Sogar in dem schwachen Licht aus dem Pub ist mir vollkommen klar, warum diese Mädchen so begehrt sind. Zunächst einmal sind beide groß und schlank – es ist nicht die Regel, gleich zwei so hübsche langbeinige Exemplare an einem Allerweltsort wie diesem anzutreffen. Sonia ist vollkommen. Abgesehen von ihren mutmaßlichen Flötenkünsten und verschiedenen anderen sexuellen Qualitäten könnte man einfach dasitzen und stundenlang ununterbrochen ihr kleines Schmollgesicht anstarren. Andererseits bringt Jackie ihre Größe heute abend voll zur Geltung; sie trägt einen kurzen Rock und Wildlederstiefeletten und sieht herausfordernd sexy aus. Ihre Titten sind phantastisch, wie sie diesen leicht eingelaufenen schwarzen Mohairpullover spannen. Es ist mir egal, ob ich bei ihr lande oder bei Sonia.

Chez Elvis läuft alles bestens. Er stimmt die Mädchen mit seinem

Durutti-Column-Album und einer Reihe Joints ein, und ohne daß wir eine »Pärchenbildung« verabredet hätten, fängt er an, mit Sonia zu knutschen. Ich schlucke schwer und schaue Jackie an. Sie steht auf, reicht mir die Hand und führt mich ins Schlafzimmer. Sie tastet nach dem Lichtschalter, und gedämpftes blaues Licht durchflutet den Raum. Gut gemacht, Elvis! Ich greife nach ihr, aber sie stößt mich zurück auf das Bett.

»Warte! Schau zu!«

Sie legt einen Finger auf ihre Lippen und schenkt mir ein halbes Lächeln, das mich anturnt. Sie schließt die Augen, wirft den Kopf zurück und beginnt, sich mit leicht gespreizten Beinen zu wiegen und ihre Brüste durch die rauhe Wolle ihres Pullovers zu streicheln, zuerst sanft, dann heftiger; sie hebt sie an und läßt sie kreisen und preßt sie zusammen. Sie zieht den Pullover aus und produziert sich. Hände auf den Hüften, kein BH schnürt ihre Titten ein, deren dunklen Teint ein einfaches weißes Hemdchen betont. Sie leckt ihre Fingerspitzen ab und umkreist ihre Brustwarzen, bis sie sich durch den Stoff abzeichnen. Zentimeter für Zentimeter zieht sie das enge Baumwollhemd über ihren weichen Bauch und über die Schultern, bis ihre Brüste ganz nackt sind. Sie sind wunderbar, rund und braun und schwer, und sie bewegen sich kaum, wenn sie sie berührt. Sie feuchtet ihre Fingerspitzen wieder an und streichelt ihre Warzen, bis sie hervorstehen. Ich kann hier nicht einfach so sitzen. Ich habe eine solche Erektion, ich muß sie flachlegen und ficken, ich kann hier keine Sekunde länger sitzen. Ich gehe auf sie zu, öffne meinen Reißverschluß und hole meinen Schwanz heraus.

Sie senkt für einen Augenblick ihren Blick, schaut den Schwanz kurz an und drängt mich dann weg. »Nein. Warte!«

Sie schiebt die Hand unter ihren kurzen Rock und schenkt mir wieder dieses halbe Lächeln. Ihre andere Hand hebt den Saum hoch und gibt den Blick auf einen ultraweißen Jungenslip frei. Sie streicht sehr

langsam über ihren Hügel und läßt ihren ringbestückten Finger unter das Slipgummi gleiten. Mit geschlossenen Augen murmelt sie etwas und schaukelt in ihren Wildlederstiefeln hin und her.
Sie schnappt einige Male kurz nach Luft, kommt dann nahe zu mir her, legt meine Hand auf meinen Penis und flüstert eindringlich. »Jetzt du! Jetzt du!«
Ich versuche, langsam vorzugehen und ihr eine Show zu bieten, aber ich kann meine Augen nicht von ihren Beinen, ihrem kurzen Rock und ihren Brüsten wenden. Mit der Unterhose um die Knöchel schlurfe ich auf sie zu, lege die Hände auf ihren Arsch, ziehe sie an mich, drücke meinen Schwanz an ihren Bauch und suche ihre Zunge.
Sie verweigert sie mir. Sie dreht ihren Kopf weg und stößt mich zurück.
»Ich kann nicht mit dir vögeln«, sagt Jackie und sieht zu Boden. »Ich kann nicht.«
Ich setze mich auf das Bett und überlege mir etwas Lustiges, das ich sagen könnte. Dabei bearbeite ich immer noch geistesabwesend meinen Penis.
»Willst du dir das aufheben, bis du heiratest?« frage ich.
Ihr Gesicht verfinstert sich. »Ist das nicht in Ordnung?«
Mein Gesicht muß das reine Entzücken ausdrücken: »Doch ...«
»Na, dann geh doch und besorg es Sonia, wenn dus so dringend nötig hast.«
Ich schaue zu Boden und fühle mich unwohl. Würde ich Jackie ansehen, würde ich bemerken, daß ein durchtriebener Zug über ihr anbetungswürdiges Gesicht huscht.
»Ich hätte nicht gedacht, daß du so bist«, sagt sie.
»Wie denn?«
»Du weißt schon. Ruck-zuck. Danke, Schatz! Bumsfidel.«
Ich lache und schüttele den Kopf. »Ganz genau so bin ich.«
»Verstehst du jetzt, was ich meine?«
»Nein. Was denn?«

Sie macht meine Stimme nach: »*Genau* so bin ich. Du bist tierisch subtil, was? Hast ne verdammt nette Art an dir. Irgendwie ... sensibel.« Der Groschen fällt. Ich versuche, cool und sachlich zu bleiben. »Laß uns klarstellen: *Du* bist noch Jungfrau.«

Sie nickt.

»Und ich bin ein netter, sensibler Typ. *Du* denkst dir nichts dabei, dich vor mir zu befriedigen. Aber ich darf dich nicht anfassen.«

»Noch nicht.« Sie lächelt.

»Und was ist mit den Rausschmeißern in dieser Disco? Sind *die* sensibel?«

Jackie läßt den Kopf hängen. »Ich fummele an mir, und sie holen sich einen runter«, beteuert sie.

Ich schnaube ungläubig.

»Wir kommen umsonst rein, weißt du!«

Sie wirkt verwirrt und verletzt. Ich gehe zu ihr und halte sie fest. Sie gibt der Umarmung nach. Mein Penis, der in diesem Moment nicht sensibel ist, zuckt und richtet sich an ihrem Oberschenkel auf. Ich lasse sie los und setze mich auf das Bett.

»Wollen wir irgendwann mal ausgehen? Auf einen Drink oder so?«

Ihr Gesichtsausdruck ist durchtrieben und siegesbewußt. Sie strahlt und zieht die Decke von Elvis' Bett zurück. Wir halten uns ewig lange fest, aber die Hitze meines Schwanzes läßt sie nicht dahinschmelzen. Ich darf ihre Brüste küssen und ihre Wirbelsäule lecken, und als ich versuche, meinen Pimmel zwischen ihre Hinterbacken zu drücken, kommt ein unterdrücktes Stöhnen, aber sie will davon nichts wissen. Und das von einem Mädchen, das mein Arschloch mit einem Schlagring bearbeiten wollte. Sie dreht sich zur Seite, zieht meinen Arm über sich und seufzt glücklich.

Weil ich weiß, daß ich schnarchen könnte, gönne ich mir keinen Schlaf, bis ich sicher bin, daß Jackie eingeschlummert ist. Sie fängt an, rhythmisch pfeifend zu atmen, dann läßt sie einen Furz. Vorsichtig löse ich meinen Arm von ihr. Sie furzt wieder. Sie schläft fest, aber ich komme jetzt nicht zur Ruhe. Ich bin immer noch erregt und frustriert und ziehe das Laken zurück. Ich starre auf Jackies schlanken Rücken und denke daran, sie im Schlaf feucht zu machen und einfach hineinzugleiten. Ich ziehe das Laken noch weiter zurück und streiche mit den Fingerspitzen über ihre nackten Beine. Ich umkreise ihren Hintern und fange an, die goldbraunen Backen zu lecken. Sie wimmert im Schlaf, rollt sich herum und begräbt meinen Kopf unter ihrem Bauch. Ich arbeite mich hervor.

Ich kann noch immer nicht schlafen. Ich muß an Sonia denken. Sonia jedenfalls – da bin ich sicher – mag Pimmel. Sie hat diesen leicht ungeduldigen Blick, als würde sie Gedanken lesen und raten wollen, ob man genauso verrückt nach Ficken ist wie sie. Als wolle sie ja keine kostbare Zeit mit irgendwelchen Schwulen verschwenden. Sonia. Ich habe von nebenan keine besonderen Geräusche gehört. Ich schätze, daß es nicht schaden kann, wenn ich einfach mal nachsehe, ob sie noch wach ist.

Ich schleiche in das vordere Zimmer. Elvis und Sonia sind vollkommen erledigt und haben sich auf dem Sofa zusammengerollt – komplett angezogen. Ich schüttele Sonia und lege ihr die Hand auf den Mund. Anstatt die Augen weit aufzureißen und einen Schrei zu unterdrücken, wie sie es in »Hart to Hart« machen, schüttelt sie nur ihre Mähne und lächelt mich dreckig an. Ihr Atem riecht unangenehm. Sie löst sich von Elvis.

»Ich hatte dich schon abgeschrieben«, neckt sie mich.

»Was war denn hier los?«

»Er ist einfach weggetreten.«

»Wärst du doch zu uns rübergekommen!«

»Wär ich ja, aber ich hab ihr versprochen, daß ich das nicht mach.«

Nachdem ich das begriffen habe, fühle ich mich ein bißchen unbehaglich.

»Jackie mag dich wirklich sehr.«

Es entsteht ein kurzes Schweigen. Sonias Blick wird sengend. »Sollen wir uns ein Plätzchen suchen?« schlägt sie vor. Ich führe sie in die winzige Küche, ohne das Licht einzuschalten. Zu meiner beträchtlichen Überraschung haben wir uns noch nicht einmal geküßt, da geht Sonia schon in die Knie und fängt an, mir einen zu blasen. Ein Solo der Flötistin. Während sie lutscht, spielt sie mit meinen Eiern; einmal verschlingt sie mich bis zum Schaft, dann wieder umspielt sie zart mit der Zunge meine Eichel. Sie ist ein verdammter Profi, und ich will nicht länger auf den Ritt warten, nicht nach dem ganzen Theater mit Jackie. Ich ziehe mich aus ihrem Mund zurück und gebe ihr zu verstehen, daß sie sich auf den Fußboden knien soll. Ich manipuliere sie kurz und grob mit drei Fingern und dringe dann ungeduldig in sie ein. Ich drücke meine Daumen auf ihr Kreuz und halte sie um die Taille fest, während sie sich aufbäumt, mir ihre Fersen in den Arsch tritt und mich antreibt. Es gelingt mir, eine respektable Zeitlang so weiterzumachen, ehe ich komme, und zwar in ihr. Scheint okay für sie zu sein. Sie liegt schweißbedeckt und lachend da und kommt langsam wieder zu Atem. Ich glaube, es hat ihr gefallen. Schien wenigstens so.

»Alles klar bei dir?« wage ich zu fragen.

»Ja, klasse.« Sie lacht und ringt immer noch um Atem. Sie schaut zu, wie mein Schwanz abschlafft.

»Wars das, was du wolltest?«

»Ja.«

»Gut.«

Sie stützt sich auf und schaut sich meinen Schwengel genauer an. Ich glaube, er ist ziemlich groß. Ganz sicher größer als der von Elvis.

»Ist schon anders als mit den Rausschmeißern.«

Ich heuchle Interesse und erahne den Tiefschlag hinter der nächsten Ecke.

»Die schmeißen uns einfach überall hin und knallen uns.« Sie spricht ›schmeißen‹ wie ›schmeisen‹ aus.

»Klingt erotisch.«

Sie verdreht die Augen. »Und wie, das kannst du mir glauben!«

»Naja, wir mußten eben leise sein, oder?«

»Wir können weggehen, wenn du willst. Gleich an der Ecke isn Schrottplatz, da hört uns keiner.«

»Du bist große Klasse, Sonia.«

Sie lacht, und wir schauen uns an.

»Los, komm! Falls du noch einen auf der Pfanne hast.«

»Und was ist mit deiner Busenfreundin, die nebenan brav schläft?«

»Weck sie auf! Sonst ist sie sauer, weil sie was verpaßt hat. Sie steht da sehr drauf. Läßt sich von zwei oder drei Kerlen auf einmal knallen.«

Mein Gesicht muß einige Meter lang geworden sein.

»Huch!« sagt Sonia boshaft. Sie hebt mein Kinn mit einem Finger an. »Hat sie dir erzählt, daß sie noch Jungfrau ist?«

Ich nicke.

Sonia kreischt wie eine Pfuhlschnepfe. »Der Gipfel! Und das hast du gefressen?«

»Ja. Warum denn nicht? Wenn sie es sagt.«

»Da bist du nicht der erste. Das erzählt sie allen Jungen, von denen sie was will.«

Sie steht jetzt mit gespreizten Beinen da und schaut mich von oben bis unten an.

»Normalerweise denen, dien bißchen Kohle haben«, fügt sie mit einem Augenzwinkern hinzu. Offenbar hat sie erfaßt, daß ich unbedingt etwas Salz für meine Wunde brauche.

Ich lache laut und fühle mich bescheuert, aber ganz vergnügt. »Ihr seid vielleicht zwei!« sage ich.

»Scheiße!« sagt Sonia und schlägt die Hand vor den Mund – ein Bild großäugiger Besorgnis. Sie grinst. »Hab ichs ihr jetzt versaut?«
Sonia und ich knutschen ausgiebig und befummeln uns, und ich ficke sie im Badezimmer von hinten im Stehen, während wir uns beide in Elvis' Messingrasierspiegel betrachten. Sie ist ein schönes Mädchen, diese Sonia, aber sie ist wahnsinnig. Sie ist für Prince Charles geschaffen oder für einen Tory-Politiker. Die würde sie um den Verstand bringen. Aber wir wissen beide, daß sie mit vier Kindern und einem fetten, tätowierten Kerl, der sie schlägt, in einer winzigen Wohnung auf dem Nocky enden wird.
Vielleicht sollte ich mich in Zukunft mit ihr treffen? Warum nicht? Als sie eine Decke über Elvis wirft und sich zu ihm legt, bin ich traurig; ihretwegen.

Elvis schüttet Zucker in seine Schokolade und begutachtet die Gaststätte im Lime-Street-Bahnhof. John, Marty und Batesy sitzen an einem Tisch und streiten sich über ein Rennpferd oder sonstwas. Die Spics, Danny Allen und ein paar andere sitzen herum und lesen Zeitung, im kleinen Nebenzimmer hocken auch ein paar. Alles in allem eine ziemlich schwache Vorstellung für unsere Antrittsreise nach Blackpool, Weihnachten hin oder her.
Elvis nimmt den Löffel aus seiner Tasse und leckt den Schaum ab. »Nicht viele da, was?« sagt er.
»Oh, Meister der Untertreibung!«
»Idiot!«
Ich brauche eine Ewigkeit, um den letzten Bissen von meinem Sandwich zu kauen.
Fröhlich wie immer kommt Danny angehüpft. »Alles klar, Jungs? Also keine Woodys, oder was?«
Elvis grunzt. Seit wir aufgestanden sind, hat er eine Stinklaune. Er hat den Mädchen kaum hallo gesagt.

Ich biete Danny einen Platz an. »Was ist denn passiert, Dan? Ist das alles wegen John und Christy?«
Danny schaut nervös zu Godden hinüber und hat Angst, daß man ihn hören könnte. »Ach, du weißt doch, wie die sind. Sind doch alles Woodchurchisten, oder? Die haben alle den Ormskirk-Zug genommen. Ein paar von den anderen sind auch bei ihnen.«
Sag jetzt nichts, denke ich. Baby Millan!
»Baby ist bei ihnen. Marty hat gesagt, Damien und Powelly und die ganzen kleinen Ärsche sind mit. Sind heute morgen total früh los. Wahrscheinlich ne ziemlich gute Crew.«
Plötzlich schaut Elvis auf. »Dann ist es also wegen dem ›Chelsea‹, oder? Wenn das stimmt, dann sind das noch blödere Schwänze, als ich dachte.«
Danny hebt die Schultern. »Keine Ahnung irgendwie. Frag lieber John! Ich hab gehört, daß er in Woody war, um Christy zu treffen, und daß alles in Ordnung ist.«
»Sieht ganz so aus«, murmelt Elvis.
»Ich weiß, es ist nur Blackpool und so, aber wir müssen zusammenhalten, egal, wo wir hinfahren. Ist doch verrückt, solche Splittergruppen«, wende ich ein.
»Hey, denk bloß nicht, Blackpool ist wie Llandudno oder so was!« warnt mich Danny. »Ich weiß, daß letztes Jahr beim Cup ein paar Typen aus Everton hin sind und dachten, es wird ein Spaziergang. Wär schön gewesen. So etwa zehntausend von den Kretins haben die durch die ganze Stadt gejagt.«
Genau darauf habe ich gewartet. Blackpool ist erst in der letzten Saison abgestiegen, und wir sind noch nie dort gewesen. Städte am Meer, glauben die Leute immer, bedeuten nur einen Ausflug, eine Lappalie. Wir freuen uns alle schon ewig auf Blackpool. Danny scheint nicht zu bemerken, welche Wirkung seine frohe Botschaft auf Elvis und mich hat.

»Riskante Ecke, Blackpool.« Er zieht eins von seinen Ich-bin-im-Bilde-Gesichtern. »Echt!«
Fabelhaft! So etwa zwanzig von uns, wenn überhaupt, fahren ganz normal in das einst idyllische und inzwischen riskante Blackpool, wo wir dann gegen eine Crew antreten, die vor gerade mal einem Jahr Everton verprügelt hat. Danny steht auf und geht.
Elvis beobachtet meine angespannte Physiognomie – er weiß, wie nervös ich werden kann. »Der isn Witzbold, Kumpel. Scheiß-Blackpool. Ein Spaziergang!«
Gut, aber nicht übermäßig überzeugend, Elvis. Das Gespräch kommt auf Eddie Spark, der wegen Verbreitung rassistischer Literatur sechs Wochen einsitzen muß. Auch bei Straferlaß wird er über Weihnachten nicht auf Herbergssuche gehen müssen. Wirklich ziemlich passend, und mir kommt in den Sinn, daß die Ironie dem Gericht sicher nicht entgangen ist.
Einige Nachzügler sind noch gekommen, und damit sind wir siebenundzwanzig im Elf-Uhr-dreiunddreißig-Zug nach Blackpool North. Die Crew ist relativ alt, und es herrscht eine ziemlich gute Stimmung im Zug. Godden fordert Elvis und mich immer wieder auf, seine Stuart-Hall-Geschichte mit Soundeffekten und Grimassen, wo es nötig ist, zu illustrieren. Die Fahrzeit vergeht wie im Flug, aber als wir der Reihe nach aus dem Zug klettern, kommt das Muffensausen zurück, denn die kalten Winde der Irischen See blasen uns entgegen, und wir wissen nicht, wann oder wo der erste Überfall stattfinden wird.
Marty will, daß alle auf der Höhe von Blackpool Pleasure Beach aus der Straßenbahn springen und von da aus zu Fuß gehen, aber schließlich laufen wir den ganzen Weg durch Seitensträßchen und halten nur manchmal an, um etwas zu trinken. Es herrscht eine unheimliche Stille, und bis kurz vor dem Stadion gibt es keinerlei Anzeichen für den an Spieltagen üblichen Menschenandrang. Ich bin auf alles gefaßt. Wir gehen zur Gästeseite hinüber, und ich weiß, daß sie aus den Seiten-

straßen stürmen und uns aus allen Richtungen überrennen werden. Wir sind so wenige, daß die letzten gerade erst die Straße betreten, wenn die ersten schon auf der anderen Seite ankommen. Jeden Moment kann es jetzt losgehen. Meine Faust ist in der Tasche geballt, und ich hoffe, daß Elvis sein Stanley dabeihat – vielleicht wird es wie in Wrexham. Aber nichts passiert. Auf dieser Seite des Stadions ist wirklich niemand außer ein paar wortkargen Bullen.

»Ist das hier die Gästeseite?« fragt Danny.

»Beim letztenmal war sies noch.«

Mein Magen beruhigt sich erst, als wir an den Drehkreuzen ankommen und unser Pfund fünfzig bezahlen. Drinnen werden wir von einem sehr aufgeräumten Mob begrüßt; er besteht aus Jungvolk und verschiedenen Woodchurch-Kerls, die sich alle freuen, daß wir da sind, und die alle gleichzeitig reden. Es ist eine ganz ordentliche Crew, vielleicht sechzig Mann, obwohl sie auf dieser riesigen, überdachten Tribüne winzig aussieht. Es ist kaum nachzuvollziehen, warum Blackpool sie nicht für die eigenen Anhänger benutzt, anstelle dieser winzigen, ungeschützten Ränge, auf denen sie sich drängeln. Bauern eben.

Unsere Super Sechzig hatte vor dem Spiel großen Ärger und erwartet, daß es danach mörderisch wird – daher ihre uneingeschränkte Freude, uns zu sehen. Auf dem Platz vor »Yates' Wine Lodge« hat es eine Schlägerei gegeben, und weil die Jungs zahlenmäßig schwer unterlegen waren, sind sie den ganzen Weg bis zum Stadion auf dem Rückzug gewesen. Aber in klassischem Tranmere-Auswärtsstil hatten sie noch die Stirn, an der Blackpool-Seite vorbeizumarschieren und die Fans vor der Nase der Bullen zu provozieren.

»Wie viele?« will Marty wissen.

»Ein paar hundert, mindestens«, sagt Baby. Er ist ein gerissener kleiner Arsch, aber er macht keine Witze. »Die sind nur Scheiße, die von Blackpool, aber sie haben die gnadenlosen Gesellen dabei. Powelly hat dem einen Gorilla, einem verdammt starken Kerl, eine reingehauen, er hat ihn echt verdroschen, aber glaubst du, der Arsch fällt um? Wir sind alle auf ihn drauf. Das war wie King Kong. Die Bullen haben ihm dann verdammt ordentlich eine verbraten. Ich glaub, die hassen die Halunken noch mehr als uns.«

Weil weder Christy noch Tony hier sind und Hardy so betrunken ist, daß er bereit wäre, das alles mit einer Runde Poker in Ordnung zu bringen, sind die Woodchurch-Kerls bald wieder voll dabei. Ich kann den Abpfiff nicht erwarten und bekomme von Tranmeres berauschender Vorstellung in der zweiten Halbzeit kaum etwas mit. Sie gleichen einen Rückstand von drei Toren aus und gehen mit Unentschieden vom Platz. Alles rottet sich oben auf den Rängen zusammen, und sobald der Schlußpfiff ertönt, strömen wir die maroden Stufen hinunter und werfen uns gegen die Tore. Die Bullen geben Zeichen, daß die Ordner öffnen sollen. Einer von ihnen beugt sich zu mir herüber.

»In einer Minute seid ihr wieder hier und wollt wieder rein. Wir von Blackpool sind nämlich keine Würstchen, müßt ihr wissen!«

Aber das ist mir jetzt egal. The Pack ist wieder unterwegs. Ich liebe es, wenn wir verrückt spielen wie jetzt, wenn uns der Teufel Energie antreibt und wir haargenau wissen, daß keine Crew uns etwas anhaben kann. Wir biegen um die Ecke und bereiten uns auf den Angriffslauf vor. Der Mob sieht immer größer aus, wenn er sich bewegt, und ich bin sicher, daß die gesteigerte Blutzirkulation einen Dinge tun läßt, die man sich sonst sicher zweimal überlegt.

Weiter vorn ist eine große Crew. Man kann nicht erkennen, ob sie es sind oder nur ein Großteil des Publikums, das nach Hause geht.

John Godden macht den Test: *»Ro! Vers!«*

Alle stimmen mit ein. Das Echo hallt zwischen den Häuserzeilen. Wir brüllen noch mal, diesmal lauter, und es klingt furchterregend. Die Menge weiter vorne bleibt stehen. Sie sind es! Ich bin startbereit und atme schwer, und alle schauen Marty und John an. Da kommt uns

Blackpool mit jämmerlichem Indianergeheul auf der Straße entgegengestürmt und erwartet offenbar, daß wir uns einscheißen. Wir hassen Geheul. Wir rennen geradewegs auf sie zu. Sie bleiben wie erstarrt in fünfzig Meter Entfernung stehen, jeder einzelne ein trauriger Bauer – mit Birmos, Martens-Latschen, allem Drum und Dran eben.

Das Ganze ist ein lächerlicher Trick. Hinter uns taucht eine zweite Crew auf, die weniger heult, dafür aber hu-hu-hu schreit. Das muß der Kerntrupp sein. Wir kennen uns alle gut, und an Blödsinn wie diesen sind wir so sehr gewöhnt, daß wir uns nicht einmal nach ihnen umsehen. Wir pflügen direkt in den ersten Haufen Vollidioten hinein und gebens ihnen. Die rennen wie der Teufel, diese Hosenscheißer; sie springen über Motorhauben und hämmern bei den Leuten an die Haustür, und alles nur, um zu entkommen. Es ist richtig aufregend, zu sehen, wie eine neue Crew zum erstenmal The Pack aus unmittelbarer Nähe erlebt. Daß ihnen so etwas wie wir noch nie begegnet ist, sieht man an ihren Gesichtern, an diesem feigen Aufleuchten der Angst und des Respekts, das sie in den Augen haben, während sie zurückweichen und losrennen.

So ein Arsch mit kupferrotem Afro schleicht sich mit einem präparierten Handschuh an mich heran, aber er schlägt mich nicht; er schaut mich nur an und verliert dann den Mut. Ich gehe wie der Blitz auf ihn los, schleudere ihn mit einem Tritt zu Boden und bearbeite ihn wieder und wieder mit den Füßen, bis er schlappmacht; dann trete ich gegen seinen Kopf, treffe sein Ohr und lache ihn aus, damit er weiß, daß er ein Stück Scheiße ist.

Der Mannschaft in unserem Rücken gefällt wohl nicht, was sie sieht, denn sie verschwindet so schnell von der Szene, wie sie gekommen ist. Wir können irgendeinen Schwachkopf hören, der die Leute mit furchtbar lauter Stimme in einer der umliegenden Straßen um sich sammelt, also wissen wir, daß es noch nicht vorbei ist.

Wenn er »Blackpool« sagt, klingt das, als ob ihm schlecht wäre: »Kommt

schon, Bähläggpool! Iah Scheißer! Laßt euch plattmachen in eura aigenen Staaadt!«
Bißchen Manchester-Akzent dabei, manchmal. Die kommen wieder. John, Hardy und Batesy sind mit mir an der Front unserer Crew, Elvis und Marty sind hinten, und wir alle sind sehr nervös und sehen uns hektisch um. Wir kommen in die Nähe des Stadtzentrums, und irgendwie habe ich das Gefühl, daß das hier allmählich kein guter Stil mehr ist. Es herrscht eine außerordentlich merkwürdige Atmosphäre; bepackte Menschen hasten von ihren Weihnachtseinkäufen nach Hause, und aufgeregte Weibercliquen starten schon zur abendlichen Sause. Und mittendrin ein Gaunermob aus Birkenhead, der versucht, den Bahnhof zu erreichen, und der weiß, daß jeder Zentimeter Weg erkämpft werden muß. Hinter uns fällt mir etwas auf – da sind sie wieder! Diesmal sind sie clever; sie schleichen zu zweit oder zu dritt etwa hundert Meter hinter uns her, bleiben im Dunkeln zurück und versuchen, sich zu sammeln, ehe wir das merken und sie wieder hochnehmen. Ich stoße Marty an, und wie aus dem Nichts steht ein abstoßender, zurückgeblieben aussehender Skinhead neben uns. Er ist so groß, daß er sich bücken muß, um mit uns zu reden; eins fünfundneunzig etwa. Ich und Marty sind beide über eins achtzig, aber dieser Freak sieht aus wie ein Dinosaurier.
Leise und vernünftig redet er auf Marty ein: »Komm schon, Scouse. Du bist der Boß, hä? Du und ich, wir machen einen kleinen Spaziergang. Einfach irgendwie da rüber. Nur wir zwei. Oder willst du es hier machen? Na gut. Schlag zu! Du fängst an.«
Das ist albernes, großmäuliges Spielplatzgequatsche, und ich habe keine Angst um Marty, aber offenbar zögert er, diesem Arschloch eine Tracht Prügel zu verpassen. Ich mustere den entsetzlichen schwarzen V-Ausschnitt-Pullover dieses Höhlenmenschen, aus dem büschelweise Brusthaare herausquellen – im Dezember! Ich muß nur seine Kampfunterhosen und den scheißdämlichen Spuckefaden sehen, der von

seiner Oberlippe baumelt, und fast bin ich soweit, ihm selbst eine zu knallen. Aber Marty geht über die Straße. Ich kann es nicht fassen. Er hat Schiß. Vor diesem Schwachkopf! Ich bleibe stehen und schaue mir die Erziehungsheimtätowierung auf seiner Wange an, da befördert er mich ohne Anlauf mit einem gewaltigen Aufwärtshaken in die Mitte der Straße. Benommen versuche ich, mich aufzusetzen, und ich sehe, daß Elvis sich auf den Gorilla stürzt und ihm die Zähne in die Wange schlägt. Ich sehe Babys Klinge blitzen und höre die wilden Schreie des Bigskin, dann falle ich in Ohnmacht. Als ich wenig später wieder aufwache, stützt mich Damien O'Connor an einer Parkhauswand und deutet hysterisch auf die Straße.

»Schau dir das an, Kumpel! Siehst du? Wir haben die verdammt noch mal versohlt! Die Kretins rennen weg bis in die letzte Scheißwoche!«

Sirenen vermischen sich mit den vertrauten Geräuschen von The Pack, unserer Crew, die in einiger Entfernung Blackpools zersprengten Mob verfolgt. Mein Kiefer tut wahnsinnig weh. Ich fasse ihn an und zucke zusammen. Könnte gebrochen sein. Nach und nach kommen alle zurück; sie gehen sorgfältig der Polizeieskorte aus dem Weg und wissen genau, daß der letzte Zug nach Liverpool um halb sieben fährt. Sie sammeln sich um mich, brüsten sich ihrer Heldentaten und übertreiben ihren Anteil daran. Allmählich dämmert mir, daß ich nicht die Beachtung bekomme, die ich für meine mutige Vorstellung verdiene. Ich bin standhaft geblieben, während Marty sich in die Hosen geschissen hat, und jetzt sieht es so aus, als wäre ich der einzige Schandfleck, der verprügelt worden ist.

Elvis kommt atemlos zu mir und grinst mich mit einer blutenden Lippe an. »Hast eine abgekriegt, was? Verdammte Scheiße! Alles klar bei dir?«

Ich hebe mißmutig die Schultern. Ich kann Marty nicht gut einen Schlappschwanz nennen, also halte ich den Mund und überlege, wie ich die Sache richtigstellen kann. Es geht mir nicht darum, daß Marty

den Überblick verloren hat, sondern darum, daß ich in dieser Angelegenheit nicht der Trottel war.
Er kommt zu mir: »Verdammte Scheiße, Carty, Kumpel! So schnell wirst du keinem von denen wieder über den Weg laufen, was, Freundchen?«
Genau das habe ich gebraucht.
»Ich hab dirs abgenommen, Mart.« Ich grinse. »Wollte meine Loyalität beweisen. Meine Sporen verdienen.«
Alles lacht.
Marty ist entschlossen, seinen Standpunkt verständlich zu machen: »Dachte, ich seh nicht recht. Ich such graden Plätzchen für mich und den Gorilla, wo wir das erledigen können. Nicht so ne finstere Scheißgasse, wo der seine ganzen Vorposten stehen hat – nen Platz, wo alle sehen können, was abgeht. Im nächsten Moment seh ich hin und da steht dieser Prof und hält das Kinn hin nach dem Motto: Los, komm Kumpel, tu nen Schlag!«
Diese Version der Ereignisse läßt mich in ziemlich gutem Licht erscheinen, wenn ich auch mit der Neubelebung des Prof nicht glücklich bin. Schließlich habe ich den Spitznamen in der letzten Saison abgelegt, weil ich auf dem Rückweg von Walsall am Bahnhof von Crewe drei Forest-Fans zur Sau gemacht habe. Und ich bin nicht wirklich überzeugt, daß Marty es mit Bigskin ernsthaft aufnehmen wollte. Ich habe zwar noch nie erlebt, daß Marty klein beigibt, und wir waren sicher schon in schlimmeren Situationen als heute – aber normalerweise hatten wir auch ordentlich getrunken. Ich weiß, daß Marty kein Feigling ist, aber ich stand direkt neben ihm und hatte ganz entschieden den Eindruck, daß er kalte Füße kriegte: Er hat sich wahrscheinlich eingeredet, daß er das Richtige getan hat. Ich werde es nie erfahren.
Die Heimfahrt ist zum Schreien. Wir steigen in Preston um und entern den Glasgower Zug nach Liverpool, da kommen die Preston-North-End-Horden gerade aus Huddersfield zurück. Ausnahmsweise bin ich froh, daß es keine Schlägerei gibt. Ich bin im Arsch, und mein Kiefer

tut sehr weh, auch wenn er nicht gebrochen ist. Wir terrorisieren den einsamen Steward und übernehmen dann das Buffet. Alle trinken Scotch, Rum und Wodka mit den besten Empfehlungen von British Rail. In St. Helen steigen ein paar Bullen zu, aber weil wir wußten, daß der Steward Verstärkung anfordern würde, haben wir mit den Beweisen in Form Dutzender leerer Flaschen bereits in Wigan vergnügt eine Soul-Boys-Gang bombardiert. Als wir in Lime Street einfahren, erzählt Baby mir, daß seine Schwester mich wiedersehen will. Ich schaue ihn verblüfft an. Letzte Woche hätte ich sie getroffen, sagt er. Sie heißt Lilly. Ich will eine Erklärung zusammenstottern, aber er zwinkert mir zu und klopft mir auf die Schulter. »Was solls, Mann. Ich richte es nur aus.«
In Liverpool drängeln wir triumphierend, kaputt und völlig besoffen nach draußen, und dann gehen wir alle die Lime Street entlang Richtung »Big House« und singen:

Laßt euch nicht täuschen, ihr Schwachis von hier,
Wir sind keine Scousers – aus Birkenhead sind wir.
Scheiß auf Kathedralen und auf euern Pier,
Wir sind keine Scousers – aus Birkenhead sind wir.

Aber das interessiert keinen.

8. Dezember 1979

Elvis war in letzter Zeit ziemlich niedergeschlagen, und jetzt verbreitet er Selbstmordstimmung. Wir sitzen in aller Ruhe im »Letters«, trinken was, hören uns Clock DVA aus der Jukebox an und reden nicht viel. Man kommt nicht auf die Idee, daß Weihnachtszeit ist. Dabei veranstaltet gleich unten an der Straße im »Alfresco's« die geballte Macht der Staatsdiener Birkenheads ihre alljährliche Weihnachtsparty. Wahrscheinlich rücken diese angeschickerten Mittleres-Management-Typen jetzt schon dem unglückseligen kleinen Schätzchen aus dem Büro auf den Leib, das sie schon das ganze Jahr im Auge hatten. Ein paar vom Grundbuchamt, die manchmal im »Copperfield« sind, würde ich ganz gerne kennenlernen, aber so, wie Elvis gelaunt ist, muß ich ihn wohl den ganzen Abend bequatschen, damit er nicht von der Brücke springt. Ich habe ihn nur mitgenommen, weil morgen das Spiel gegen Halifax ist und ich bei ihm schlafe.

Er streicht sich theatralisch die Haare aus den Augen. »Ich weiß nicht, weißt du.«

Er schaut mich an und erwartet irgendeine Reaktion.

»Ich weiß es einfach nicht. Wir sind Rubaiyat, oder?«

Ich räuspere mich. Wir rauchen More. In dieser Jahreszeit rauchen wir immer, und weil wir finden, daß More-Zigaretten stark aussehen, haben wir uns diese Stengel mit Mentholgeschmack angewöhnt.

»Weiß, was du meinst, El.«

Er schaut mich an, als ob ich überheblich wäre, aber trotz seiner beharrlichen Versuche, die Party zu sprengen, noch ehe sie angefangen hat, habe ich durchaus Verständnis für seinen momentanen Ennui.

»Ehrlich!«

Elvis nickt; er akzeptiert meinen zweiten, etwas leidenschaftlicheren Versuch und hüllt mich in eine mentholduftende Rauchwolke.

»Weiß nicht, Carty, mein Freund. Vielleicht mach ich was. Such mir ne kleine Wohnung in Sefton Park. In London vielleicht.«
Er späht unter seinem Pony hervor und pustet sich die Strähnen aus den Augen.
»Muß irgendwas machen. Das fuchst mich alles hier.«
Dafür, daß Elvis und ich so eng befreundet sind, kenne ich ihn eigentlich nicht besonders gut. Wir machen eine Menge zusammen, aber wir reden unter der unausgesprochenen Voraussetzung miteinander, daß es Grenzen gibt, die nicht überschritten werden dürfen. Also ist es nur eine Vermutung, wenn ich sage, daß er ein Dealer ist. Wahrscheinlich Schmalspur, wahrscheinlich nur Shit und Speed. Ich glaube nicht, daß er ein Verbrecher ist. Für jemanden, der meines Wissens noch nie im Schweiße seines Angesichts sein Geld verdient hat, ist er immer gut bei Kasse, aber ich hatte noch nie das ausgeprägte Bedürfnis, ihn zu fragen, was er macht. Und je länger das so geht, desto lieber ist mir, daß ich es nicht weiß. Er ist immer gleich. Sogar als Mum starb, hat er sich verhalten, als wäre das nicht geschehen. Er hat es nie direkt erwähnt. Ich glaube, ich wußte das zu schätzen. Jetzt sitzt er da und erzählt mir, daß er wahrscheinlich für immer aus meinem Leben verschwindet, und ich weiß nicht einmal genau, ob es jemals eine Freundin gab oder wie viele Geschwister er hat. Ich weiß, daß er der älteste ist, ich weiß, daß sein Dad tot ist, und ich weiß, daß er mit sechzehn in Ford abgehauen ist. Wie auch immer, ich muß ihm zustimmen. Wir sind beide unterwegs zum selben Ort. Nach nirgendwo.
Im »Alfresco's« ist schwer was los. Entlang der ganzen gegenüberliegenden Wand erstreckt sich ein Tapeziertisch voller Essen, das keiner will. Unter dem Tisch winden sich verstohlen die Paare, die morgen gerne das Bürogespräch wären.
Sommaferien unnes Weihnachtsbesäufnis.
Der alte Bob hat wie immer recht. Und er ist nicht da. Er ist jetzt

aus dem Krankenhaus entlassen worden und erholt sich von etwas, das nach Aussage der Ärzte kein Herzinfarkt war, sondern nervöse Erschöpfung. Bob McNally, den gesetztesten, stabilsten Mann, den ich kenne, schmettert im Alter von dreiundvierzig Jahren ein Nervenzusammenbruch nieder. Ich begutachte die verschrumpelten Sandwiches und die Teilchen, deren Vanilleguß hart geworden und von Zigarettenkippen genotzüchtigt worden ist, und angele mir vorsichtig ein paar Truthahnschnitten und zähe Makkaroni. Alles schmeckt nach gar nichts.

Elvis steht an der Bar und redet mit einer Punk-Braut von der Ortskrankenkasse. Sie hat was von einer Möchtegern-Siouxsie – wenn man sich Siouxsie mit fünfundneunzig Kilo vorstellen kann. Sie trägt dieses wahnsinnige schwarze Augen-Make-up zu Massen von schwarzgefärbtem Haar und blauem Lippenstift, aber sie ist nicht ganz unattraktiv. Ihre enorme Oberweite ist in ein Samtmieder geschnürt und deutlich sichtbar zur Schau gestellt. Auf dem Hocker neben den beiden sitzt ein Kaugummi kauendes Scheusal, das sich von der Bar abwendet und gelangweilt vor sich hin starrt und das ich für ihre Freundin halte. Ihr fleischiger Kopf ist komplett rasiert, und sie trägt ein zerrissenes Ronnie-Biggs-T-Shirt und den unvorteilhaftesten kurzen Kilt, den ich je gesehen habe. Sie sieht aus wie Divine. Ich muß sie unbedingt vögeln.

Ich pirsche zur Bar, bestelle ein Lager, wende mich Divine zu und sage: »Hi! Was trinkst du?«

Sie schaut mich mit unverhohlener Verachtung von oben bis unten an, steigt von ihrem Hocker, marschiert fett, wie sie ist, davon, und ich darf den Büromädchen und -jungen beim Spielen zusehen. Vor mir tobt gerade eine der wirklich schlimmsten Tanzereien, die ich je gesehen habe. Orchestral Manœuvres sind inzwischen so beliebt, daß sich sogar die Ärsche vom Grundbuchamt zu »Electricity« austoben. Sie haben ein ekstatisches Amüsiergrinsen im starren Gesicht, stoßen mit Knien und

Ellbogen zusammen und werfen in lächerlicher Weise den Kopf herum, was sie offenbar für »modernes« Tanzen halten. Ich würde zu gerne mitmachen, mit Divine als Partnerin, aber leider will sie nichts davon wissen. Neben mir steht eine hübsche Blonde und wartet auf Bedienung, und ich sehe, daß sie mir im Spiegel schöne Augen macht. Ich kenne sie, aber ich weiß nicht, woher. Was solls. Ich fange an, mit den Augenbrauen zu wackeln, damit sie das im Spiegel sieht und lachen muß.

Sie lacht. »Du bist Paul Carty, oder?«

»Der bin ich, Madame«, sage ich und küsse ihr die Hand.

Sie kichert.

»Und Sie sind?«

»Du erinnerst dich sicher nicht an mich. Ich war auf der Mädchenschule, als du rausgeschmissen wurdest.«

»Ich bin nicht rausgeschmissen worden. Ich bin abgegangen.«

»Tut mir leid. Alle Mädchen haben gesagt, du seist rausgeschmissen worden, weil du einen Lehrer niedergestochen hast.«

»Ich glaube, wenn ich einen Lehrer niedergestochen hätte, hätte man mich nicht rausgeschmissen, sondern eingesperrt.«

»Tut mir leid.«

»Hör auf, dich zu entschuldigen, und sag mir, wie du heißt.«

»Annabel Stiles. Ich war ein Jahr über deiner Clique.«

»Mit denen bin ich zwar im selben Bus gefahren, aber ich bin nicht mit denen rumgezogen.«

»Tut mir leid.«

Sie legt die Hand auf ihren Mund und kichert. Sie ist wirklich sehr hübsch. Schwer zu sagen, ob sie ein bißchen naiv ist oder eher dieser geile Pony-Club-Typ aus Gayton. Ihr Kleidungsstil läßt vermuten, daß ihre Mum bei der Garderobe noch ein Wörtchen mitzureden hat – ein Taftkleid ist nicht so ganz das Richtige für diese wüste Staatsdienerfete. Aber jedenfalls ist sicher, daß sie sehr nett ist und daß es nicht schaden kann, mit ihr zu reden. Ich drehe mich zu ihr hin und widme ihr meine vollste Aufmerksamkeit.

»Was ist denn da *wirklich* passiert?«

»In der Schule?«

»Hmhm ...«

Ihre Augen weiten sich, als würde sie irgendeine schauerliche Beichte über Opium oder Homosexualität erwarten. Hier bietet sich eine Taktik an, die ich eine ganze Weile nicht angewendet habe. Als man bei Mum gerade Krebs diagnostiziert hatte und besonders, nachdem sie gestorben war, habe ich mich bei verletzlichen Mädchen als verschlossene, tragische, introvertierte Figur ausgegeben, die irgendwie über Teenagerscherze hinaus und mit einem tiefen, melancholischen Mystizismus behaftet ist. Ich war der sensible Typ. Sie sind jedesmal darauf reingefallen. Wenn ich auf Partys nicht genug beachtet wurde, habe ich mich einfach an ein Fenster gestellt und hinaus ins Nichts gestarrt. Mit Sicherheit ist irgendein himmlisches Wesen zu mir gekommen und hat mich gefragt, was los ist. Und ich habe dann so getan, als habe sie mich aus einer ganz angenehmen Träumerei gerissen.

»Ach ... nichts«, habe ich mit dünnem Lächeln gesagt. Dann pflegten wir uns hinzusetzen, und ich habe mit allen grauenhaften Details erzählt, wie meine schöne Mutter vor meinen Augen innerhalb weniger Monate dahingeschwunden ist. Die Mädchen haben dazu gramgebeugt genickt und nicht gewußt, was sie sagen sollten.

»Wenn man das durchgemacht hat, dann sind diese Kinderpartys ... irgendwie ... es ist schwer, mit Leuten in Kontakt zu kommen ...«

Ich war großartig darin, verstört zu tun und Sätze in der Luft hängen zu lassen. Aus den verschiedensten Gründen waren die Mädchen einmütig bereit, ihr Fleisch auf dem Altar meines Leidens zu opfern. Annabel Stiles macht offenbar nicht jede Mode mit, oder sie weiß das alles schon. Die Wahrheit ist, im ersten Semester der Mittelstufe bekam Mum bestätigt, daß sie Krebs hatte, und plötzlich leuchtete mir der

Sinn von zwei weiteren Schuljahren nicht mehr ein. Also habe ich aufgehört. So war es. Ich bin einfach nicht mehr hingegangen.

»Ich bin einfach nicht mehr hingegangen.«

»Warum nicht?«

»Wenn deine Mum an Krebs stirbt, kommt es dir sinnlos vor, zur Schule zu gehen.«

Noch jetzt gefällt mir die Erschütterung, die sich immer einstellt, wenn jemand die Tragweite dieser Situation erfaßt.

»Tut mir leid ... Ich meine ... Scheiße! Paul, ich hatte keine Ahnung. Mein Gott.«

Sie dreht sich um und rennt zur Toilette. Scheiße! Das war zuviel! Viel zu plastisch für ein nettes Mädchen wie Annabel. Verdammt. Ich frage mich, ob ich ihr nachgehen soll. Scheiß drauf! Überall finden sich die Pärchen. Ich beschließe, Elvis zu suchen und Feierabend zu machen. Dann sehe ich sie. Suzy sitzt gelassen an der kleinen Cocktailbar am anderen Ende des Lokals. Ich glaube nicht, daß sie mich gesehen hat. Schlagartig entsteht mein Plan.

Ich habe vor, sie aus der Entfernung zu beobachten und den richtigen Moment abzuwarten. Sie schaut ständig auf die Uhr. Wahrscheinlich bleibt sie nicht lange. Ich bin überrascht, daß sie überhaupt hier ist. Vielleicht ist sie hinter jemandem her. Wie auch immer, ich möchte sie nicht aus den Augen verlieren. Es gefällt mir, sie anzuschauen. Sie ist eine anmutige, schöne Frau mit einer äußerst verführerischen Haltung. Sie ist voller Grazie – unnahbar, aber mit einem Anflug von Verletzlichkeit. Ich könnte sie die ganze Nacht anschauen, aber sie zündet sich eine schwarze Sobranje an, packt ihre Tasche, gleitet von ihrem Hocker und ist weg. Ich gehe ihr sofort nach, aber sie ist verschwunden. Die Riegel am Notausgang sind offen, also flitze ich hinterher, aber draußen sehe ich nur einen sehr jungen Buchhalter, der sich übergibt. Scheiße. Nun habe ich auch sie verloren. Ich will wieder hineingehen, aber eine blecherne Autohupe und blinkende Scheinwerfer halten mich

zurück. Mit Mühe erkenne ich einen 2CV, der vor den Birkenhead News parkt, und ich gehe vorsichtig auf ihn zu. Das Fenster wird hochgeklappt. Es ist Suzy, und sie versucht, geheimnisvoll auszusehen.
»Suchst du jemand Bestimmten?« neckt sie mich. Ich sage nichts und versuche, mit einem leidenschaftlichen Blick zu antworten. Sie hält ihm stand. Sie lehnt sich zur Seite und öffnet die Beifahrertür. *Ich* bin also die verdammte Beute. Plötzlich bin ich mir nicht mehr sicher, ob ich noch eins von Suzys seltsamen Scheißspielchen haben muß. Ich habe nicht das Gefühl, daß ich Herr der Lage bin. Ich werfe ihr einen kurzen, bösen Blick zu, schüttele den Kopf und gehe wieder hinein.
Ich suche Divine, die von den Red Witches völlig hinüber ist, und überrede sie zu einem Schmusetanz. Lionel Richie weiß gar nicht, wie recht er mit »Three Times a Lady« hat. Meine Arme reichen nicht um sie herum. Sie behandelt ziemlich unsanft meine Hoden und sabbert an meinem Hals herum. Gute Aussichten auf eine Nummer.

9. Dezember 1979

»Klas-se Schwanz!«

Das brüllt inzwischen der ganze Zug. Hardy und Baby haben sich gestern nachmittag im Eros-Kino an einer der gehobenen Kunstformen ergötzt, einer Doppelvorstellung mit den deutschen Pornos »Ächz« und »Der Fischhändler«. Sie sind immer noch voll bei der Sache, wenn sie davon erzählen, und sie haben uns eine Kostprobe der unzweideutigen Dialoge aus »Ächz« geboten.

»Hmmm ... guter Pimmel!«

»Soll ich dir den in deine Muschi stecken?«

»Hmmmm ... Ich will diesen Süßen ganz in mir drin haben.«

»Ja?«

»Ja.«

»Du willst, daß ich dir meinen Schwanz reinstecke?«

Aufs Stichwort springt die ganze reisende Schauspiel- und Erzählertruppe auf, holt Penisse in unterschiedlichen Dimensionen hervor und schreit: *»Klas-se Schwanz!«*

Am Anfang war es zum Schreien, aber jetzt geht es mir auf die Nerven. Typisch für Tranmere, einen guten Witz zu Tode zu strapazieren. Ich versuche, das Thema zu wechseln, indem ich zu Elvis hinüberschreie, der an seinem Fensterplatz im Waggon C des Transpennine Sprinter leer in die Landschaft hinaus starrt. Noch heute ist mir nicht ganz wohl dabei, Elvis zu verarschen, aber was solls!

»Und, El, erzählst du uns jetzt, was gestern abend die ganze Heulerei sollte?«

Elvis funkelt mich dreckig an, aber es ist zu spät. Die Kumpels sind schon voll dabei.

»Wie war das, El? Hast du wieder kleine Mädchen erschreckt?«

»Glaube nicht, daß man die ›klein‹ nennen konnte, Herzchen. Beim allerbesten Willen nicht.« Elvis erzählt bereitwillig, wie wir die beiden strammen Punk-Bräute mit in seine Wohnung genommen haben. Er nennt sie Glatzenschlitten und Siouxsieschlitten.

»Also, ich liege da irgendwie im Bett mit dem Siouxsieschlitten, und irgendwie gibt es *Unmengen* von ihr. Sie hat sich über mein ganzes Bett ausgebreitet. Ich weiß nicht, welches Teil von ihr ich zuerst rannehmen soll. Und irgendwie riechen ihre Titten nach Eiern. Das waren große, dicke, dreckige Lollos. Und an den Seiten runter große abgefuckte Dehnungsstreifen ...«

»Elv, hör auf, ich kriege nen Ständer!«

»Klas-se Schwanz!«

»Und, äh, die Heulerei, Elvis. Warum hat sie geheult?«

»Muß die immanente Schönheit dieses Anlasses gewesen sein. Die Poesie meiner Technik hat sie wahrscheinlich irgendwie berührt.«

Er wird mit zusammengedrehten Zigarettenschachteln und leeren Dosen bombardiert.

»Dieser verdammte Carty hat mich aus dem Konzept gebracht. Es ist schon schwer genug, in Stimmung zu kommen, wenn man ein Stück Wabbelspeck pimpern soll, auch ohne daß dieser Arsch nebenan seine Christy-Gymnastik macht. Was hast du mit ihr angestellt? Sie gewürgt?«

Es ist schon richtig, daß ich achtlos und brutal über Divine gerutscht bin. Ein wahrer Haßfick. Es hat ihr trotzdem verdammt gut gefallen.

Ich genieße meine Rolle in dieser links angehauchten Begegnung und lehne mich zurück, während Elvis den Zug mit einer getreuen Wiedergabe von Divines Sound-Effekten unterhält: »Ooh! Gottgottgott-jajaja-fickfickfick-schwanzschwanzschwanz.«

»Klas-se Schwanz!«

»Der nächste, der klasse Schwanz sagt, muß das hundertmal schreiben!«

»Also, Elvis, wars nicht so, daß Carty dem Glatzenschlitten sonstwas verpaßt hat, während das andere arme Luder heult, weil du keinen Ständer kriegst?«

Elvis denkt darüber nach.

»Irgendwie so was«, sagt er dann. »Du versuchst, dir vorzustellen, daß du Debbie Harry pimperst – und dann schaust du runter, und es ist Hattie Jacques ...«

»Booooah! Supermöse!«

»Ich habe nur gespürt, wie ich ganz sanft in ihr versinke. Und das wars dann.«

Wieder wird er mit Abfall bombardiert. Christy und Tony sind dabei, und obwohl John Godden nicht gerade um ihre Gesellschaft buhlt, ist die Stimmung prächtig. Surrealerweise fährt der Zug quietschend in den Bradford-Interchange-Bahnhof ein, dann rückwärts wieder hinaus und denselben Weg zurück, den wir gerade gekommen sind.

Glücklicherweise hat Batesy eine Erklärung parat: »Wißt ihl, Haliwax is so tiepf im Tal, daß die Neigung fül stinknolmale Schienen zu gloß is, deshalb muß del Zug wenden und ilgendfie in einem anderen Vinkel an Haliwax lanfahlen. Desvegen fahln fil jetzt lückwälts aus Bladford laus. Damit die Langielgleise umschalten können.«

Wir starren ihn sprachlos an. Niemand sagt ein Wort, bis Marty das Schweigen bricht. »Das ist faszinierend, Batesy. Nicht wahr, Jungs? Absolut faszinierend.«

Alle lachen und begraben Batesy unter einem Hagel von Kopfnüssen. Wir sind heute eine verdammt gute Crew; zum Teil, weil es der Cup ist, aber auch, weil sich die Kunde von den Auswärtsspielen mit The Pack allmählich herumspricht. Eine ganze Menge Mitläufer aus Orten wie Moretown und Leasowe, die schon lange mit Woodchurch und Ford auf Kriegsfuß stehen, haben von den Scousers die Quittung für die Sache zwischen Liverpool und Birkenhead bekommen. Sogar wenn sie für Liverpool oder Everton sind, werden sie in Moorfields oder Limey nach dem Spiel angegriffen, und viele von den Jüngeren gehen inzwischen lieber zu Tranmere.

Als wir uns Halifax nähern, kommen drei oder vier Hochhausblocks in Sicht. Hochhausblocks sind ein guter Maßstab, wenn man wissen will, wie hart eine Stadt sein wird. Die hochwuchernden, schweigenden Wohnblocks in der Vorstadt von Doncaster zum Beispiel legen beredtes Zeugnis davon ab, daß es ein rauher Nachmittag mit streitsüchtigen Yorkshire-Kretins werden wird. Auch Northampton, das sich mit seinen nackten Betonwolkenkratzern mitten in Mittelengland hineinquetscht, ist ein Ort, wo es ganz sicher Krach geben wird. In solchen Orten wartet wirklich aller erdenkliche Scheiß auf einen. Aber auch wenn die Hochhäuser ein nützlicher Indikator sind – er ist nicht unfehlbar. Chester sieht trügerisch nett aus mit den Fußwegen und den Balkonen von Newtown, die man als erstes sieht, wenn man aus dem Bahnhof kommt. Aber Auswärtsspiele sind dort kein Zuckerschlecken. Und obwohl die Skyline von Halifax nicht übermäßig von dräuenden Mietskasernen dominiert wird, wissen wir, daß es dort abgelegene, unterbelichtete Siedlungen wie Mixenden gibt, wo dreiäugige Subbies ihre Kinder fressen und sich den ganzen Tag in der Wolle haben, um die Zeit totzuschlagen.

Wir trotten aus dem Bahnhof hinaus, die Juniors wie gewöhnlich vorneweg. Die anfängliche Spannung hält gerade eben eine Minute an, denn der permanente Sprühregen und die völlige Abwesenheit irgendwelcher Halifax-Anhänger macht sie sofort zunichte. Meine neuen goldfarbenen Breitcord-Lois schneiden mir in die Hüften und in den Bauch, sie machen mich fertig. Ich hätte meine eigentliche Größe haben können, Bundweite dreißig, aber die war ein bißchen zu weit und hat meinen Arsch nicht gut zur Geltung gebracht, also habe ich mich in eine achtundzwanziger gezwängt und mir eingeredet, daß sie prima sitzt. Nicht, daß hautenge Jeans noch besonders modern wären. Ich habe im »Apple« eine ganze Menge Odgies gesehen, die diese seltsamen Inega-Carpenter's-Jeans anhatten, am Knöchel eng und an den Beinen weit. Sexy Rexy's ist so ungefähr der einzige Laden, wo ich die gesehen habe, aber ich bin mir bei diesem ganzen Look nicht so sicher – Keilsohlen und gestreifte Tops und alles. Es ist ein bißchen *zu* albern. Sexy Rexy's ist trotzdem der Knaller. Die sind auf dem besten Weg, in der ganzen Liverpooler Szene die Trends für junge Männermode zu setzen. Vor ein paar Wochen hatten sie diese gemeinen gelben Razzys im Schaufenster, mit einem Schild, auf dem stand: »Nur für eine Woche angesagt!« Daneben hing ein anderes Schild: »Warum frieren? Bei jedem Lois-Kauf ein Superpulli umsonst!« Das wird alles noch böse enden.

Um mir etwas Erleichterung zu verschaffen, öffne ich den obersten Knopf meiner Cordjeans, dann renne ich den Berg hinauf, der Crew nach. Muß Scheiße sein, wenn man für Liverpool oder Everton ist und Chelsea, Arsenal und Manchester United immer einen Schritt voraus zu sein hat. Für uns ist es nicht so schwer, besser auszusehen als Scunny.

Oder als Halifax. Oben an dieser steilen Straße durch einen verlassenen Stadtteil steht ein Dutzend Jungen. Ich weiß nicht, wie viele von Tranmere die bei einem Cup-Spiel erwartet haben, aber unsere Crew ist eindeutig ein Schock für sie. Für einen Moment stehen sie vor Angst gelähmt da, als ob die Römer kämen, dann rennen sie weg in Richtung Stadtzentrum. Einige von The Pack – ich, Hardy, Danny, eine ganze Menge – fallen hinter den Rest zurück. Es fängt an zu schütten – kalter, eisiger Scheißregen.

Marty dreht sich zu uns um. »Los, kommt!« brüllt er. Vielleicht schämt er sich immer noch wegen Blackpool. »Da vorne sind sie! Da vorne sind sie! Los, auf sie!«

Wir schlurfen halbherzig los, um uns wieder anzuschließen. Ich habe überhaupt keine Lust auf das alles. Der Bund meiner Unterhose scheuert, und der Regen ist das reine Yorkshire-Grauen. Aber da ist noch etwas, etwas, das im Innern an mir nagt, das mich beunruhigt und mir sagt, daß ich gar nicht hier sein will. Ich versuche, alles durchzugehen, was in den vergangenen vierundzwanzig Stunden passiert und gesagt worden ist, aber ich kann es nicht benennen.

»Los, kommt!«

Marty. Er ist ein Teil des Problems. Ich wollte immer, daß er weiß, ich bin kein Idiot und ich bin es wert, dabeizusein. Ich glaube, ich übertreibe manchmal ein bißchen und übernehme mich. Ich nutze jede Chance, mit ihm zu reden, aber es kommt nicht viel von ihm. Als sich alle im Zug eingerichtet hatten, habe ich eine gute halbe Stunde lang nur mit ihm gequatscht – wirklich ein Privileg. Er sah mich nicht an, sondern spielte mit einem KitKat-Papier, starrte aus dem Fenster und sprach stockend davon, daß die ganzen normalen Leute, die Thatcher gewählt haben, sich inzwischen schon verarscht vorkommen müssen. Wir kamen auf das Thema Gewerkschaften. Er ist Vertrauensmann bei Cadbury's in Moretown, auch wenn er nicht gerade ein begnadeter Fürsprecher ist.

»Apropos Schafe im Wolfspelz – Transport and General Workers, Mann, verdammt zahnlos. Die Penner bei uns wollen wie immer alles mit der Geschäftsleitung machen. Laissez-faire-Ärsche.«

Das ist ein Typ! Für eine halbe Stunde ist er ein Demagoge mit lakonischem, aber leidenschaftlichem Bezug zum wirklichen Leben, zum Leben, wie es ist, zu den Hoffnungen und Träumen der Hoffnungslosen. Es ist, als hätte er, als er aus dem Zug stieg, das Kostüm gewechselt. Ich habe mich in seiner Nähe noch nie wohl gefühlt. Er schafft es immer wieder, daß ich mich als Person sehr unbedeutend fühle, und gerade im Moment weiß ich nicht genau, ob ich seine Art, die Wirklichkeit zu sehen, gebrauchen kann.

»Ich bin total fertig, Kumpel«, sage ich zu Danny Allen. Das ist kein Scherz. In letzter Zeit habe ich gemerkt, daß ich viel zu schnell außer Atem gerate. Der Berg hat mich geschafft.

»Hast dich wohl zu stark verausgabt, als du diesen Schlitten genagelt hast.« Danny lacht.
»Muß wohl so sein.«
Kurz vor dem Zentrum von Halifax kommen wir zu einem Pub, »The Rose and Crown«, in dem es zumindest Anzeichen menschlichen Lebens gibt. Drinnen ist Licht. The Pack ist langsamer geworden. Keine Spur von Halifax-Anhängern.
Ausnahmsweise sage ich etwas außer der Reihe: »Los, kommt!« und bleibe vor dem Pub stehen. »Wir werden verdammt noch mal einlaufen, wenn wir weiter im Regen durch die Gegend rennen. Ich bin schwach auf der Brust. Ich brauche Whisky!«
Ich betrete den Pub. Ich bin so dumm, mich geschmeichelt zu fühlen, als eine ordentliche Crew einschließlich Marty mir folgt. Godden tigert mit einer kleinen Crew weiter, zu der erstaunlicherweise plötzlich auch ein hyperaktiver Elvis gehört.
Auch Christy geht mit ihnen. Was werden die sich als nächstes einfallen lassen? Der Juniortrupp begibt sich auf seinen üblichen Raubzug, während der größte Teil unseres Kontingents sich so geistreichen Beschäftigungen wie Billardspielen, Chipsmampfen und Scheißereden widmet. Batesy wählt in der Jukebox The Police. Komischerweise muntert mich das auf.
Zehn Minuten später kommt Elvis allein zurück. Er ist kaum imstande, Luft zu holen. »Ihr müßt kommen und euch das ansehen! Ihr werdet es nicht glauben, Kumpel!«
Was wir auch tun, Elvis ist der Hysterie nahe, und wir bringen außer den Worten »Doctor Who, Kumpel!« nichts aus ihm heraus. Er bricht auf dem Fußboden zusammen und verzieht in komischer Agonie das Gesicht, während wildes, lautloses Gelächter seinen mageren Körper durchzuckt. Batesy tritt ihn unbeholfen, aber er meint es gut. Es wirkt. Elvis reißt sich für einen Moment zusammen.

Er zupft mich am Ärmel. »Komm mit und schau dir das an, Carty, Kumpel! Du wirst dich bepissen. Los, komm!«
Die meisten Jungs ignorieren ihn und machen weiter ihren Kram, aber eine beträchtliche Zahl trinkt aus und bricht Richtung Stadtzentrum auf. Als wir in eine kopfsteingepflasterte Seitenstraße einbiegen, fängt Elvis wieder an zu kichern. Er führt uns zu einem vornehm aussehenden Hotel, dem »St. James«. Am Fuß der Treppe steht eine bunte Reklametafel. Darauf steht: »Samstag, 9. Dezember. Siebte internationale Doctor-Who-Konferenz.«
Elvis bricht zusammen. »WaszumTeufelhabicheuchgesagt! Hahahahah! Die Scheißkrönung, was?«
»Äh ... ja!«
»Was soll das heißen, ›ja‹?«
»Klasse. Doctor Who und so. Prima.«
»Er ist verdammt noch mal da drin!«
»Wer?«
»Doctor Who!«
Jetzt fangen wir zu lachen an.
»Los, komm, Elvis«, sagt Marty und streckt die Hand aus. »Rück das Speed raus!«
Elvis packt mich wieder am Ärmel, zieht mich die Treppe hinauf und durch die Drehtür in das Hotel. Ich gebe den anderen ein Zeichen, daß sie mitkommen sollen. Ein zuvorkommender Portier, der aussieht wie Benny Hill, kommt auf uns zu.
»Der Rest der Gesellschaft, Sir?« fragt er. Gott weiß, was für einen Blödsinn Elvis ihm aufgebunden hat.
»Jawohl, mein Freund, das sind wir. Die Vierte Doctor-Who-Huldigungs-Gesellschaft aus Bramley.«
Wir sind sprachlos. Elvis steckt Benny eine Pfundnote zu, führt uns alle zwanzig eine einzige Treppe mit tiefpurpurroten Stufen hinauf und nickt einer – ehrlich gesagt – gräßlichen Frau zu, die hinter

einem improvisierten Pult sitzt und die Eintrittskarten kontrolliert.

»Die Bramley-Gesellschaft, Alma. Schon bezahlt«, sagt Benny.

Sie studiert ihre Liste. »Wirklich? Ich habe hier keinen Vermerk.«

Benny zwinkert Elvis zu. Der alte Profi. »Die Rechnung ging übers Hotel. Hat die Firma bezahlt.«

Das scheint Alma zu beruhigen; sie winkt uns durch, und als Marty an ihr vorbeikommt, wirft sie ihm einen furchterregend lüsternen Blick zu.

»Bis später, Liebes!« knurrt der. Alter Charmeur. »Was wärs dir wert, das Grauen zu pimpern?« flüstert er mir zu.

»Du oder ich?« Ich kichere. Die Jungs. Aber allmählich werde ich munterer.

Elvis rennt vorneweg. Er will unbedingt seine Entdeckung präsentieren, und seine Schultern beben unter einer neuerlichen Humorattacke. Im Festsaal sind ungefähr hundert Leute, und bis auf einige wenige haben sich alle als Doctor Who verkleidet. Sie stehen zu dritt oder zu viert ganz zwanglos herum, nagen an Sandwiches und tauschen zweifellos den neuesten Doctor-Who-Klatsch aus. Es ist mit Sicherheit eine der merkwürdigsten Veranstaltungen, die ich je gesehen habe.

Zu meinem Entsetzen entdecke ich, daß Marty ein Gespräch mit einem gewaltigen rotgesichtigen Mann anfängt, der seine Doctor-Kluft mit einem eindrucksvollen weißen Stetson-Hut abgerundet hat. Gott bewahre, hoffentlich legt sich O'Connor jetzt nicht mit der Texas-Abteilung an. Ich habe noch Stuart Hall in bester Erinnerung und will schleunigst vermitteln.

»Ja, das ist die reine, heilige Wahrheit, Mann. Jon Pertwee hat auf ›Strawberry Fields Forever‹ Mandoline gespielt, stimmts nicht, Carty?«

»War es Mandoline oder Harfe?«

Der korpulente Amerikaner reißt die Augen auf und kritzelt diese sensationellen Neuigkeiten auf ein Spitzendeckchen aus Papier.

»Bitte, wie war doch gleich Ihr Name, Sir?«
»Marty. Marty O'Connor.«
Sie schütteln sich die Hände.
»Marty. Ich bin John, aber Sie können mich Stew nennen.«
»Sagen Sies nicht! John Stewart, stimmts?«
»Äh, nein, aber hey – kein Problem. Hören Sie, Mack.«
»Marty.«
»Was halten Sie davon, als Gast der Ortsgruppe Texas der Gesellschaft nach Austin, Texas, zu kommen und zu unseren Brüdern über die überraschenden neuen Beweise für Jon Pertwees frühere Tätigkeiten zu sprechen? Wir werden natürlich für alle Ihre Ausgaben aufkommen, und ich bin sicher, daß wir uns auch um, äh, weitere Bezüge kümmern können. Wie wärs?«
Der fette Typ wackelt lasziv mit den Augenbrauen, weil er glaubt, daß er Marty in Versuchung gebracht hat.
Der tut so, als würde er es sich überlegen, und dann grinst er breit. »Wär klasse, wann gehts los? Stew!« sagt er und streckt seine Hand aus. Stew ignoriert das und quetscht Martys kräftigen Körper in einer erstickenden Umarmung zusammen. Kurz bevor der den Geist aufgibt, läßt Stew ihn los und kritzelt etwas auf eine Visitenkarte.
»Ich bin am Freitag wieder in Austin. Muß unterwegs noch nach London, England, und Dublin, Irland, also warte vielleicht noch ne Woche. Aber ruf mich an, Mack! War sehr beeindruckend mit dir.«
»Ganz meinerseits, Stew. Ganz meinerseits.«
Sie umarmen sich wie alte Saufkumpane. Stew steckt die Karte in Martys Brusttasche und walzt davon, um nach weiteren interessanten Who-Jüngern zu suchen.
Ich drohe Marty mit dem Finger. »Nicht gerade das Benehmen eines internationalen Sozialisten, Mr. O'Connor.«
»Was ist? Der Arsch hat wahrscheinlich zweitausend Quadratmeilen bestes Ölland, das sein Opa den Mexikanern geklaut hat, und ich soll

Hemmungen haben, eine Reise abzustauben? Der sollte mich verdammt noch mal einstellen!«

Ich schüttele in gespielter Verzweiflung den Kopf, aber eigentlich hat mich Martys Unterhaltung mit Stew sehr amüsiert, denn ich würde einem Bruder aus Übersee ausschließlich mit serviler Hilfsbereitschaft begegnen. Wir schauen uns nach den anderen um. Marty grinst und schubst mich. Elvis sitzt in lächerlicher Haltung auf einem viel zu hohen Barhocker. Er ist in ein Gespräch mit Tom Baker vertieft.

Ich schaue Marty an und verdrehe die Augen. »Was zum Teufel redet der mit *dem*?«

»Wahrscheinlich will er ihn dazu bringen, daß er mit zum Spiel kommt.«

Bei dieser Vorstellung muß ich laut lachen. Rührenderweise hat mein Gekicher Marty hinreichend ermutigt, auf diesen blöden Scherz noch eins draufzusetzen: »Wäre die erste Crew, die mit Tardis zu Auswärtsspielen fährt.«

Diesmal muß ich mir ein Lächeln abquälen, also gebe ich ihm zu verstehen, daß wir zu Elvis und seinem neuen Freund gehen sollten.

Als wir näher kommen, höre ich, daß Elvis penetrant auf Mr. Baker einpredigt: »Denken Sie mal darüber nach, Tom! Tun Sie es nicht einfach so ab! Das würde dem gemeinen Mann die Wissenschaft wieder nahebringen. Sie wären ein Held!«

Tom Baker lacht sich tot. »Ich weiß wirklich nicht«, japst er, »ob der gemeine Mann bereit ist, Doctor Who aus dieser Perspektive zu sehen.«

Elvis lacht auch; er weiß, daß er verloren hat, aber er versucht es weiter: »Warum nicht, Tom? Der Doctor ist ein Wissenschaftler. Stimmts?«

»Korrekt. So in etwa.«

»Und das ist doch gewissermaßen ein Experiment?«

Wieder lacht Tom Baker schallend und ansteckend. »Vergessen Sie es! Wollen Sie was trinken?«

Elvis gibt sich geschlagen. Er lächelt, hebt die Schultern und bittet um einen Wodka mit PLJ. Kleiner Kretin! Klaut meinen Drink, um den Doctor zu beeindrucken! Marty und ich treten näher heran. Es ist ein ganz besonderes Gefühl, hier an der Bar in einem Hotel in Halifax herumzustehen und mit Tom Baker zu quatschen.

»Das sind meine Freunde, Tom: Paul und, äh, Martin. Sie sind große Fans.«

Tom gibt uns die Hand und lädt auch uns zu einem Drink ein. Ich hätte furchtbar gerne einen, aber ich lehne ab. Marty bestellt einen doppelten Jamieson.

»Euer höchst amüsanter Kamerad hier wollte den Doctor überreden, eine Living Science Roadshow durch die Provinz zu unternehmen.«

Ich ziehe eine Elvis-ist-verrückt-Grimasse. Marty stellt sich zwischen mich und Tom.

»Was hat er vor, Doc? Was spielt er für ein Spiel? Wenn er eine Ohrfeige braucht, sagen Sies mir einfach!«

Tom Baker betrachtet seinen Drink. »Ha! Nein, glaube ich nicht. Es geht um Grundsätzliches. Der junge, äh, Elvis hier will mir klarmachen, was für wissenschaftliche und kulturelle Werte der Gesellschaft flächendeckend vermittelt werden könnten, wenn der Doctor übers Land fahren würde, äh ... Elvis?«

»Seine Fürze anzünden. Das wäre *die* Show!«

Tom Baker und ich lachen schallend darüber, aber Marty ist still. Er wartet nur auf eine Pause, damit er sich wieder einschalten kann. »Komischerweise bin ich als Ehrengast zur Austin-Konferenz eingeladen worden, Tom. Der frühe Doctor Who ist so ein bißchen mein Spezialgebiet, und, äh, Stew hat auch mit diesen frühen Sachen zu tun, und er hat mich eingeladen, eine Vorlesung zu halten ...«

»Stew?«

Marty schaut sich verzweifelt nach dem dicken Texaner um, dann fällt ihm die Visitenkarte ein. Er zieht sie blitzschnell hervor und reicht sie Tom. Doctor Who schaut sie an und lächelt und liest laut vor. »Stew

Pidd – leichtgläubiger Yankee. Ich glaube jeden Quatsch, den man mir erzählt. Schönen Tag noch!«

Ich kann mich nicht beherrschen und kreische wie ein Sittich, aber glücklicherweise lachen Elvis und Tom auch. Zum allererstenmal erlebe ich, daß Marty rot wird und nach Worten sucht. Er sieht verdammt lächerlich aus.

»Vielleicht sehen wir uns da, Martin!« sagt Tom, tippt an die Krempe seines großen Filzhutes und wendet sich zum Gehen. Ein paar Meter von Elvis entfernt bleibt er stehen, hebt ein Bein, schnipst sein Feuerzeug an und läßt einen stürmischen Furz fahren, der blitzartig eine lodernde Stichflamme bildet. Dann schlendert er davon, ohne sich umzudrehen. Gut gemacht, Doctor!

Am anderen Ende des Saales gibt es eine Art Aufstand. Doctor-Who-Doppelgänger stoßen zusammen und stolpern, und einige strangulieren sich mit ihren Schals. Danny und Hardy kommen herüber und kichern.

»Schau dir das an, Kumpel!« sagt Hardy.

»Alles unser Werk!« erklärt Danny. »Haben die ganzen Scheißschals zusammengeknotet. Scheißchaos!«

Dieser bescheuerte Hohlkopf! Dieser Danny Allen ist eine Gefahr für die Gesellschaft.

»Ist sowieso Zeit, daß wir verschwinden«, sagt Marty und schaut auf die Uhr.

Ich erlaube mir eine Vermutung: »Mart, Mr. Pidd gehst du nicht mehr suchen, hä?«

Seine Ohren werden ein bißchen rot, aber er zwingt sich zu einem Lächeln. »Ich kann schon Spaß vertragen.«

Niemand sagt etwas.

Wir danken der unbeschreiblich mißratenen Alma überschwenglich und stürmen die Treppe hinunter, durch die Drehtüre – und hinein in einen Hexenkessel. Die Halifax-Crew wendet uns den Rücken zu. Sie haben sich in einer Ecke der kopfsteingepflasterten Straße zusammengerottet, ziehen sich aber langsam zurück, weil überall um sie herum Ziegel, Gläser und Steine fliegen. Es sind noch nicht alle draußen aus dem »St. James«. Halifax kennt uns noch nicht.

»Los, komm, Carty! Wir pirschen uns ran.«

Mein Magen zieht sich zusammen. Mein Herz schlägt wild. Ich kann kaum atmen. Mein Gaumen wird trocken, und im Hals spüre ich bittere Galle. Weiter vorn kann ich jetzt Billy Powell, Christy, Baby und jede Menge andere Jungen sehen, die sich vorsichtig auf die Halifax-Firma zubewegen. Sie wirken völlig durchgedreht. Billy sieht Marty und sagt etwas zu den anderen. Das gibt ihnen offenbar den Antrieb, den sie brauchen. Sie stürmen durch die Fußgängerzone, und die von Halifax drehen sich auf dem Absatz herum und rasen los. Marty und Batesy rennen und schreien unverständliches Zeug. Ich und Elvis und die anderen folgen ihnen und versuchen, Halifax den Weg abzuschneiden, ehe sie die nächste Seitenstraße erreichen. Wir landen ein paar wütende Tritte und schleudern einige von ihnen gegen die Schaufensterscheiben, aber sie erreichen die große Einkaufsstraße und verschwinden. Batesy nimmt zusammen mit Tony Byatt die Verfolgung auf, sieht aber nur, wo sie geblieben sind. Billy kommt zu uns, und er wirkt sehr zornig. Er kommt direkt auf Marty zu. Er sieht aus, als würde er gleich weinen.

»Sie haben euren Damien mit dem Krankenwagen weggebracht«, sagt er und druckst herum.

Marty sagt nichts, also stelle ich die Fragen.

»Was ist passiert?«

»Irgendein Gorilla hat ihm die Klinge verpaßt.«

»Ist es schlimm?«

»Weiß nicht. Glaube, er hat sie in die Seite gekriegt. Kann alles getroffen haben.«

Christy kommt angerannt; er sieht ernst aus. »Ihr solltet mal da rüber

kommen und euch John ansehen! Ich glaube, er ist erstochen worden oder so. Überall Scheißblut.«
Marty steht wie angewurzelt da. Ich gehe mit Christy. Danny zögert und kommt dann nach.
»Was war denn los, Christy, Kumpel?«
»Weiß der Teufel. Wir hatten überall in der Stadt kleine Crews, aber irgendwie ist der Mob von denen auf die Juniors losgegangen. Die dachten, das ist unsere Hauptcrew. Powelly ist zurückgekommen und hat John gesehen und so, aber wir waren zu wenige.«
»Diese Crew war doch Scheiße! Ihr hättet sie leicht fertigmachen können!«
»Die haben ein paar Neandertaler dabei, Mann. Die wissen, wie man das macht. Bewaffnet und alles, jede Menge Klingen.«
Ich schüttele besorgt den Kopf. Allmählich ist unser Ruf besser als wir selbst. John Godden sitzt im Eingang eines Wettbüros und hält sich die Seite, sein Gesicht ist schmerzverzerrt. Er will mich wegschicken, aber ich knie mich hin und fühle seine Stirn. Es gelingt mir, den Reißverschluß seiner Peter-Storm-Jacke zu öffnen und seinen Pullover hochzuziehen. Er hat seine Hand in die Seite gepreßt und holt mühsam und in kleinen Zügen Luft. Es ist viel Blut da, aber man kann sehen, daß es aus einer kleinen schwarzen Wunde direkt unter seinem Brustkorb kommt. Die Klinge muß verdammt dünn gewesen sein, ein Stilett oder so was Ähnliches. Übel. Jedenfalls hätte Godden schon vor zehn Minuten im Krankenhaus sein sollen.
»Danny, Kumpel – kannst du mir einen Riesengefallen tun? Ich weiß, du willst wie wir alle los und diese Ärsche aufstöbern und es ihnen geben. Aber jemand muß John ins Krankenhaus bringen. Es ist irgendwie verdammt viel verlangt, aber – würdest du das tun?«
Ihm fällt ein tonnenschwerer Stein vom Herzen. Er gibt mir einen Klaps auf die Schulter. »Kein Problem, Kumpel. Ich bleibe bei ihm.«
Er saust davon, um eine Telefonzelle zu suchen. Goddens Lider zucken

bedenklich. Sein Gesicht ist leichenblaß. Batesy kommt zurück, sein Gang ist forsch, er wirkt äußerst aufgeblasen.
»Oben aupf dem Platz. Beim Busbahnhof. Gloße Bielkneipe.«
Alle stehen jetzt in respektvollem Abstand um uns herum und schauen Godden und mich besorgt an. Marty steht noch immer wie angewurzelt da und schaut zu Boden.
Danny kommt zurückgesprintet. »Alles im Griff. Paar Minuten.«
Ich danke ihm und gehe zu Marty. »Was willstn jetzt machen, Mart?«
»Unseren Damien. Ist doch nurn kleiner Blödmann. Tut keiner Fliege was.«
»Wahrscheinlich sind sie deswegen auf ihn los. Du weißt doch, wie diese Tiere sind. Subbies. Wir müssen das machen, Marty! Wir müssen diesen Landeiern eine Tracht Prügel verpassen, die sie nie vergessen werden! Los, komm! Für Damien!«
Marty wirft mir einen eiskalten, kastrierenden Blick zu, den nur ein Außerirdischer aus den Tiefen seiner schwarzen Seele ans Licht zerren konnte. Ich habe gerade Haß gesehen. »Versuchs doch mal! Du weißt doch nicht, wovon du redest!«
Er wendet sich kurz an unsere Crew. »Gehen wir!« sagt er ruhig.
Gegen meinen Willen durchströmt mich Adrenalin. Ich würde alles für ihn tun.
Die kopfsteingepflasterten Straßen von Halifax sind dunkel und glänzen im Dezemberregen. Wir folgen Batesy zu einem großen, belebten Platz, der gleichzeitig der Busbahnhof und das intellektuelle Herz der Stadt zu sein scheint. Massenhaft Leute quatschen da herum, und Marty ist wohl kaum in der Stimmung, einen Unterschied zu machen.
An einer Ecke des Platzes ist ein großer Pub. Als wir in Angriffsentfernung sind, will Batesy, der seine Aggression nicht mehr kontrollieren kann, einen Sprechchor anstimmen. Marty dreht sich jäh um und macht eine beschwichtigende Geste. Eine kleine Pakistani-Gang

braucht eine idiotisch lange Zeit, um uns aus dem Weg zu gehen, wobei sie durchblicken lassen, daß sie sich nicht für jedes Gesindel in der Stadt bewegen. Sie werden schnell und unauffällig erledigt. Drei von ihnen gehen zu Boden. Eine alte Dame, die ihre Hilfe anbietet, wird von den Freunden der Pakistani angespuckt.

Vor dem Pub scherzen zwei kleine Vorposten mit den Flittchen des Viertels herum. Sie sind von den großen und käuflichen Brüsten der Maiden so benebelt, daß sie uns nicht kommen sehen. Marty geht mit großen Schritten auf den größeren der beiden zu, hebt ihn hoch und schleudert ihn seitlich durch das Mittelfenster des Pubs. Die Mädchen schreien und gehen mit ihren Fingernägeln auf Marty los. Er knallt der ersten eine unters Kinn. Sie ist k.o. Die anderen und der zweite Vorposten hauen ab. Dabei haben diese Mädels wirklich Format. In Gedanken an die harten Scousers, die in die Stadt gekommen sind, ihre Kumpels verprügelt und den Laden übernommen haben, werden sie sich jetzt wochenlang einen runterholen.

Es gereicht Halifax zur Ehre, daß sie nicht gleich wie Idioten aus der Kneipe stürmen. Sie kommen langsam heraus und gehen kühl und sachlich auf uns zu, vorneweg sechs oder sieben große Rausschmeißertypen, große glatzköpfige Ärsche mit Schnauzbärten und eingelaufenen Wrangler-Jacken. Wenn es sechs- oder siebenhundert wären, wäre das auch egal, denn sie haben keine Chance. Einer ihrer Anführer sieht aus wie Freddie Mercury. Er muß tatsächlich schwer schlucken, wie sie es in Comics machen, und ich kann ein fürchterliches Grinsen nicht bezwingen. Er will loslegen und feuert Halifax an, anzugreifen, aber er weiß, daß er auf verlorenem Posten steht. Marty rennt los und knallt ihm eine; er trifft seine Nase, und der arme Gorilla taumelt zurück. Es gibt kein Halten mehr. Ich suche jemanden, an dem ich mich austoben kann. Da ist ein magerer Typ mit Dauerwelle, der aussieht wie dieser Kerl aus »Kes« im Hungerstreik. Dieser Schwachkopf springt vor dem Pub auf und ab, als wolle er es wirklich wissen und als sei es nur noch fraglich, wie viele von uns er umbringen wird. Der kommt mir recht. Ich sehe, wie er Frauen und Kinder umrennt und verduften will. Ich verfolge ihn, aber ich verliere ihn im Gedränge. The Pack schnappt über. Billy Powell, den ich immer für einen Knaben mit Prinzipien gehalten habe, hebt eine dolchgroße Glasscherbe auf und rammt sie einem Jungen in die Wange. Offenbar ist er wirklich Damiens bester Freund. Der Junge läuft benommen im Kreis herum und wimmert. Billy will es dabei nicht belassen. Er läßt sich Zeit. Mit bestürzender Ruhe tritt er den Jungen gezielt in die Seite und schlägt ihn auf seinen verwirrt eingezogenen Hinterkopf. Überall auf dem Platz geht es jetzt los. Halifax ist zersprengt. Sie haben nichts geboten, sie rennen nur in alle Richtungen weg: zurück in den Pub, in Busse, in Läden. Ich sehe Kes mit zwei Freunden wieder; sie wollen verschwinden, als hätten sie mit all dem nichts zu tun. Es fehlt nur, daß sie noch unschuldig pfeifen.

Ich tippe Billy an und zeige auf sie. »Los, komm! Die da haben noch nichts abgekriegt!«

Elvis und Batesy sehen, daß wir den dreien nachlaufen, und sie schließen sich uns an. Die drei Halifax-Teds kriegen mit, daß wir hinter ihnen her sind, und versuchen einen verzweifelten Billy-Whizz-Ausfall Richtung Grenze. Sie biegen in eine Seitenstraße ein. Wir sehen sie nicht mehr, aber wir folgen ihnen sicherheitshalber. Wir biegen in dieselbe Straße ein. Es ist eine Sackgasse, aber die drei rennen immer noch wie der Teufel. Am Ende der Straße gibt es nur einen Pub. Wir grinsen uns an. Wir hören auf zu rennen, gehen langsam auf sie zu und genießen diesen Moment. Sie hämmern wie verrückt an die Türen und an die Fenster dieses Pubs. Von drinnen hört man »A Message to You Rudi« dröhnen. Niemand öffnet. Die drei drehen sich um, drücken sich mit dem Rücken gegen die Pubtüren und wollen es auf eine Kraftprobe ankommen lassen. Ich gehe auf die Dauerwelle los. Ich mache einen kleinen Sprung und kicke ihn in die Eier. Er will nicht kämpfen. Er will es nur hinter sich bringen. Er klappt zusammen und hält sich die Eier.

Ich dresche auf seinen Nacken ein, und die Geräusche, die er von sich gibt, geben mir kurz zu denken – so eine Art Würgen oder Japsen. Ich beobachte ihn. Hinter mir höre ich seine Freunde schreien; sie flehen die anderen an, sie in Ruhe zu lassen. Ich habe das Gefühl, daß einer von ihnen der Kretin gewesen sein könnte, der Damien plattgemacht hat. Ich wappne mich gerade für die nächste Runde und suche eine ungeschützte Flanke, die ich bearbeiten kann, als mich etwas Hartes von hinten trifft. Mir brummt der Schädel. Ich kippe nicht um, aber ich taumele und mir wird schlecht. Vier Rausschmeißer mit großen glänzenden Schlagringen über ihren Handschuhen sind aus dem Pub gekommen und wollen es uns geben. Batesy tritt einen der Jungen in den Arsch, während Billy ihm die Hände vom Gesicht ziehen will, damit er reinschlagen kann. Er sieht, was mit mir los ist, tritt dem Jungen auf die Fingerknöchel und stürzt sich dann auf die Rausschmeißer. Er springt hoch und trifft den nächststehenden mit voller Kraft genau unter die Nase. Der Schock über den Angriff eines so kleinen Kerlchens entscheidet die Sache für uns. Sie wissen nicht, was sie machen sollen, drängen sich zusammen und winken uns heran, während sie sich sehr langsam in Richtung Pub zurückziehen – als wären Wildkatzen im Hof, die sie bei jeder plötzlichen Bewegung wieder anfallen könnten. Abgesehen vom Stöhnen der drei Halifax-Ärsche auf dem Boden ist es still. Einer kommt auf die Knie. Batesy legt ihn mit einem mörderischen Tritt in die Gedärme wieder flach. Er hat ihm bestimmt etwas zertreten. Die Rausschmeißer stürmen wieder auf uns zu. Da fliegt Elvis mit blitzendem Stanley herbei. Das reicht. Jetzt haben sie die perfekte Entschuldigung für ihre Flucht, und drei von ihnen retten sich in den Pub, während der vierte und langsamste sich einen Schnitt quer über den Arsch einfängt.

Elvis folgt ihm in den Pub, fuchtelt wild herum und kommt Sekunden später wieder heraus und gackert: »Die haben sich im Scheißhaus eingeschlossen. Hatte die Tanzfläche für mich allein.«

Wir lachen verhalten und bezweifeln das, dann räumen wir allmählich die Szene. Elvis tritt noch einen der kriechenden, hustenden Halifax-Jungs gegen den Hals, dann gehen wir weg. Wir sind mit unserer Arbeit zufrieden.

Auf dem Platz herrscht inzwischen das Chaos. Überall wimmeln die Bullen herum, schnappen sich jeden beliebigen Kerl und sperren alle in den Mannschaftswagen. Wir drehen uns um, gehen denselben Weg wieder zurück und biegen nach rechts ab in die Parallelstraße. Es ist ein bißchen riskant. Wir müssen an einer ganzen Reihe finster aussehender Pubs vorbei, und mit unseren Frisuren, den leuchtenden Jumbos, Skipullovern und grünen Peter-Storm-Hosen sind wir nicht gerade unauffällig. Es muß für diese rückständigen Leute schon merkwürdig sein, von uns hochgenommen zu werden. Wir sehen bestimmt ziemlich ... kurios aus.

Als ich vor uns einen Halifax-Mob sehe, geht mir der Arsch ein bißchen auf Grundeis, aber Elvis weist mich darauf hin, daß die wahrscheinlich eine Scheißangst vor uns haben. Die würden vor uns vieren wegrennen, wenn wirs drauf anlegten. In so einem Moment ist es toll, Elvis dabeizuhaben. Sein Selbstvertrauen ist nicht zu übertreffen. Erst wenn ich vergesse, daß seine Arroganz auf der Prämisse beruht, daß ein Subbie in weiten Hosen einem nichts tun kann, renne ich vielleicht weg. Aber im Moment, mit ihm, sind wir unverwundbar.

Der Weg aus der Stadt zum Stadion ist sehr merkwürdig; er führt über einen baumbestandenen Boulevard und an prachtvollen alten Häusern vorbei, ähnlich wie die in Oxton, aber aus gelbweißem York-Gestein. Ich bin jetzt sehr erleichtert, daß ich den Plan, es mit Suzy zu treiben, nicht durchgezogen habe. Die Menge vor uns schert in eine scharfe Linkskurve ein, und vor uns liegt The Shay, die Arena von Halifax. Vor einem Pub taucht erfreulicherweise Martys rote Birne auf, und die anderen von The Pack erzählen alle Geschichten noch einmal, wobei sie lachen, sich den Hals wund schreien und Prügelgesten vorführen. Die Jungs lassen uns sogar hochleben, während wir siegreich winkend auf sie zusteuern.

»Verdammte Scheiße, Jungs, Hardy hat gemeint, die haben euch eingelocht!« schreit ein jetzt wesentlich besser gelaunter Marty. Batesy zeigt ihm die Beule auf meinem Kopf. Danny holt Bier. Die Nachrichten aus dem Krankenhaus sind nicht schlecht. Damiens Verletzungen sind nur oberflächlich, weil er ein dickes, fünfundvierzig Pfund teures Marc-O'-Polo-Sweatshirt unter seinem Skipullover trug. Sie haben ein bißchen genäht, und er muß sich ausruhen. John geht es schlecht, aber er wird es überleben. Erst jetzt gestehe ich mir ein, daß er dort hätte sterben können.

Das Spiel ist ein Knaller, und zur Abwechslung macht es allen Spaß. Einschließlich der Kutten sind wir bestimmt vierhundert, und ich bin sicher, daß unsere laute, betrunkene stimmliche Unterstützung Tranmere hilft, unter Sumpfbedingungen durchzuhalten und wenige Minuten vor dem Schlußpfiff einen 2:1-Sieg zu erzielen – freundlicherweise ermöglicht von einem Kopfball des fliegenden Mark Palios. Halifax unternimmt einen schwachen Versuch, das Spiel durch Stürmen des Platzes abzubrechen, aber Marty und Batesy halten unsere Crew zurück und wollen nicht, daß wir einschreiten. Der Schiri läßt eine Ewigkeit nachspielen, aber die Rovers halten durch und schaffen es in die dritte Runde – zum erstenmal seit 1971, als wir Stoke zu Hause vor fünfundzwanzigtausend Zuschauern besiegt haben.

Der zweitgrößte Beifall des Tages erhebt sich in der Halbzeit, als Damien mit einem Arm in der Schlinge und mit breitem Grinsen auf unserer Seite auftaucht. Marty gibt ihm einen kleinen Stoß, ist aber offensichtlich froh, daß sein kleiner Bruder in Ordnung ist. Damien erzählt, daß der diensthabende Arzt ihn unbedingt über Nacht dort behalten wollte und daß er das Krankenhaus auf eigene Verantwortung verlassen hat.

Er zeigt auf seine Adidas Barrington Gold, und seine Stimme ist schrill vor Empörung: »In Halifax bleiben! Scheiße! Damit diese ganze Subspezies mitten in der Nacht auf meinen Klamotten rumkriechen und die abzocken kann!«
John Godden hat Damien aufgetragen, daß wir im »Rose and Crown« auf ihn warten müssen. Er will versuchen zu verschwinden, sobald sie ihm den Tropf abnehmen. Das paßt uns gut, wo doch die Auslosung für die nächste Runde um fünf nach fünf live in der Sportschau kommt und Tranmere drin ist. Die Bullen haben andere Vorstellungen. Die wollen, daß wir im Stadion bleiben, während sie versuchen, einen rachegeilen Mob aus verrückten Yorkies zu zerstreuen. Aber wir sind mehr als scharf darauf, ihnen dabei zur Hand zu gehen. Wir werfen uns gegen die alten Bohlentore und merken, wie sie unter unserem Gewicht nachgeben und schließlich splittern. Der gebeugte alte Torordner, der diesen Toren wahrscheinlich an jedem ersten August ein bißchen blaue Farbe verpaßt und der noch nie mit ansehen mußte, wie sein Stadion mit so viehischer Mißachtung behandelt wurde, tut mir ein bißchen leid. Schließlich gibt es einen Knall, eine richtige kleine Explosion, die wahrscheinlich von den zerspringenden Ketten kommt, die Tore bersten, und wir stolpern übereinander hinaus auf die Straße.
Wir, die Polente und das Rachekomitee von Halifax spielen ein bißchen Katz und Maus, aber unsere Crew wird anstelle der örtlichen Jungs ganz schnell zum bevorzugten Zielobjekt der Bullen. Wir entwischen ihnen ganz leicht und nehmen wieder die Verfolgung auf. Halifax hat sich dank einiger Kübel Bier heißgeredet, aber sie wollen es nicht wirklich wissen. Vor einer Tankstelle auf der anderen Seite der Hauptstraße hält ein großer Mob Wache. Sie haben vergessen, daß es *ihre* Gegend ist und daß *sie* die Initiative ergreifen müssen. Sie brüllen uns an, schieben sich gegenseitig nach vorn und wollen losstürmen, aber dann bleiben sie abrupt stehen, als hätten imaginäre Polizisten sie

zurückgehalten. Aus irgendeinem Grund macht das Billy wahnsinnig; er beschließt, sich den ganzen Haufen vorzunehmen, flitzt über die Straße und brüllt sie an. Zu unserer großen Erheiterung ziehen sie sich zurück, aber dann umzingeln ihn ein paar dicke, draufgängerische Typen und fangen an, ihn mit ihren Gummistiefeln zu bearbeiten. Das reicht. Wir rennen über die Straße, und ehe wir auf zehn Meter herangekommen sind, sehen wir Halifax von hinten. Ich habe nicht die geringste Lust, ihnen schon wieder nachzusetzen. Ich will die Auslosung mitkriegen. Elvis auch. Etwa dreißig von uns eisen sich los, und wir erreichen das »Rose and Crown«, kurz nachdem die Auslosung angefangen hat.

»Wen hat Tranmere gekriegt, Kumpel?« zirpt Elvis einen ungehobelten knorrigen Menschen an.

»Ist noch nicht durch«, grollt der zurück.

»Interessiert mich unheimlich«, sagt Elvis und versucht unsinnigerweise, nach Yorkshire zu klingen.

Die Auslosung zieht sich weiter hin, aber plötzlich sind wir dran. Nummer siebenundzwanzig, zu Hause gegen ... Nummer drei. Eine Ewigkeit vergeht. Liverpool. Scheiße! Elvis und ich starren uns mit offenem Mund an und umarmen dann Hardy, Danny und alle anderen Jungs im Pub. Sogar der knorrige Mensch wird umarmt, aber sehr zu seinem Mißvergnügen.

»Gebt dem Mann hier einen aus!« verkündet Elvis und piekst mit dem Finger in eine der grauenhaften gelben Warzen des Mannes.

Das gibt Old Silas so ungefähr den Rest. Er trinkt sein Dünnbier aus und schnappt sich seine Tweedmütze, die auf der Bar liegt. »Ich habe bereits genug von Ihrer Gastfreundschaft, herzlichen Dank!« sagt er. Dann tattert er zur Tür, bleibt stehen, blinzelt mit rotgeäderten Augenlidern zu Elvis zurück und versucht, schneidend zu klingen: »Ich wünsche eine gute Nacht!«

Beim Hinausgehen tippt er an seine Mütze. Das war wohl das, was man mit »rauh, aber herzlich« meint, wenn von den vernünftigen, nüchternen, unfreundlichen Leuten in Yorkshire die Rede ist.

Nach und nach kommt die Crew in den Pub. Sie erzählen, daß sie den Gegner an einem Ort namens The People's Park erfolgreich in die Flucht geschlagen haben, aber unsere weit geilere Neuigkeit von dem Cup-Spiel gegen Liverpool zu Hause läßt sie verstummen. Immer mehr Leute zwängen sich in den Pub, die Kunde breitet sich aus, und plötzlich ist Weihnachten. Fröhliche Feststimmung kommt auf, alle holen Bier, und ich sehe, daß sogar die Thingwall-Jungs so mutig sind, mit Hardy und Baby zu debattieren. John Godden hätte keinen besseren Moment erwischen können, um zu seinen ehrenwerten Kameraden zurückzukehren.

Er wird mit lautem Beifall begrüßt, unter inzwischen klaustrophobischen Bedingungen findet sich ein Stuhl für ihn, und nicht weniger als acht Dutzend Mann holen seine Meinung zur Liverpool-Auslosung ein. Sie ist der allgemeinen Auffassung nach okay. John spricht gerade leise mit Marty über die Messerstecherei, von der er nur noch wenig weiß, da zieht Elvis einen Hocker heran und nähert sein Ohr Goddens Lippen.

Godden schaut ihn an. »Wasn?«

»Kooomisch!« ruft Elvis und dehnt das o eine Ewigkeit.

»Was?«

»Nein. Nichts.«

»Hör mal zu, du schräger Arsch, was zum Teufel ist los mit dir?«

»Du klingst nur – irgendwie – einfach okay. Wie zuvor. Ich hab gedacht, wenn die jetzt das ganze Yorkie-Blut in dich reinpumpen, dann sprichst du auf einmal mit Akzent.«

Es entsteht eine Pause, bis der Groschen fällt, dann bricht der ganze Pub zusammen.

Selbst Godden lacht unter Schmerzen. »Sehr witzig, du blöder Sack!«

Die Fahrt nach Hause verläuft sehr vergnüglich. Als wir in Lime Street einfahren, haben wir uns zu einer Crew leidenschaftlicher Scouse-Hasser hochgeputscht, und alle sind ganz wild darauf, die »Yankee-Bar« zu stürmen. Es gab noch nie eine bessere Crew oder eine bessere Gelegenheit, und entsprechend sind wir zutiefst enttäuscht, als über hundert von uns in diese legendäre Hochburg der Liverpool-Fans spazieren und feststellen müssen, daß sie gerammelt voll ist mit Leuten, die Weihnachten feiern, und betrunkenen alten Mädels, die Revolutionslieder singen. Im Hintergrund sitzen ein paar Kerle, die keinerlei Ahnung haben, wer zum Teufel wir sind. Sie wissen, daß wir mit dem Road End nichts am Hut haben, aber das »Yankee« ist auch nicht gerade der Ort, wo man erwarten würde, daß der Verein Everton sich umgänglich gibt. Schließlich kommt einer von ihnen zu uns herüber. Er hat eine grauenhafte Fresse mit bösen, schmalen Augen und einer Art Narbe an der Schläfe. Er macht einen auf Kumpel und fragt, wie das Spiel war.

Marty drängelt sich zu uns durch. »Wir sind Tranmere. Das ist es doch, was du wissen willst, oder, du Odgie-Arsch.«

»Tranmere.«

Er wiederholt einfach das Wort, läßt es sich stillvergnügt durch den Kopf gehen und verzieht das Gesicht. Er ist cool. Das Verhältnis hundertsiebzehn zu fünf macht ihn nicht im geringsten nervös. Häßlich, aber cool.

Batesy in seinem lobenswerten Heldenmut und seiner unverbesserlichen Dummheit steht auf: »Du hast gelade The Pack kennengelernt, Kumpel.«

Jetzt verziehe ich das Gesicht. Ich werfe Elvis einen Blick zu. Urplötzlich klingt das, als wäre unsere stahlharte, clevere Crew ein Haufen Schauspielstudenten, der Fußballrowdies spielt. Wieso müssen wir überhaupt einen Namen haben?

Der Scouse-Junge lächelt in sich hinein. »Gut, The Pack. Wir sehn uns dann!«

Er geht zu seinen Freunden zurück. Augenblicke später erhebt sich ein Riesengelächter. Ich blitze Marty an.
Er schüttelt den Kopf. »Mit fünf werd ich nicht fertig«, stöhnt er.
»Werden fünf von uns mit fünf von denen fertig?« Ich bin bereit. Dieser verwachsene kleine Kretin ist ein Kinderspiel.
Marty will nicht. »Hat keinen Zweck. Wir tun denen nur einen Gefallen.«
Ich weiß nicht, wieso, aber ich sage nichts.
Die fünf Scousers trinken aus und gehen ganz langsam Richtung Ausgang. Sie haben die Hände auf dem Rücken, große Schlagringe an den Fingern, über ihre Schultern hängen Wolfe-Lederjacken, und sie tragen schöne Turnschuhe mit Klettverschluß. Kein einziger trägt eine Peter-Storm-Hose – aus unserer Crew hat letzte Woche jeder eine gekauft. Wieder zu spät. Sie gehen herausfordernd und ziehen die Schultern hoch, und als sie an uns vorbeikommen, fällt mir auf, daß jeder eine Hand in die Tasche gleiten läßt. Sie nicken in Richtung Jukebox und lachen beim Hinausgehen.
Batesy wird wild. Er rennt hinter dem letzten her, tritt ihn in den Arsch und steckt sich einen Finger in den Hals. »Sagt den Alschlöcheln pfon der Southside, daß wil ewig in Limey lumgelauven sind und kein Alsch wolltes gesehn haben!«
Der Kerl schaut Batesy eine Weile an, dann sagt er: »Den Alschlöcheln pfon der Southside tut es leid, daß sie euch velpaßt haben.«
Das reicht. Batesy rammt ihm den Kopf in den Bauch, und am Eingang entbrennt ein Kampf. Batesy schlägt wild um sich und verliert schließlich eine Art Tauziehen, bei dem er versuchte, den Kerl zurück in die Bar zu zerren, während ihn seine Freunde von draußen befreien wollten. Obwohl Batesy irgendwie ein Aufschneider ist, gehört er zu uns, und er ist hart und der einzige, der angegriffen hat. Ich bin froh, daß er das getan hat. Ich habe den Ausdruck in den Augen des Scousers gesehen. Er war ein ganzer Kerl, aber er war es nicht gewöhnt, daß

Leute ihn anmachen. Das hat ihm nicht gefallen. Ich muß mich ernstlich fragen, ob wir gegen diese Brigade gewinnen können, wenn sie zu uns kommt.
In zweierlei Hinsicht habe ich Glück. Es gelingt mir, mich in einem Taxi nach Parkgate einzunisten – bei Sammy und Natasha, zwei Mädchen, die eine Klasse über Molly auf die Birkenhead Highschool gehen. Molly mag Natasha, und wir sehen oft, wie die beiden im »Old Quay« von Cricket-Club-Leuten umlagert werden. Aber es ist Sammy, die sich vor ihrer Haustür befummeln und mich an ihren Titten lutschen läßt, ehe sie sich einfach abwendet und mir schlicht eine gute Nacht wünscht. Ich schlafe im Wohnzimmer ein, während ich in Gedanken an sie wichse.

Weswegen Molly mir die Hölle heiß macht. Sie hat mich gestern abend mit der Unterhose um die Knöchel und einem schlaffen Ding zwischen den Beinen im Sessel vorgefunden. Seit ich die Drinks geholt habe, macht sie mich fertig.

»Eindrucksvoller Riemen, doch, Respekt. Riemen – ist das nicht ein tolles Wort. *Riemen.* Hmmm. So ein Riemen ist mir noch nicht begegnet. Du weißt tierisch gut Bescheid, oder?«

»Und ich will doch sehr hoffen, daß du noch gar keinen Riemen gesehen hast, wenns recht ist.«

»O bitte! Erspar mir die Nummer vom fürsorglichen großen Bruder. Natürlich hab ich schon Schwänze gehabt. Jede Menge!«

Ich schaue mich verlegen um. Es ist erst zwölf, und das »Old Quay« ist glücklicherweise noch leer.

Molly grinst mich schadenfroh an. »Willst du nicht wissen, ob ichs runterschlucke? Du willst doch wissen, ob deine kleine Schwester gut blasen kann, oder?«

»In Parkgate, Cheshire, wird nicht geblasen, Liebling. Sag nicht so dumme Sachen!«

»Wie soll ich es denn dann nennen?« Sie verfällt in einen sehr wenig überzeugenden Nerys-Hughes-Liverpool-Akzent. »Ein Flötenkonzert?«

Mit einiger Verspätung dämmert mir, daß sie wegen irgend etwas sauer auf mich ist.

»Was ist los, Schwesterherz?«

Sie verdreht die Augen zur Decke. »›Was ist los?‹ fragt er in aller Unschuld!«

Sie schaut weg und wartet auf eine Eingebung, dann blitzt sie mich wieder an.

»Ich meine, wie würdest *du* das finden? Wie würdest *du* es finden, wenn du eines schönen Abends heimkommst, und ich sitze da mit weitgespreizten Beinen und präsentiere meinen Busch?«

Ich bedenke das.

»Ich würde mein Ding wahrscheinlich sofort da reinschieben.«

Sie gibt mir einen Du-nimmst-mich-nicht-ernst-Klaps auf den Arm und wendet sich schmollend ab. Ich beuge meinen Oberkörper über den Tisch, setze meinen Hundeblick auf und versuche, ein Lächeln zu erzwingen. Ich erzwinge ein Lächeln.

»Komm schon, Moll! Was stimmt nicht?«

Sie seufzt ausgiebig. »Alles. Du.«

Jetzt drücke *ich* auf den Seufzerknopf. »Schau mal. Es tut mir leid, daß du mich in einer ... kompromittierenden Situation angetroffen hast, aber – weißt du, Jungens *machen* diese Sache. Wir wichsen. Ständig.«

Sie verzieht das Gesicht. »Das sollst du nicht. Weil es alle tun. Es ist billig. Du bist nicht einfach irgendein Junge.«

»Bin ich wohl.«

»Bist du nicht!«

»Doch!«

»Nein!«

»Doch!«

»Doch!«

»Nein!«

Sie quietscht vor Freude, weil sie mich reingelegt hat, dann zieht sie einen verächtlichen kleinen Flunsch und fixiert mich. »Was ist los mit dir?«

Ich tue so, als würde ich ernsthaft darüber nachdenken.

»Ich bin das Produkt einer unausgefüllten Generation«, sage ich dann. »Ich lebe für die Kicks. Ich lebe für mich.«

»Du weißt, daß das nicht stimmt.«

Sie macht mich wirklich fertig. Sie beugt sich vor und spricht jetzt mit nervtötend sanfter Stimme.

»Was soll das also? Was hast du denn nur, Paul?«
Das ist zuviel.
»Was ich *habe*? Ich glaube nicht, daß *ich* hier seziert werden muß. Ich *mache* was! Ich gehe aus. Ich interessiere mich für Sachen. Was habe ich denn! Was hast *du* denn! Oder besser: Was hast du nicht?«
Ich beuge mich vor für den Todesstoß und steche bei dem Wort ›das‹ mit dem Finger nach ihr.
»*Das* ist doch die Frage, oder? Hmmm?«
Ich recke das Kinn in die Luft. Ich bin mir meiner Sache nicht sicher, und ich bin nicht sicher, wie Molly reagieren wird. Ich wünsche mir von Herzen, ich hätte das nicht gesagt. Aber ich habe die Rechnung ohne die alte Giftspritze gemacht.
»Mir ist nicht ganz klar, was du mir hier vorwirfst, Paul. Wenn du damit andeuten möchtest, daß ich den Zustand der Jungfräulichkeit auch mit nur dem geringsten Anflug von Widerwillen beibehalte, dann irrst du dich vollkommen.«
So gelassen. Warum kann ich nicht so sein?
»Ich habe keine grundsätzliche Einstellung zur sexuellen Moral. Was mich angeht, so habe ich noch keinen Mann – oder Jungen – kennengelernt, den ich so mag und begehre, daß er mich ficken darf. Und wiederum, was mich angeht – und das ist entscheidend, wenn von meinem Verhältnis zur Sexualität die Rede ist –, ich sehne mich nicht so verzweifelt nach einem Schwanz, daß mir danach wäre, irgendeine der unzureichenden Personen, die ich bis jetzt kennengelernt habe, in der Nähe meiner Fotze zu dulden. Solange ich in dieser Angelegenheit noch eine Wahl habe, werde ich mich auf keinerlei Unternehmungen einlassen, die ich in meinem späteren Leben bereuen könnte. Wenn schon nicht ich fest daran glaube, daß ich etwas Besonderes bin, was soll dann der Rest der Welt denken? Noch was zu trinken?«
Und weg ist sie; ganz wilde rostfarbene Mähne und sexuelle Frustration geht sie zur Bar. Ich sehe ihr zu, wie sie durch den Raum schreitet,

ein aufgehender Stern, und ich spüre einen Knoten im Bauch. Ich bete sie an. Schade, daß sie meine Schwester ist.

Peter Elias, einer von den dicken Fischen im Büro, kommt mit einer kleinen, kugelrunden, schmallippigen Frau herein: seine Ehefrau, der jede Weiblichkeit total abgeht. Warum tun Frauen nichts dagegen? Schau dir Molly an, und schau dir die an! Und schau dir ihn an. Peter Elias, von allen Steuerhinterziehern in Birkenhead gefürchtet. Es ist ein ziemlicher Schock, ihn außerhalb des Büros zu sehen. Ich weiß noch, wie ich im Alter von etwa acht Jahren meine Lehrerin von der Primary School, Mrs. Sidall, im Co-op in Neston gesehen habe, wo sie fünfzehn Milchmarken verlangte. Es war unglaublich aufregend, ihr einfach so zu begegnen, wie sie da unabhängig von ihrer Gouvernantenrolle dem ganz normalen Leben nachging. Ich stand einfach da und starrte sie an, bis sie mich bemerkte und hallo sagte, woraufhin ich tief errötete und mich wahnsinnig in sie verliebte. Für Peter Elias empfinde ich nicht gerade dasselbe, aber der Gedanke, daß wir alle ein Teil derselben ulkigen, sinnlosen kleinen Welt sind, ist auf eine merkwürdige Weise befriedigend.

Natasha kommt herein und macht eine Riesenshow daraus, auf den Zehenspitzen zu stehen und den Pub nach jemandem abzusuchen. Ich winke sie herbei, wofür sie dankbar zu sein scheint. Sie setzt sich und schaut mich durchtrieben an. »Sammy war noch nicht hier, oder?«

Ich habe keine Geheimnisse. »Sie würde wahrscheinlich nicht hier bei mir sitzen.«

Natasha ist ganz gespielte Neugier. »Aha?«

Ich enttäusche sie nicht. »Ich fürchte, ich habe mich gestern abend skandalös benommen. Ich kann nicht erwarten, daß sie mir jemals verzeiht.«

Ich hatte Natasha noch nie für mich allein. Sie ist überwältigend – eine kleinere, boshaftere, weniger gespenstische Ausgabe der Morticia aus der Addams-Family. Derselbe stumpfe Cleopatra-Pony, langes schwarzes Haar, feuchte rote Lippen. Aber sexuell stand Natasha nie zur Debatte. Es ist allgemein bekannt, daß sie zum Totlachen und ziemlich wild ist, daß man aber nie eine Chance bei ihr hat. Obwohl ich das weiß, hält mich nichts von dem melodramatischen Versuch ab, ihr einen Leinwandkuß zu geben.

Natasha lacht und gibt mir einen freundschaftlichen Schubs. »Du Ekel! Was hast du meiner Freundin angetan?«

Ich sehe, daß Molly mit den Drinks zurückkommt. Ich zwinkere Natasha zu. »Ein Gentleman plaudert nicht.«

»Dann brauchst *du* dich ja nicht zu bremsen, Paul Carty!«

»Ich bewahre gerne einen gewissen Grad an Diskretion. Du wirst das zu schätzen wissen, wenn wir uns endlich unserem Schicksal fügen ... und ein Paar werden.«

Sie schnappt nach Luft, reißt die Augen auf und macht ein sehr empörtes Gesicht, aber sie kommt nicht zum Antworten, weil Molly die Drinks auf den Tisch knallt. Sie nimmt ihre Freundin kaum zur Kenntnis.

»Paul«, sagt Molly, »warum sprichst du mit diesem lächerlichen Akzent? Weißt du, Tash, er hat die O-Levels in neun Fächern, versucht aber zu klingen, als wäre er aus Woodchurch.«

Sie hat beinahe recht. Ich glaube, ich trage den Akzent manchmal zu dick auf, besonders wenn ich mit The Pack unterwegs bin, aber ich kann ihn für jede Situation variieren. Im »Gilmartin's« kann ich natürlich auch sehr vornehm sein. Ich will den Leuten nur das bieten, was sie wollen – oder wenigstens das, was sie erwarten. Vor Natasha übertreibe ich nur, weil alle vornehmen Mädchen es ein bißchen rauhbeinig mögen. Sie ist die Tochter eines Chirurgen, und sie bringt selbst einiges an Dialekt aufs Tapet.

Sie umarmt mich beschützend. »Och, er ist doch süß!«

»Das würdest du nicht sagen, wenn du seine Freunde kennen würdest und gesehen hättest, was sie angestellt haben.«

Ich wußte nicht, daß Molly auch nur einen blassen Schimmer von meinen außerplanmäßigen Aktivitäten hat. Ich möchte auf keinen Fall, daß sie das vor Peter Elias ausposaunt. Er kennt mich nur als sehr eifrigen jungen Mann, der spät das Büro verläßt und der von Bob McNally sehr gelobt wird. Es gibt nur einen Weg, sie von ihrem Steckenpferd herunterzuholen. Ich tue das sehr ungern, aber wenn es sein muß …

»Moll hat einen von ihren Heute-spielen-wir-Mum-Tagen. Sie hat das nur ein- oder zweimal im Jahr.«

Molly schaut mich mit bohrendem Blick an. Ich blitze genauso zurück.

»Aber sie soll sich nicht so plagen. Sie weiß, daß sie Mum nicht ersetzen kann.«

Moll sitzt einfach da und schaut mich ausdruckslos an. Ihre Augen füllen sich mit Tränen. Ich fühle mich wie ein Haufen Scheiße.

Natasha steht verlegen auf und räuspert sich. »Wenn du Sammy noch siehst, sag ihr, ich bin nach ›Red Lion‹ gegangen.«

Ich weiß nicht, warum, aber ich muß Molly noch mehr verletzen. »*Ins* ›Red Lion‹, Tash. Du bist in Gesellschaft, vergiß das nicht!«

Molly steht auf, und sie schafft es, ihre Haltung bis zum Damenklo zu bewahren. Natasha wirft mir kurz einen Blick zu und geht ihr nach. Ich schaue hinaus auf das Marschland und fühle mich mies. Wie konnte ich ihr das antun? Ich habe gewußt, daß es sie vernichten würde. Manchmal kann ich mich wirklich selbst nicht ausstehen. Das war nicht nötig. Ich hätte es runterschlucken und einen Witz darüber machen können, aber ich mußte mich verteidigen, ich mußte zurückschlagen. Was für ein erbärmlicher kleiner Arsch ich doch bin.

Natasha kommt zurück und stellt klar, daß sie nicht bleiben wird.

»Was hat sie gesagt?«

»Ach – nur, daß du alles bist, was sie noch hat, und daß sie zusehen kann, wie du ihr entgleitest. So Mädchenzeugs eben.«

Ich werde wieder rot. Natasha gibt mir ein Küßchen auf die Wange und geht. Molly kommt an den Tisch zurück. Sie tupft sich die Augen ab und lächelt matt.

»Tut mir leid«, sagt sie.

Ich schüttele den Kopf, nehme ihre Hand und fühle, wie meine Kehle sich zusammenzieht. Ich kann nichts sagen, also sitze ich da und schaue sie an und kämpfe schwer mit den Tränen. Molly küßt eine Fingerspitze und drückt sie an meine Lippen. Sie senkt den Kopf, um mir in die Augen zu sehen. Ihr Lächeln ist jetzt wieder fröhlicher.

»Ich habe dich eben so lieb«, sagt sie. »Bitte, laß mich nicht außen vor. Ich brauche dich. Noch.«

Ich lächele und wische mir die Augen mit meinem Ärmel ab. Sie bietet mir ein Taschentuch an. Ich schüttele den Kopf und nehme einen großen Schluck von meinem Bier. Ich atme tief ein und fühle mich besser.

»Ich weiß nicht, Moll. Ich muß mir über ein paar Sachen klarwerden.«

»Ja. Ich auch.«

»Sind wir wieder Freunde?«

»Immer.«

Wir bummeln Arm in Arm wie ein Liebespaar nach Hause und machen uns über alles lustig. Auf dem Parkplatz vor dem Cricket-Club nutzt ein rotgesichtiger Autonarr das letzte Abendlicht, um seinen Daimler zu waschen. Er holt geduldig schüsselweise Wasser aus dem Clubhaus und schüttet es über seinen Wagen.

»Vielleicht will er ihn aufwecken, was meinst du?« Molly kichert.

Darüber albern wir herum, bis wir zu Hause sind, und als wir heimkommen und Dad uns sagt, daß einer seiner alten Lieferanten das Haus kaufen wird, macht uns das nicht viel aus. Bis Ende März müssen wir ausziehen.

11. Dezember 1979

Elvis ist wirklich irgendwie seltsam. Er ruft mich im Büro an und sagt, daß er auf das Spiel heute abend keine Lust hat, aber daß er nichts dagegen hätte, später noch irgendwo hinzugehen – vielleicht sogar ins »Chelsea«. Tranmere gegen Rochdale an einem bitterkalten Montagabend kurz vor Weihnachten, ohne daß viel auf dem Spiel steht – das ist unter normalen Umständen durchaus keine große Versuchung. Außer, daß das eben unser Ding ist. Wir gehen zu den Tranmere-Spielen. Wir sind immer zu den Tranmere-Spielen gegangen, zuerst jeder für sich und nun zusammen, seit Jahren.

Ein Jahrzehnt lang schaue ich mir nun schon alle Variationen von Fußballzauberei im Prenton-Park-Stadion an. Mein erstes Spiel war im Februar 1969 gegen Bury, eine von nur drei Begegnungen, zu denen mich unser Nachbar Mr. Coleman mitgenommen hat, und seitdem gehe ich hin. Ich habe uns gegen Bradford Park Avenue und gegen Barrow spielen sehen, Vereine, die es schon lange nicht mehr gibt, aber nie gegen Accrington Stanley. Mir würde es nicht im Traum einfallen, ein Spiel zu versäumen. Während alle in meiner Klasse sich etwas darauf einbildeten, für Liverpool und Everton zu sein, und während ein paar widerliche Ketzer zu Leeds überliefen, nachdem die die Liga gewonnen hatten, bin ich loyal meinen Weg gegangen, ganz allein ins Prenton-Park-Stadion, um die Tranmere Rovers zu unterstützen.

Dieser flutlichtbeleuchtete und unwirkliche Freitagabendfußball hatte etwas Magisches, wenn Heldenfiguren wie George Yardley und Kenny Beamish in greifbarer Nähe verwegene Tore schossen. Im Vergleich dazu wirkten die seltenen Ausflüge mit meinen Schulkameraden nach Anfield steril.

Es war eine einzigartige Erfahrung. Ich ging dazu über, bei jedem Spiel an derselben Stelle zu stehen, auf der Borough-Road-Seite des Cow

Shed, aber ohne die Unterstützung von Freunden oder irgendeiner Gang habe ich es nie gewagt, die Jungs dort zu grüßen, die offenbar Stammgäste waren. War mir egal. Mir hat es gefallen, so wie es war. Es war ein Stück von mir, das mir allein gehörte.

Einer der Jungen, die ich damals immer gesehen habe, war Elvis. Elvis kam immer mit einer kleinen Crew von Gesinnungsgenossen, und sie verbrachten die meisten Spiele damit, im Stadion herumzustreichen, auf die Flutlichtmasten zu klettern, sich von hinten in die Snackbar am Open End zu schleichen und die Polizei und die auswärtigen Fans zu plagen. Er und seine kleine Crew gaben immer eine echte Sondervorstellung.

Einmal, so um 1974, brachte Blackburn einen ordentlichen Mob mit, der aus etwa einhundertfünfzig bulligen Soul Boys bestand, die alle weiße Pullover und beschichtete Bomberjacken aus Cord trugen. Ich fand, daß sie einwandfrei aussahen. Elvis war mit den Mini-Woodchurchs im Cow Shed. Damals gab es sehr oft Zusammenstöße in den Wohngebieten; große Mobs wie die North End Boot Boys und die Bomb Alley Boot Boys veranstalteten spektakuläre Überfälle auf das jeweils andere Territorium. Aber Elvis war zufrieden bei den Woody-Jungs. Jede Gang hatte eine Junior-Fraktion, und Mini-Woodchurch war die größte und berühmt für ihre Aggressivität. Die Mini-Woodchurchs kamen immer zu Tranmere. Vielleicht trieb es die kleinen Jungens aus Ford nach Liverpool oder nach Leasowe und Moretown, wo Everton seine Hochburgen hat – in Woodchurch war es geradezu eine Religion, eine allgemein gültige Überzeugung, daß man die Treue zu Tranmere hochhalten muß. Woodchurch, Rock Ferry, Downtown und North End bildeten den harten Kern von Tranmere, aber manchmal hielten sogar die es nicht für nötig, zu erscheinen.

Der Blackburn-Mob hatte am Open End keinen Gegner gefunden, ging einfach an der Borough-Road-Seite entlang und sah sich am Cow

Shed mit einem Haufen Zwölf- und Dreizehnjähriger konfrontiert, die mit hoher Stimme Sprechchöre schmetterten. Die von Blackburn blieben stehen und lachten schallend; sie taten so, als würden sie wegrennen, und als die Mini-Woodchurchs ihnen nachsetzten, blieben sie stehen und drehten sich lachend um. Einige Sekunden lang stand alles still, und die kleinen Woody-Skins hüpften angriffslustig auf der Stelle.

»Am Montag in die Schule!« sang der Blackburn-Mob, der diese tapfere kleine Firma immer noch komisch fand. Ich glaube, ich war zum erstenmal aufgeregt und wirklich mitgerissen von der Gewalt im Fußball, als die Woodchurch-Ratten, Elvis mitten unter ihnen, über die Blackburn-Typen herfielen und anfingen, sie zu verdreschen. Blackburn war nicht sicher, ob man sich gegen einen Haufen Kinder wehren darf, und zog sich auf die Ränge zurück. Elvis' Crew machte gnadenlos weiter, sie hoben die Betonklumpen und andere Trümmer auf, die hinten im Cow Shed herumlagen, und gingen damit auf das Blackburn-Kontingent los. Ich war fasziniert. Das war richtiger Underdog-Schrott, viel aufregender als das sture Schachmattspiel auf dem Rasen, und die Tranmere-Fans gewannen die Oberhand. Nicht lange. Blackburn gruppierte sich neu, stürmte auf die Woodys zu und trieb sie auseinander. Elvis und ein paar andere gingen noch einmal auf sie los, aber inzwischen hatten die vier diensthabenden Polizisten den Tumult umrundet und trieben die willfährige Blackburn-Firma zum Open End zurück.

»Scheiß-o-dies, lalala, Scheiß-o-das, lalala«, sangen die Mini-Woodchurchs zur Melodie von »Banana Splits«. Von Blackburn kam keine Antwort. An diesem Abend habe ich bis lange nach Mitternacht über die Ereignisse nachgedacht. Ich hatte noch nie einen Krawall aus dieser Nähe erlebt, und es war mit Abstand die interessanteste Sache, die ich jemals gesehen hatte.

Einige von Elvis' besten Momenten konnte ich in den letzten Jahren anläßlich meiner Wallfahrten zum TRFC im Vierzehntagerhythmus beobachten. Es war mein einziger Wunsch, die Crew kennenzulernen, mit ihnen zu den Auswärtsspielen zu fahren und die Rovers tüchtig zu unterstützen. Jetzt, wo sich dieser Wunsch erfüllt hat, bin ich mir nicht mehr so sicher, aber ich hätte nie gedacht, daß Elvis einmal keine Lust mehr hat. Ich glaube, ich habe immer gedacht, daß ich als erster aufgebe.

Ich gehe zu dem Spiel und stelle mich zu Batesy. Außer ihm und Billy und ein paar anderen sind die Jungs ein bißchen komisch zu mir. Während der ersten Halbzeit treffen mich ein paar Zigarettenkippen am Hinterkopf, und irgendwer spielt dieses öde Spiel, bei dem man jemandem auf die Schulter tippt oder ans Ohr schnipst, und wenn derjenige sich umdreht, starren alle geradeaus. Also drehe ich mich nicht um. Ich folge dem Spiel aufmerksamer als sonst. Es ist beschissen. Tranmere verliert 2:1, obwohl sie den größten Teil der zweiten Halbzeit im Torraum von Rochdale gespielt haben. Aber Durchbruchtore in beiden Halbzeiten entscheiden das Spiel für die Gäste, und beim Schlußpfiff applaudieren die fünfundzwanzig Kutten, die mitgekommen sind, frenetisch. Halbherzig wird erwogen, ob man sie versohlen soll – ein so unanständiger Schritt, daß man ihn beinahe unternehmen sollte. Dabei fragt keiner nach meiner Meinung zu diesem Thema. Ist das alles so, weil Elvis nicht da ist, um mir den Rücken zu stärken? Ich hoffe verdammt noch mal nicht, ihr blöden Nullen. Der Gedanke, einen Haufen anoraktragender Diplomingenieure einfach umzumetern, reizt mich trotzdem, aber keiner hat Lust dazu. Die Crew ist noch ein bißchen verkatert vom F.A. Cup, genau wie die Mannschaft.

Ich beschließe, zu Fuß in die Stadt zurückzugehen, wo ich mit Elvis im »Letters« verabredet bin. Das dauert nur fünfzehn Minuten, und ich habe Zeit zum Nachdenken. Hängt es wirklich von der Schirmherrschaft dieses verdammten Elvis ab, wie meine Stellung in The Pack ist? Ein wenig Eifersucht regt sich und Groll darüber, daß Elvis schon

Schritte unternimmt, um seine Situation zu ändern, während ich immer noch hier bin und immer noch ein paar arme Kutten aus Rochdale plattmachen will. Und das alles im Namen der Tranmere Rovers, deren gewählte Abgeordnete ebensogut ohne meine Dienste auskommen. Und was soll überhaupt diese ganze Gewalt? Was soll das alles? Keine Ahnung. Ich bin über sie nicht entsetzt wie die meisten Leute. Wie alle Leute. Ich bin sie einfach ... gewöhnt. Ich bin kein Dreckskerl, aber ... ich weiß einfach nicht, was an ihr so schlimm sein soll. Die Welt ist nun mal gewalttätig.

Glücklicherweise ist Elvis nicht selbstgefällig und überheblich, wie nur er es sein kann, wenn er gerade eine noch nie gehörte Band oder eine neue Turnschuhmarke entdeckt hat (Donnay ist sein neuester Fund). Ich hatte mich schon auf herablassende, fast mitleidige Fragen nach dem Spiel gefaßt gemacht und auf irgendeine großartige Offenbarung im Anschluß – etwa, daß er im Januar nach Prag fährt, um mit irgendeiner Gräfin zu leben, der man die bürgerlichen Ehrenrechte entzogen hat und die er bei einem Psychedelic-Furs-Auftritt in London kennengelernt hat, oder daß er in einem Kibbuz arbeiten will. Aber nein. Er ist still, teilnahmslos und sehr, sehr down.

Zwei Bier und zwei große Wodka können unsere Stimmung nicht heben. Elvis wird nur noch nervöser und beklagt sich, wenn ich nicht so schnell trinke wie er.

Dann rückt er damit heraus: »Meinst du, du kannst mir vielleicht mit nem kleinen bißchen Kies aushelfen? Nur so bis nach Weihnachten?«

Ich sehe bestimmt ziemlich erschrocken aus. Elvis hat *immer* Geld. Massenhaft Geld. Immer.

»Ist schon gut. Vergiß es!«

»Wieviel denn so?«

»Nee. Vergiß es!«

»Los, komm, ja? Du hast mich schon so oft rausgehauen.«

Ich ziehe ein paar klägliche Fünfer und sechs oder sieben neue glatte Pfundnoten heraus, die ich vor nur einer Stunde aus dem Geldautomaten in der Hamilton Street geholt habe und die säuberlich von einem Acrylclip zusammengehalten werden. Er schaut das Geld ein bißchen zu lange an, als habe er vor, es mir aus der Hand zu reißen und aufzuessen.

»Nein, ehrlich, Cart. Ich denke irgendwie ans Abhauen. Wirklich, irgendwie. Ich brauch Kohle für den Umzug, aber ich muß mir alles noch genau überlegen. Meine Birne ist einfach Matsch. Ich weiß nicht, was ich machen soll.«

Ich habe kurz das Gefühl, daß ich seine Hand nehmen sollte, aber ich kenne niemanden, bei dem es mir unangenehmer wäre, zärtlich zu ihm zu sein – abgesehen von meinem Vater. Elvis schlägt vor, daß wir den Club abhaken und auf ein Pfeifchen zu ihm gehen. Offensichtlich will er reden. Ich habe das Gefühl, daß ich noch nicht alles über seinen Hypothekenantrag weiß. Wir stecken über dem kleinen Herd in seiner Küche die Köpfe zusammen und schwärzen die breiten Klingen der Buttermesser in der Gasflamme. Vor ein paar Tagen habe ich es der schönen Sonia hier drin besorgt. Elvis und sie sollten sich zusammentun und sich gegenseitig mürbe machen. Das gäbe sagenhafte Kämpfe. Und ich könnte mitmachen und Sonia hinter seinem Rücken vögeln. Dann würde er sehen, wer der Boß ist.

Er setzt das Glas über die heißen Messer und formt den Shit zu einer rauchbaren Masse. Ich inhaliere gierig und halte den Rauch in der Lunge, bis ein taubes Gefühl der Übelkeit mich zwingt, ihn auszustoßen. Ich schnappe nach Luft, mir kommen die Tränen, und ich habe Probleme, das Gleichgewicht zu halten.

Ich höre Elvis gackern: »Halt dich senkrecht, altes Haus! In dem Zeug ist Opium drin. Immer mit der Ruhe! Du mußt das jetzt mal für mich halten.«

Ich führe die Klingen zusammen und drücke sie gegen das heiße

Haschisch, und eine gekräuselte Rauchwolke steigt in das Glas. Elvis inhaliert sie mit einem Zug, lächelt, indem er seine kleinen, gleichmäßigen, gelblichen Zähne zeigt, und atmet aus. Ein perfekter Meisterkurs im Shitrauchen.

Er legt eine Love-Platte auf. Ich kenne »Alone Again Or« und noch ein paar andere, aber Arthur Lee interessiert mich eigentlich nicht. Ich bin nicht besonders scharf auf so alte Sachen. Sogar Punk, der vor ein paar Jahren noch revolutionär war, kommt mir jetzt vor wie eine Karikatur. Ich weiß, daß Elvis das auflegt, um mich in die Schülerrolle zu drängen – in dieser Konstellation schneidet er immer gut ab.

Er zieht eine kleine Messingpfeife hervor, steckt ein Klümpchen Haschisch hinein, zündet es an und zieht wie wahnsinnig an der Pfeife, wobei er gelegentlich mit dem Daumen gegen den Trichter schnippt. Er tut das nicht länger als dreißig Sekunden, dann dreht er feierlich die Pfeife um und klopft mit dem Finger an den Kopf, um alle Reste zu entfernen. Er bricht einen weiteren Shit-Klumpen ab und reicht mir die Pfeife. Plötzlich empfinde ich ein starkes Gefühl der Bedrohung, der Enge – eine verwirrende Attacke von Angst und Panik. Ich muß hier raus.

Ich halte die flache Hand hoch, um Elvis zu zeigen, daß ich nicht mehr will. Er grinst durchtrieben, als wäre das eine Art Sieg für ihn. Er lehnt sich an einen großen Sitzsack, zündet die Pfeife wieder an und zieht krampfhaft an ihr, bis kein Rauch mehr kommt. Er hält für eine Ewigkeit den Atem an und stößt ihn dann böse lachend aus. Ich werde verschwinden, sobald er aufs Klo geht. Er starrt mich weiter an und lacht lautlos und keuchend, und seine viereckigen, gelben Zähne scheinen mich zu verarschen.

»Du glaubst wirklich, daß du ... draußen bist, oder?« fragt er langsam und bedächtig.

Mir sinkt das Herz in die Hose. Man sagt das so, mir sinkt das Herz in

die Hose, aber meines stürzt einige tausend Meter ab, als Elvis diese grausamen Worte an mich richtet. Jetzt wird mir alles klar. Wie er mir alles zeigt. Wie er mir Tranmere zeigt, The Pack; wie er mich mitnimmt ins »Cazza«, zu Peter Kavanagh, The Crack, Michel Claire, ins »Swinging Apple«, in Neil's Corner, zu Sexy Rexy, ins »Chelsea«; wie er mich überall eingeführt hat. Elvis, der mir zu Kultur verhilft, zu einem Charakter, zu meinem Leben. Und jetzt will er mir alles wieder wegnehmen.
Er kichert. »Aber du bist ... du bist.« Er keucht und versucht, die Schüttelkrämpfe zu unterdrücken. Er kämpft darum, ganze Wogen von Gelächter zu beherrschen. »Du bist der ... hahaha ... du ... bist ... es! Du bist hart an der Grenze, Mann ... hahahaha! Du bist einfach das Wahre!«
Ich will aufstehen und gehen, aber ich sitze wie angewurzelt da. Elvis beugt sich über einen Lautsprecher und holt ein geschnitztes Holzkästchen dahinter hervor. Die beschissene Allerweltsvorratskiste eines Hippies. Er nimmt ein Briefchen heraus, faltet es auseinander und springt dann mit einem athletischen Satz auf die Füße. Aus der Küche kommt er mit einer Pappklorolle und einem Stück Alufolie zurück. Sein Stanley hat er auch dabei. Aber keine Angst! Meine panische Verwirrung ist vorbei. Wenn Elvis es wissen will ... ich bin bereit. Bisher habe ich nie an so was gedacht, aber wenn es sein muß, kann ich den kleinen Arsch umhauen. Ich weiß, daß ich das kann.
Elvis schneidet die Papprolle mit seinem Stanley in zwei Hälften. Über das Ende der einen spannt er die Folie. Er sticht ein halbes Dutzend Löcher in die Folie und streut grobes, sandiges Pulver auf die Oberfläche. Er zündet das Pulver an, lehnt sich zurück, steckt das andere Ende der Papphröhre in den Mund und saugt langsam und vorsichtig daran. Noch immer hält er die Flamme über das Pulver am oberen Ende der Röhre. Wenig später läßt er sein Zippo-Feuerzeug fallen und sinkt zusammen. Er atmet tief und schläfrig, inhaliert den Rest der Asche und lächelt zu mir herüber. Der durchgedrehte, kichernde Affe von vor

einer Minute ist verschwunden. Elvis liegt mit starrem Blick da und lächelt mich einfach an.
Ich stehe auf. »Muß gehn«, sage ich und gehe.
Als ich gerade die Wohnzimmertür hinter mir zuziehen will, höre ich ein heiseres, aber eindringliches Flüstern: »Du bist es, Carty, Freund!«
Dann höre ich ihn weinen.

15. Dezember 1979

Ich treffe mich jetzt öfter mit Sammy. Nicht, daß das besonders viel bringt, außer der Mundbetätigung. Ich meine natürlich nicht ihr ständiges Gequassel – sie ist ganz zufrieden, wenn sie mit gespreizten Beinen auf ihrem kleinen, rosa Bett liegen kann und ich stundenlang an ihr herumschlecke, während uns die Teddys zuschauen. Sie japst und gluckst wie ein vergnügtes Baby, aber wenn ich auch nur die Spitze meines Penis in die Nähe dieses hochheiligen Schlitzes bringe, fällt sofort der Vorhang. Wo genau die ethische Grenze verläuft, weiß ich nicht. Versilbern mit der Zunge – gut. Köder versenken – schlecht.

Ich treffe mich mit ihr, damit ich etwas zu tun habe, etwas Regelmäßiges wie jeder normale Mensch, denn ich möchte mein Leben vernünftig ordnen. Ich sitze mit ihr gerade im »Old Quay«, oder richtiger, ich sitze ihr gegenüber, da kommt Molly herein und sieht schrecklich aus. Sie geht mit weitaufgerissenen, entsetzten Augen durch den Pub und sucht etwas. Mein erster Gedanke ist, daß sie auf einem Trip ist oder daß jemand sie angefixt hat.

Schließlich entdeckt sie mich, aber erst, als ich durch den halben Pub gegangen und schon fast bei ihr bin.

Sie spricht undeutlich und ein bißchen weggetreten: »Oh, Paul. Die haben gesagt, daß sie dich hier gesehen haben.«

»Wer ›die‹? Was ist los, Moll?«

»Die Jungen.«

Jetzt erst bemerke ich den abgerissenen Träger ihres schwarzen Lieblings-Super-Kleids, den Riß direkt unter dem Arm und die Kratzer an Schulter und Hals. Mein Herz fängt an, schmerzhaft zu schlagen.

»Moll! Was für Jungen?«

An unserem Tisch läßt sie sich auf einen freien Stuhl fallen und starrt

Sammy und mich einfach an. Mit verschreckten, verständnislosen Augen schaut sie durch uns hindurch.
»Die … sie …«
Es ist, als würde sie schlafwandeln. Sie wird unruhig, weil sie mir nicht sagen kann, was los ist.
Sammy bleibt überraschend cool. »Ich glaube, du solltest die Polizei rufen, Paul. Und einen Krankenwagen. Ich bleibe bei ihr.«
Wie elektrisiert springe ich auf, aber ich komme mir nutzlos und unbedarft vor. Sammy nimmt Molly in den Arm. Lange bevor ich mir auch nur erlaube, über die Möglichkeiten nachzudenken, hat sie es kapiert. Zugriff auf das Wort »Vergewaltigung« verweigert.
»Und, Paul, frag, ob eine Polizistin mitkommen kann!«
Ich nicke ausdruckslos.
Als ich vom Telefon zurückkomme, hat Sammy aus ihr herausgebracht, daß mindestens ein Typ während einer Party im Cricket-Club draußen hinter dem Gebäude über Molly hergefallen ist; vielleicht waren es auch mehrere. Sie ist nicht vergewaltigt worden, aber man hat sie übel zusammengeschlagen. Jetzt fällt mir wieder ein, daß Molly zu dieser Fete gehen wollte und mich gefragt hat, ob ich mitkomme. Ich habe diese grobknochigen Prinz-Andrew-Typen gefressen, die den Cricket-Club frequentieren, und deshalb das Angebot höflich abgelehnt. »Das wird böse enden«, habe ich gesagt.
In mir zieht sich alles zusammen. Ich weiß, daß ich hier mit Molly warten muß, aber ich würde so gerne hingehen, diese Schweine suchen und ihnen die Fresse polieren. Molly zittert heftig; sie hat keine Krämpfe, aber es geht entschieden in diese Richtung. Gleichzeitig nehmen Sammy und ich unsere Jacken von den Stuhllehnen und decken sie zu. Sie klappert mit den Zähnen und gibt einen gleichmäßigen, kaum hörbaren Heulton von sich, wie ein Hummer, der gekocht wird. Ich bin hilflos. Ich will sie festhalten. Ich will zum Cricket-Club.

Der Krankenwagen kommt noch vor der Polizei und nimmt mir die Entscheidung ab. Ich bitte Sammy, Molly zu begleiten. Weil Weihnachtszeit ist, könnte es sein, daß die Polente bis über beide Ohren mit saisonbedingtem Gemetzel beschäftigt ist. Das kann Stunden dauern. Ich erzähle Sammy, daß ich zu der Party gehen möchte, um herauszufinden, was wirklich passiert ist, um Zeugen festzuhalten und so weiter. Sie ist einverstanden. Ich sage ihr, daß ich Dad anrufen werde und daß wir so schnell wie möglich nachkommen.

So habe ich mich noch nie zuvor gefühlt. Ich bin aus Eis. Ich gehe eilig die paar hundert Meter vom »Old Quay« zum Club. Schon draußen vor der Hofeinfahrt höre ich die dröhnenden Bässe. Ich bin nicht wütend. Ich habe keine Angst. Mein emotionales Gleichgewicht schwankt in keine Richtung. Ich werde einen Job erledigen. Und ich werde nirgendwo hingehen und an nichts anderes denken, bis ich ihn erledigt habe. Ich biege in die Auffahrt ein und gehe mit großen Schritten auf das Clubhaus zu. Davor stehen eine ganze Menge Leute. Laute Stimmen. Eine weibliche Stimme und eine betrunkene, wiehernde männliche. Ich komme näher und sehe vier oder fünf Typen auf einer Mauer sitzen, die lachend und pfeifend die Auseinandersetzung verfolgen. Das Mädchen sieht mich, und etwa im selben Moment erkenne ich sie. Sie rennt auf mich zu und wirft sich schluchzend in meine Arme.

»Gott sei Dank! Oh, Gott sei Dank! Hat sie dich gefunden?«

Es ist Emily, eine Klassenkameradin von Molly, die in den letzten Jahren ein paarmal bei uns gewesen ist. Sie ist erwachsen geworden. Verdammte Scheiße. Sie ist schön.

»Boah! Langsam, Emily! Was ist hier los?«

Ehe sie antworten kann, kommt dieses blöde Gymnasiasten-Arschgesicht mit dem eckigen Kinn lächelnd auf mich zu. *Lächelnd.* Ich würde ihm unheimlich gerne mit einem Kricketschläger die Zähne einschlagen, aber er kommt lächelnd und selbstbewußt auf mich zu,

und er glaubt, dieses Stück Scheiße glaubt, daß er mir etwas erzählen kann.
»Der rettende Bote naht, was?«
Er weiß nicht, wie nah er daran ist, umgebracht zu werden, hier und jetzt, genau vor seinen beschissenen Rugby-Arschloch-Sportsfreunden. Aber ich halte mich zurück und möchte lieber ein paar Dinge herausfinden.
»Wer zum Teufel bist du?« Meine Stimme klingt nach Blut on the rocks.
Er wird nervös und schaut sich nach seinen Kameraden um. Ich weiß ganz genau, daß das mein Mann ist. Aber ich will immer noch unbedingt wissen, was er mit meiner Schwester angestellt hat. Er reckt das Kinn und schüttelt sich ein bißchen. Er läßt sich fast nichts anmerken. Er hat widerwärtige Locken. Er schaut mich von der Seite an, als ob er gerade im Begriff wäre, den Gärtner herunterzuputzen. Er ist die reinschlagenswerteste Gesamterscheinung, der ich jemals begegnet bin. Und in wenigen Minuten werde ich ihm eine Tracht Prügel verpassen, die brutaler sein wird als alles, was er in seinen kühnsten Träumen jemals für möglich gehalten hat. Und dann werde ich ihn an seinen Locken nach Hause zerren, und er muß seinen Eltern sagen, was er getan hat.
»Weißt du überhaupt, mit wem du redest?« fragt er und streckt sein Kinn noch ein bißchen weiter vor.
Ich kann nur die Augen niederschlagen und lächeln. »Warum sagst du es mir nicht? Und wenn du schon mal den Mund aufmachst, kannst du mir auch sagen, was zum Teufel du meiner Schwester angetan hast. Ich werde dich sowieso umbringen, aber du kannst mir genausogut gleich sagen, was du mit ihr angestellt hast, dann muß ich es nicht aus dir herausprügeln.«
Ihm geht sichtlich der Arsch auf Grundeis, als ich ihm auf den Kopf zusage, daß er gerade über meine Schwester hergefallen ist. Er scheißt

sich ein. Aber er ist zu beschränkt und zu besoffen und außerdem ein viel zu großer Schnösel, um klein beizugeben.
Emily sagt etwas: »Das ist Will Harnault, Paul.« Sie spricht es wie Harno aus. »Er und seine Kameraden waren der Meinung, daß sie das Recht hätten, mich und Molly gegen den Strich zu bürsten, nachdem wir nicht auf ihr Angebot eingegangen sind, sie in dem BMW ihres Daddys auf eine kleine Spritztour zu begleiten ...«
»Dieses Gerede ist *sehr* gefährlich, Emily. Weißt du, daß ich dich für so ein Gerede verklagen kann?«
»Halts Maul, du Arschloch.«
Er kommt genau auf mich zu und zittert vor verletztem Stolz. Seine Freunde springen von der Mauer, um das Geschehen aus nächster Nähe zu verfolgen. Sie haben Stöcke dabei. Gut. Laß sie kommen! Als sie ins Licht der Straßenlaterne treten, sehe ich, daß drei von ihnen Torstäbe tragen. Nicht so gut.
»Jetzt hör mal zu, du! Wenn deine ... *Schwester* das witzig findet, einen Typ auf einmal stehenzulassen, der ihr den ganzen Abend die Getränke spendiert hat, dann muß sie bereit sein, die Konsequenzen zu tragen.«
Ich schlage ihn auf den Mund. Er geht in die Knie und hält sich hustend das Gesicht.
»Was hast du mit ihr angestellt, du« – ich renne hin und packe ihn bei den Haaren und reiße seinen Kopf zurück und knurre die Worte aus zusammengepreßten Kiefern hervor, wobei meine Zähne seine Nase berühren.
Bevor er irgend etwas sagen kann, kommt einer von den anderen Typen mit einem Torstab auf mich zugestürzt. Er drischt wild drauflos und haut einen glatten Meter an meinem Kopf vorbei, ohne daß ich mich ducken muß. Als er an mir vorbeitaumelt, trete ich ihn fest in den Arsch. Harno kommt wieder auf die Füße und schwankt zurück in Richtung

Clubhaus. Ich gehe ihm nach. Dann höre ich Emily schreien, und wamm! Dunkel. Das wars.

Als ich wieder zu mir komme, stehen drei Polizeiwagen auf dem Parkplatz, Emily redet mit Dad und einem der Polizisten, und die Musik hat aufgehört. Dutzende von Leuten strömen an mir vorbei. Ich liege unter einer Decke, und mein Kopfschmerz ist schlimmer als alles, was ich bisher kannte. Ein Krankenwagen biegt in die Auffahrt ein. Ich spüre, wie ich das Bewußtsein wieder verliere.

16. Dezember 1979

Eigentlich habe ich beschlossen, ohne Elvis auszukommen, aber das hier schaffe ich nicht ohne ihn. Ich bin wieder da, wo ich angefangen habe – vollkommen abhängig von seiner Gnade und seinem anerkennenden Nicken. Es ist, als müßte ich ganz von vorn anfangen. Meine Hand zittert, während ich wähle, und ich bin nahe daran, nach dem fünften oder sechsten Klingelzeichen den Hörer auf die Gabel zu knallen.

»Hallo?« Er sagt nie seine Nummer. Nur hallo. Die gewaltige Erleichterung, die ich beim Reden verspüre, hatte ich nicht erwartet. Er ist froh, von mir zu hören. Aufrichtig. Keiner von uns erwähnt die Nacht der heißen Messer. Elvis sagt, daß er einen kleinen Mob rekrutieren will. »Komm rüber, aber pronto!« Ich verlasse sofort und ohne zu zögern das Haus und tanze wieder nach Elvis' Pfeife. Es spielt keine Rolle, wie schnell ich jetzt zu ihm laufe. Es spielt nur eine Rolle, daß er mir in Sachen Will Harnault helfen will. Und das mit dem größten Vergnügen.

Seit wir Molly heute morgen abgeholt haben, habe ich nachgeforscht und herausgefunden, wer sie sind und wo sie hingehen. Natasha, deren Dad für den Neston-Cricket-Club spielt, ist soeben gekommen, um Molly zu besuchen, und hat ein ganzes Fotoalbum mitgebracht. Ich würde so gern mit ihr ausgehen. Ich glaube nicht mal, daß ich so wild auf den Sex wäre – eine Süße wie sie wird da ihr eigenes Tempo haben. Sie ist einfach so lustig, und so … nett. Molly sieht sofort besser aus; sie thront im Bett wie Königin Victoria und lacht über Natashas Witze. Sie schimpft mit mir, weil ich die Ermahnungen der Krankenwagenbesatzung gestern abend in den Wind geschlagen habe und nach Hause gewankt bin.

»Ich wollte Dad nicht noch mehr erschrecken.«

»Das ist bemerkenswert selbstlos von dir.«

Ich verliebe mich in Natasha, diese rabenhaarige Irre. Ich möchte mich nur zu gerne hinüberbeugen und sie umarmen – und ich bin sicher, daß sie das weiß. Sie blättert zusammen mit Molly und mir die Fotos durch. Sie sind alle darauf. Sie kommen gelegentlich ins »Old Quay«, aber gewöhnlich sind sie eher für das »Red Lion« und das »Parkgate Hotel«. Ich versichere den Mädchen, daß ich mit diesen Informationen direkt zur Polizei gehen werde. Sie wissen, daß das nicht stimmt.

Ich bin enttäuscht, daß so wenig Jungs gekommen sind. Elvis hat den ganzen Nachmittag herumtelefoniert und die Crew mit der wüsten Geschichte von einer Gruppenvergewaltigung in Parkgate zusammengetrommelt, und er hat das Gefühl, daß mir zuliebe massenhaft Kerls kommen werden. Wir warten im »Cuckoo« in Woodside, aber nur Batesy, Billy Powell und ein außergewöhnlich betrunkener Damien O'Connor tauchen auf. Batesy will den Schicksalsschlag abmildern, indem er erklärt, daß John Godden heute abend eine große Sache laufen hat, für die er eine Menge Unterstützung braucht. Und Batesy sagt, er ist nur hier, weil er mit beiden Parteien in Goddens Kontroverse befreundet ist. Batesy meint es gut, aber ich habe jetzt ein schlechtes Gefühl, weil man mich offenbar nicht für würdig gehalten hat, an Johns Feldzug teilzunehmen – worum es dabei auch gehen mag. Ich dachte, er fängt an, mich zu akzeptieren.

Als wir gerade die Straße überqueren, um auf den Bus nach Neston zu warten, kommt Danny Allen atemlos angerannt. Ich bin außerordentlich gerührt. Das will wirklich etwas heißen. Obwohl Danny ein Fähnchen im Wind ist und immer zur Mehrheit hält, hat er sich entschieden, mit mir zu gehen – ganz abgesehen davon, daß er ganz unverhohlen ein Hosenscheißer ist. Es muß ihm klar sein, daß er heute abend zu kämpfen haben wird. Wir sind sechs gegen – zehn, fünfzehn? Spielt keine Rolle. Ich habe das Gefühl, daß wir auch zu sechst einen ordentlichen Aufstand veranstalten können. Gut so.

Die Fahrt nach Parkgate verläuft gemächlich und ruhig, abgesehen davon, daß Damien seinen Kopf durch eines der winzigen Dachfenster stecken will, um zu kotzen, und wir dann feststellen müssen, daß er eingeklemmt ist und Sturzbäche von Erbrochenem in sein Gesicht geweht werden. Der Geruch allein hätte beinahe dafür gesorgt, daß wir uns alle übergeben.

Der Bus hält genau vor dem »Parkgate Hotel«. Wir springen hinaus, und obwohl alle guten Muts sind, empfinde ich die Spannung stärker denn je. *Ich* habe diese außerordentliche Generalversammlung einberufen, sie ist mein Problem, und *ich* muß dafür sorgen, daß alles gutgeht. Ich frage mich immer noch, ob ich zuviel von ihnen verlange. Wenn es nicht in Ordnung wäre, sie in dieser Sache um Hilfe zu bitten, hätte Elvis mir das ganz bestimmt gesagt. Aber der Mangel an Unterstützung und der absurde Anblick, wie The Pack dort an dem manikürten Rasen und den Zierteichen des »Parkgate Hotels« entlanglatscht, machen mich sehr nachdenklich. Nicht einmal Elvis weiß, daß ich in dieser Gegend wohne.

Ein kurzer Blick auf die Hinterseite der abstoßenden Rübe von Will Harnault, der an der Theke steht, schläfert alle meine Ängste ein. Wenn sie diese blöden Arschgesichter sehen, diese Halligalli-Henrys und -Harrys und -Harnos, die versucht haben, meine Schwester zu vergewaltigen, dann werden sie mir dankbar sein, daß ich sie hierher geschleppt habe, damit sie mir bei der erforderlichen Wiedergutmachung assistieren. Damien torkelt selig besoffen in die Bar und glotzt mit offenem Mund die vielen vornehmen Mösen an.

»Einwandfrei hier, oder? Können wir nach der Dresche hierbleiben und uns mit den Weibern unterhalten?«

Es gelingt mir, ihn von der lauten Menge weg an einen Ecktisch zu manövrieren, während ich auf die Objekte unserer Begierde zeige.

»Sie sind alle zusammen da drüben, die, die mich erwischt haben, und der Arsch, der Molly vergewaltigen wollte. Es stehen noch ein paar andere dabei. Ich weiß nicht, ob die zu der Clique gehören oder nicht, aber das spielt keine Rolle. Wir machen sie einfach alle platt. Die werden gar nicht wissen, was los ist. Die werden sich einscheißen, ich sags euch – die werden sich gegenseitig über den Haufen rennen und versuchen, durch die Scheißfenster da zu springen.«
»Soll ich die Tül sicheln und jeden Alsch niedelschlagen, del laus will?« bietet Batesy an.
»Ich glaube, hier neben mir hast du mehr Spaß«, sage ich und stehe auf.
»Warte mal!« lallt Damien. »Sollen wir nicht wenigstens *einen* trinken, bevor wir die hier aufmischen?«
Ich will unbedingt ans Werk. Billy zuckt gleichgültig mit den Schultern, aber die anderen vertreten die Meinung, daß ein Drink nicht schaden könne, wenn wir schon mal hier sind – und bevor wir aus dieser oberplüschigen, oberrosafarbenen Herberge achtkantig hinausgeworfen werden. Elvis und ich gehen zu der kleinen Bar im Seitenraum. Ein Stück weiter weg steht eindeutig der Kretin, der mich gestern abend niedergeschlagen hat, und Harnault lehnt mit dem Rücken zu mir, auf seine Ellbogen gestützt, an der Bar. Ich begegne dem Blick des anderen Jungen und zwinkere ihm zu. Er wird blaß.
Während wir in fünf Metern Entfernung unser Lager trinken, spricht es sich offenbar rasend schnell im Salon herum, daß wir hier sind und daß es einen Blitzkrieg geben wird. Ein gutes Gefühl. Man kann den Schiß schon riechen.
»Was ist denn das da für eine Sache mit John?« frage ich Batesy. Er fühlt sich offenbar unwohl und versucht, das Ganze abzutun.
»Nul eine kleine Lechnung, die beglichen welden muß. Du vilst noch dapfon hölen.«
Billy schüttelt kaum merklich den Kopf. Batesy geht gemächlich zur

Tür, schließt sie mit einem Tritt und wirft auf dem Rückweg einen Blick in den großen Salon.
»Noch da?« frage ich. Er nickt.
»Ein paal dlängeln sich alle zusammen und leden sich in Folm. Ich wüld sagen, wil gehn jetzt einfach lübel und schlagen zu. Haun die Älsche zu Matsch. So schnell können die gal nicht gucken.«
Billy nickt. »Haben vielleicht schon die Bullen gerufen. Bei diesen reichen Knaben weiß man nie, oder?«
»Die sind die Schlimmsten«, sage ich. »Los, kommt! Bringen wirs hinter uns!«
Wir stehen auf, lassen die noch fast vollen Gläser stehen und schlendern die drei Stufen zur eigentlichen Bar hinunter. Ich weiß noch nicht genau, wie ich die Sache hier anfangen werde – ich weiß nur, daß es mein Ding ist und daß ich es richtig machen muß. Harnaults Crew, wundersamerweise sind es jetzt zehn oder zwölf, warten angespannt und treten ein paar Schritte zurück, als wir die Treppe herunterkommen. Offenbar sind sie reichlich verwirrt, als sie Billy und Damien sehen, die unsere kleinen Brüder sein könnten. Was zu sagen war, habe ich gestern abend gesagt, und ich sehe wenig Sinn darin, das Vorspiel auszudehnen. Ich springe die letzte Stufe hinunter und stürze mich auf Will Harnault. Ich treffe voll sein Gesicht, und dann prasselt ein Hagel von Schlägen aus allen Richtungen auf seinen Kopf, während er versucht, mich mit einem Rugbygriff um die Taille zu fassen und hochzuheben. Keiner seiner Freunde mischt sich ein. Sie stehen in einigem Abstand um uns herum, und für eine Weile sieht es aus wie ein Ringkampf unter Schuljungen. Ich kann spüren, wie meine Kraft nachläßt. Ich bin für diese Art von Konditionskampf nicht zu haben. Er ist verdammt stark, dieser Harnault, und ich weiß, wenn ich jetzt nicht ein paar gute Treffer lande, wird er mich überwältigen. Ich befreie mit Gewalt meine Arme und kann ihm dadurch einen, zwei, drei Schläge ins Gesicht verpassen. Er rutscht aus, packt mich, um sich

abzustützen, und schlägt ins Leere. Er blutet aus dem Mund, aus der Nase und aus einem bösen Riß über dem Wangenknochen, wo mein Kopf ihn getroffen hat. Er schwankt jetzt heftig, atmet schwer und versucht zu lachen, als hätte er keinen Grund zur Sorge und als käme das Beste noch. Ich gehe auf ihn zu, warte einen Moment, kauere mich zusammen, um den richtigen Überblick zu haben, und trete ihn dann mit dem linken Fuß in die Eier. Er krümmt sich atemlos zusammen, und ich setze ihm meinen Stiefel ins Gesicht. Weil ich nicht überzeugt bin, daß ich sauber getroffen habe, biege ich seinen Kopf zurück und trete noch einmal zu. Ich bin zufrieden, denn diesmal habe ich gehört, daß etwas gebrochen ist – seine Zähne oder vielleicht sein Kiefer. Er sackt zusammen und rutscht stöhnend an meinen Schienbeinen hinunter.

Sieht aus, als wäre das hier kein Kricket. Wills Kumpane schnauben vor Entrüstung und beschließen, uns Manieren beizubringen. Sie fangen an, uns wegzuschieben, vor die Brust zu stoßen oder mit der flachen Hand zu schubsen, um klarzumachen, daß ihrer Meinung nach der Gegner den ersten Schlag führen sollte. Eine tollkühne Strategie. Ein kräftiger, gedrungener, sportlicher Ted, glattes Gesicht, tadellose Zähne, Enid-Blyton-Aussehen, stellt sich auf die Zehenspitzen und preßt seine Stirn gegen Batesys Gesicht. Er stößt ihn nicht, aber er versucht, Batesy mit dem Kopf zurückzuschieben. Batesys Gesicht verzerrt sich, und er sieht aus, als wäre er einhundertvierundzwanzig. Er beugt sich zur Seite. Der Rugby-Ted hat seinen Kopf fest an den Batesys gedrückt und versucht, sich mit ihm zur Seite zu beugen. Batesy macht dem ein rasches und vernichtendes Ende. Er schlägt dem Jungen mit beiden gigantischen, schrecklichen Fäusten gleichzeitig rechts und links gegen den Kopf. Es sieht aus wie bei »Tom und Jerry«, wo jemand zwei Beckenteller gegen Toms Kopf knallt und er dann dasteht und wie wahnsinnig auf der Stelle vibriert. Wohl eher überflüssigerweise greift sich Batesy noch ein Glas und stößt es dem Typ in die Visage. Der schreit wie ein Schwein und dreht sich geblendet immer wieder im Kreis; sein Gesicht ist mit Glasscherben gespickt, und das Blut läuft ihm kreuz und quer über die Wangen. Dieser junge Mann hat noch nie in seinem Leben, wenn er ausging, auch nur im Traum daran gedacht, daß man ihm auf diese Weise das Gesicht aufschlitzen könnte. Allmählich wird es langweilig. Wills Crew ist fertig; sie stehen wie angewurzelt da und reißen den Mund auf. Niemand hilft dem Jungen, dessen Geschrei inzwischen nur noch peinlich ist. Dann rennen sie alle los; sie rennen, rempeln sich gegenseitig um und trampeln sich nieder, nur um uns zu entkommen.

Danny und Damien jagen zwei Idioten um die Bar herum. Danny, den ich nie zuvor kämpfen gesehen habe, tritt irgendeinen Schwachkopf in den Arsch, packt ihn von hinten um die Schultern und erwischt ihn im Gesicht. Die Bullen kommen jeden Moment, da bin ich sicher. Billy Powell drückt einen Jungen auf einen Tisch und knallt seinen Kopf gegen die Kante. Zwei Freunde rennen zu Hilfe.

»Das reicht!« brüllen sie. Einer will Billy von hinten wegziehen, aber das führt nur dazu, daß der ihm mit Wucht einen Ellbogen ins Auge rammt.

»Scheiße!« schreit Billy, schießt herum und schaut die beiden an. »Hats gestern abend auch gereicht, als ihr auf die Mädchen losgegangen seid?«

Die beiden Jungen werden aschfahl. Der eine, dessen Kopf Billy an die Tischkante gestoßen hat, schaut auf; er ist erledigt. Billy stößt seinen Kopf wieder auf die schmiedeeiserne Kante. Von dort, wo ich stehe, kann man das Krachen hören. Ich hoffe, es war nur seine Nase.

»Das reicht, du Scheißkannibale!« kreischt einer von den beiden; ihm ist offenbar ziemlich übel von dem, was er gesehen hat.

Elvis schlendert zu ihm hinüber. Allmählich bin ich ein bißchen besorgt, weil ich hier in der Gegend wohne und es der Polente nicht allzu viele

Schwierigkeiten machen wird, dieses Gemetzel mit mir in Verbindung zu bringen. Eine versuchte Vergewaltigung an der eigenen Schwester zu rächen, auf der Stelle und am selben Abend, ist die eine Sache – aber das hier könnten sie mir wirklich anhängen. Elvis zieht sein Stanley-Messer und schlitzt das Gesicht des Jungen von der Stirn bis zum Kinn mit einem schrecklichen, sichelförmigen Schnitt auf.
»Das reicht«, sagt Elvis. Er geht lässig zur Tür und bleibt nur stehen, um seine Klinge an den Vorhängen abzuwischen. Die anderen folgen ihm. Ich stehe immer noch unter Schock und zittere ein bißchen, Streßnachwirkungen. Ich gehe zu Will, der jetzt wieder auf den Beinen ist, wenn auch recht wacklig. Ich verabscheue ihn leidenschaftlicher als zuvor, und für einen Moment ist mir danach, noch einmal auf ihn loszugehen. Aber ich tus nicht. Ich nehme sein viereckiges Gesicht in beide Hände und drücke sie fest zusammen. Von draußen höre ich Sirenen. Sirenen von mehr als einem Wagen.
»Du sagst kein verdammtes Wort!« zische ich. Ich drücke sein Gesicht so fest, wie ich kann, aber er fängt an zu wimmern und greift nach meinen Ärmeln und will sich entschuldigen. Wenn ich den ganzen Pub dazu verdonnere, den Bullen kein Scheißwort zu sagen, dann werden sie vor lauter Angst gehorchen, da bin ich sicher. Sogar die Zuschauer. Aber ich weiß, daß meine Stimme das nicht schaffen wird. Ich habe einen Kloß im Hals. Überall Blut, Gestöhne, zerschlagene Idiotenschädel. Ich habe einen Kloß im Hals, aber ich bin verdammt stolz darauf, wie wir das hier geregelt haben. Nicht lange gefackelt. Ich würde gerne jedem im »Parkgate Hotel« durch meine Miene klarmachen, daß ich zurückkomme, wenn einer vor den Bullen singt, aber statt dessen stürze ich hinaus und kämpfe mit der Übelkeit. Draußen schaffe ich es bis zu einer der schnuckeligen kleinen Holzbrücken, dann kotze ich die pure Galle in den Teich.
Die Jungs sind nirgendwo zu sehen. Kein Wunder, nachdem nun Streifenwagen über die Asphalteinfahrt zum Hotel rasen und überall

Bullen herumkriechen, nur nicht dort, wo der Kampf stattgefunden hat. Ich bleibe im Schatten der Bäume; dann springe ich über einen Maschendrahtzaun in irgendeinen Garten und wieder hinaus und verschwinde, am »Boathouse« vorbei, in der Marsch. Wenn man an der Hafenmauer bleibt, ist es sogar zu dieser Jahreszeit relativ trocken, und man ist von der Straße aus nicht zu sehen.
Ich krieche geradezu am »Ship« vorbei, bis ich mich wieder sicher fühle und die Steinstufen zur Promenade hinaufgehe. Ich will gerade durch den Seiteneingang zum Mostyn House flitzen und auf diesem Weg nach Hause gelangen, als mir etwas auffällt. Da sitzt jemand in diesem unheimlichen, apokalyptischen Zwielicht; er sitzt einfach auf einer Bank und starrt hinaus in den Nebel und auf die blinkenden Lichter von Flint und Mostyn. Es ist Elvis. Es ist Elvis, und er weint; er schnieft unregelmäßig und holt stoßweise tief Luft. Ich glaube nicht, daß er mich gesehen hat.
»El!« zische ich.
Er fährt herum. »Wer ist da?«
»Carty.« Pause. »Paul.«
Er steht langsam auf, kommt langsam auf mich zu, schließt mich in die Arme, hält mich ganz fest und heult an meiner Schulter. Das beunruhigt mich zwar nicht besonders, aber ich habe ihn noch nie so bewegt, so emotional gesehen. Mit seinem tränenverschmierten Gesicht ist er kaum wiederzuerkennen.
»Paul!« Pause. »Mein Freund!«
Ich weiß nicht, was ich sagen soll. Irgendwie nehme ich ihn halbherzig in die Arme und lasse ihn sofort wieder los. Er sagt fast nie Paul zu mir.
»Es tut mir so leid«, sagt Elvis.
»Wieso?« frage ich und versuche, den Grund seiner Verzweiflung zu erspüren. »Ich habe dich gebeten mitzukommen. Du hast mir sehr geholfen.«

Elvis schüttelt heftig den Kopf. Er schaut über den schlammigen Dee hinweg, und schließlich spricht er wieder. Er ist jetzt viel ruhiger. Er schaut mich direkt an.

»Mir habe ich sehr geholfen. Ich habs für mich getan. Damit dann alles wieder okay ist. Mit mir und dir, irgendwie. Ich konnt das nicht so stehenlassen.«

Ich nicke unsicher. Ich sehe jetzt, daß er mit Daumen und Zeigefinger die Klinge seines Stanley streichelt und sich schneidet. »Das wars jetzt. Es war das letzte Mal.«

Er schleudert das Messer in die Marsch und dreht sich zu mir um. Wir schauen uns an.

Ich lege eine Hand auf seine Schulter. »Du hast es für mich getan«, beharre ich. »Das vergesse ich dir nie.«

Er lächelt ein ganz winziges bißchen, sieht wieder zu Boden und schüttelt den Kopf. Als er dann aufschaut, lacht er und schüttelt immer noch den Kopf. Er ist wahnsinnig, dieser Elvis. Er ist schon immer wahnsinnig gewesen. Eine meiner eindringlichsten Erinnerungen an ihn stammt von damals, als wir gegen Barrow gespielt haben. Ich war zwölf. Barrow hatte ungefähr vierzig Leute dabei, aber auf einer Schranke im Open End saßen ein paar Gorillatypen und ließen durchblicken, daß ihnen alles scheißegal war. Elvis, der noch aussah wie ein Kind, ging in seinen Jesuslatschen zum Open End, stellte sich vor die Barrow-Menschenfresser hin und provozierte sie, ihm doch auf die Zehen zu treten. Offensichtlich wollten sie nicht. »Schißhosen!« quäkte Klein El und schlenderte zurück zur Borough-Road-Tribüne. Ich weiß noch, daß ich ihn anerkennend angrinsen wollte, aber er hat mich ignoriert.

»Los, komm!« sage ich und gebe ihm einen Klaps auf den Rücken. »Wird Zeit, daß du mal ins Carty-Land kommst.«

Es gibt jetzt keinen Grund mehr, sich für unser palastartiges Heim zu schämen. Es ist jetzt egal, was die Leute denken. Irgendwie weiß ich,

daß das hier das Ende ist. Ist auch in Ordnung für mich. Tranmere, Elvis, was auch immer – ich glaube, das wars.
Wir laufen schnell über die Straße und die Zufahrt zum Mostyn House hinauf. Ich drehe mich um und will Elvis zeigen, an welcher Stelle man am besten über die Sportplatzmauer klettern kann, aber er ist weg. Ich kichere in mich hinein, dann lache ich laut.
»Gut gemacht, Elvis!« rufe ich.

17. Dezember 1979

Es ist gerade elf Uhr, als sie kommen. Obwohl ich es fast erwartet hatte, zieht sich mein Herz zusammen, als es klingelt, und als ich durch das kleine Spionfenster schiele und zwei stramme Bullen sehe, sinkt mir mein Herz in die Hose. Ich bin froh, daß Molly und Dad gerade einen Spaziergang auf dem Wirral Way machen.

Ich bitte die Polizisten herein. Ich fühle mich verdammt schuldig, und ich weiß, daß ich auch so aussehe. Ich muß noch mal aus dem Zimmer gehen und mich sammeln und dann von vorn anfangen. Als sie klingelten, habe ich gerade Tee gemacht, und so frage ich sie, ob Darjeeling recht wäre. Ich glaube, ich will ihnen zeigen, daß ich Stil habe – überhaupt nicht zu der Sorte gehöre, die einen netten, lockenhaarigen Jungen und seine College-Kumpels in einer sicheren Vorstadt zu Krüppeln schlägt. Sie sagen, daß Darjeeling prima wäre, wenn er nur heiß ist und flüssig und mit drei Stücken Zucker.

»Wo waren Sie gestern abend gegen neun Uhr?« Während das Wasser kocht, stelle ich mir vor, wie sie das sagen. Ich übe, nicht rot zu werden und nicht mit einem Bein zu wippen – eine von Mum übernommene Marotte, die sowohl Molly als auch ich beim Flunkern haben. Dad lügt nie.

»Mal sehen ... Neun Uhr? Neun Uhr? Neun Uhr ...« Such nicht im Blauen nach einer Eingebung! Schau ihnen direkt in die Augen und lüge!

»Ich glaube, hier, Officer. Ja, ich war hier und habe mich um meine arme Schwester gekümmert.«

Vielleicht sollte ich Molly nicht zu früh erwähnen. Keine offensichtliche Verbindung zwischen dem ersten Überfall und diesem hier. Der Tee ist fertig. Na dann los!

Ich trage das Tablett durch das Zimmer und versuche höllenmäßig, mich in den Geisteszustand eines ganz normalen Jungen zu versetzen.

Eines Jungen, der nicht so genau weiß, warum die Polizei zu ihm kommt, der annimmt, daß es mit dem bedauerlichen Angriff auf seine Schwester neulich abends zu tun hat, der in jeder Weise helfen will, der aber nicht versteht, warum die Polizei die Verantwortlichen noch nicht verhaftet hat. Eine subtile Mischung. Ich gieße den Tee ein, serviere ihn, setze mich, nehme ein winziges Schlückchen und fixiere lächelnd den älteren und fetteren Officer, der mir direkt gegenübersitzt. Das Lächeln sagt: Können wir?
Old Fatso hat es nicht eilig. Vielleicht hofft er, daß er die Sache auf eine zweite Tasse ausdehnen kann. Ich schaue nach links, wo der andere gerade in ziemlich ekelhafter Weise seinen Tee durch die Zähne schlürft. Ich schaue ihm in die Augen. Er stockt einen Moment und blickt besorgt zu seinem Chef hinüber. Der untersucht seine Tasse weit gründlicher, als das schlichte Porzellan es verdient, rührt zierlich in seinem Tee und schaut auf. Jetzt.
»Kannten Sie Christopher Byatt?«
Moment. Was? Christopher … *kannten?*
»Ich kenne Christy, ja. Naja, das ist vielleicht ein bißchen zuviel gesagt. Freunde sind wir nicht gerade.«
»Sind Sie vielleicht Feinde?« sagt er und richtet die Frage an den Fußboden. Dann schaut er auf und ist gespannt auf die Antwort.
»Nein«, antworte ich vorsichtig. »Natürlich nicht.«
»Also hätten Sie keinen Grund, ihn umzubringen?«
Er sagt das, als würde er mich fragen, ob ich irgendeinen Grund habe, sagen wir mal rein theoretisch, sein Fahrrad zu klauen. Er ist Harry Hypothese, der theoretische Typ. Tut mir leid, daß ich fragen muß. Gehört zu meinem Job. Mein Gesicht sagt wahrscheinlich alles. Wenn mein schlechtes Gewissen auch nur eine winzige Chance bekommt, reißt es jede Situation an sich und hängt mir Verbrechen an, die in zweihundert Meilen Entfernung begangen worden sind. Sogar in der Grundschule bin ich feuerrot geworden, als Miss Andrews verkündete,

daß wer auch immer die Club-Biscuits aus den Lunchpaketen der anderen Kinder stiehlt, am besten pronto damit aufhört, weil sie nämlich weiß, wer der Täter ist, und ihm noch eine letzte Chance geben will, ehe sie ihn zur Polizei bringt. Ich war es natürlich nicht. Ich hatte Ausschlag und war allergisch gegen Schokolade, und die Lehrerin wußte das genau, aber ich habe mich gefühlt, als wäre ich der Hauptverdächtige und als würden alle mich anschauen und darauf warten, daß ich zusammenbreche. Aber diesmal bin ich so furchtbar erschrocken über die Nachricht von Christy, daß ich einfach gar nichts fühle. Ich bin platt.

»Ist er tot?«

»Wußten Sie das nicht?«

»Nein.«

Der jüngere, aber genauso korpulente Polizist schaut seinen Vorgesetzten fragend an. Der nickt zustimmend. Young Fatso räuspert sich und sieht aus, als würde er sich ein bißchen unwohl fühlen.

»Christopher Byatt wurde gestern abend gegen zehn Uhr im Verlauf einer Auseinandersetzung im ›Horse-and-Jockey‹ in Upton tödlich verletzt ...«

»Eine Auseinandersetzung?« unterbreche ich ihn.

»Er wurde erstochen.«

»Was hat das mit mir zu tun?« frage ich schnell. »Ich habe ihn gekannt – aber eine Menge andere Leute auch.«

»Ja. Einige von denen haben Ihren Namen erwähnt. Können Sie uns sagen, wo Sie gestern abend waren?«

»Um zehn? Ja. Ich war hier.«

Wahrscheinlich sehe ich aufrichtig überrascht aus. Old Fatso ist das alles offensichtlich peinlich. Er weiß, daß ich nichts damit zu tun habe, aber er muß der Sache auf den Grund gehen. Das ist sein Job.

»Es war schwierig, Sie ausfindig zu machen«, sagt er und versucht,

jovial zu sein. Das ist nicht so einfach, wenn man er ist. »Ja, oder Ihre Komplizen sind sehr loyal.«
Ich weiß nicht, wovon er redet. Das sieht man wahrscheinlich. Er wirkt allmählich nervös, und er wird ein bißchen lustig.
»Nicht einer von ihnen konnte mir sicher sagen, wo Sie wohnen.« Er fühlt sich immer noch unwohl und zupft an seiner Nase. Dann schaltet er wieder um auf ernsthaft. »Also sind Sie zu Hause geblieben?«
»Ja.«
»Ein bißchen langweilig, oder? Am Samstagabend zu Hause zu bleiben?«
Großartig! Präzise zugespielt. In fünf Minuten sind sie draußen.
»Meiner Schwester ist am Freitagabend etwas zugestoßen. Jemand hat versucht, sie zu vergewaltigen. Keine halbe Meile von diesem Haus hier entfernt. Ich hatte schon spannendere Samstage, ja. Aber gestern abend hätte ich nirgendwo anders sein wollen. Verstehen Sie, was ich meine?«
Er nickt, aber er läßt nicht locker.
»Es tut mir leid, wenn ich vielleicht beschränkt bin, aber – Sie sagen, daß Sie für Ihre Schwester den Babysitter gemacht haben? Das haben Sie gestern abend gemacht?«
»Ich habe ferngesehen, während sie im Bett lag, ja.«
»Hat sie geschlafen?«
»Ja.«
»Mum und Dad?«
»Die erstere ist verstorben. Der letztere war hinüber. Erschöpft von der durchwachten Nacht im Krankenhaus, nehme ich an.«
Er senkt den Kopf. Dann kommt der Columbo-Teil. Sie stehen auf und sagen, daß das im Moment alles ist, daß sie mir aber vielleicht noch ein paar Fragen stellen müssen, und ich bin so erleichtert und dankbar, daß ich ihm unsere Telefonnummer gebe und kurz denke, daß wir

sowieso bald hier ausziehen, gern geschehen – da dreht er sich auf der Türschwelle um und kratzt sich am Kopf.

»Eine Sache noch. Gestern abend. Gibt es jemanden, der bestätigen kann, daß sie tatsächlich hier waren? Vorausgesetzt, daß ihre beiden – *Alibis* fest geschlafen haben?«

Er lächelt, aber er sieht geschmerzt aus. Eigentlich fühle ich mich ziemlich überlegen, ziemlich kontrolliert und berechtigterweise unnahbar.

»Nein. Eigentlich nicht. Ich könnte Clive Walkers verfehlten Elfmeter aus ›Match of the Day‹ beschreiben, wenn Ihnen das hilft.«

Er nickt langsam, und jetzt sieht er wieder aus, als würde er sich schämen. Als sie dann weg sind, denke ich nach. Wer zum Teufel hat Christy umgebracht? Wer hat sie auf mich aufmerksam gemacht? Tony? Baby vielleicht. Ich frage mich, ob es der Polente jetzt zu peinlich ist, zurückzukommen und mich über den Knatsch im »Parkgate Hotel« auszufragen – wo sie doch schon ermittelt haben, daß ich gestern abend hier war. Jawohl. Ich gehe davon aus, daß ich in dieser Sache aus dem Schneider bin. Sie wären schon längst hier gewesen. Und schließlich frage ich mich, worüber zum Teufel Elvis gestern abend gequasselt hat.

Er war offenbar ein bißchen daneben, weil er diesen Jungen geschnitten hat, aber er hat schon vorher Leute aufgeschlitzt. Elvis und Baby sind von uns allen mit der Klinge am brutalsten. Sie gehen einfach hin und machen es. Ich habe es bisher zweimal gemacht, als wir zahlenmäßig hoch unterlegen waren: gegen Stockport zu Hause und gegen Darlington bei denen. Aber es war ziemlich schwierig für mich. Ich war nicht so cool, wie man sein muß. Ich mußte ein paar Anläufe nehmen, bis ich es dem Jungen aus Stockport richtig gegeben habe. Ich habe eine ziemliche Schweinerei angerichtet. Aber Elvis ist – es ist bezwingend, ihm zuzusehen. Sein Messer kommt einem nicht vor wie ein Messer. Es ist wie ein zusätzlicher Teil seiner Hand, ein Ersatzfinger.

Es kommt einfach heraus, und das wars dann, dann liegt der andere am Boden und plärrt. Elvis macht das mit einer Sicherheit, die faszinierend ist. Man sieht, wie er durch das Open End geht und die Linie der Auswärts-Crew durchbricht, und man weiß, daß jeden Moment ein großes Loch in der Menge klaffen wird, weil alle in panischer Angst die Ränge hinunterspringen und verzweifelt versuchen, ihm zu entkommen. Ursache und Wirkung.

Vielleicht war er einfach daneben. Er hat in seiner Wohnung eine Menge Remy gekippt, während er telefoniert hat. Und er ißt nichts. Das wird es sein. Eine Kombination aus Schocknachwirkungen vom »Parkgate«, Alkohol und allgemeiner Niedergeschlagenheit. Und er spinnt natürlich. Ich muß an die vielen Male denken, wo er davon geredet hat, sich umzubringen. Ich glaube, ich sollte mal vorbeigehen und nachsehen, ob er okay ist. Und ich will wissen, was mit Christy war.

Ich ziehe eine unorthodoxe Mischung von Klamotten aus dem letzten Jahr an: marineblaue, gerippte Cordschuhe, Lois-Jeans, Zopfmusterpullover mit rundem Halsausschnitt, einen beigefarbenen Gloverall-Dufflecoat. Sehr frühe Bowie-Zeit, und schön warm, wenn man auf die seltenen Züge des Sonntagsfahrplans wartet. Ich schreibe gerade eine Notiz für Moll und Dad, als mir plötzlich einfällt, daß ich seit Freitagabend kaum mit Moll gesprochen habe. Jedenfalls nicht unter vier Augen. Ich war ihr gar nicht nützlich. Dad war superb, das muß ich zugeben. Er versteht offenbar, daß ich mit all dem Schwierigkeiten habe. Trotzdem, egal. Es reicht. Ich muß da jetzt durch. Scheiß auf sie alle! Scheiß auf Elvis und Christy und scheiß auf die Jungs, die gestern gekommen sind, um mich zu unterstützen. Es ist vorbei. Das ist nichts für mich. War es noch nie. The Pack hat das hinreichend deutlich gemacht, und sie haben recht. Ich steige aus, solange ich noch die Wahl habe.

Kaum habe ich die Entscheidung getroffen, fühle ich mich befreit. Ohne diesen Klotz am Bein registriere ich allmählich, was für ein schwaches Bild ich in dieser Familie abgegeben habe, seit Mum gestorben ist. Dad und Moll waren wunderbar. Sie haben sich von mir eine Menge Scheiße gefallen lassen. Auch jetzt noch, als ich zur Haustür hinauseile, sehe ich ihre Gesichter vor mir, als ich Mollys Einladung zu einem langen Spaziergang und einem Lunch im Pub abgelehnt habe. Für Moll wars okay, aber Dads Gesicht hat ein bißchen gezuckt, und dann hat er eins von diesen Überkompensationsdingern gemacht – er ist wirklich froh und es geht ihm gut und er ist ganz locker, und alles, was du willst, ist in Ordnung. Kein Problem. Bis später! Ich hasse ihn dafür, aber eigentlich hasse ich mich. Ich liebe die beiden.

Wenigstens weiß ich, wo sie wahrscheinlich sind. Sie sind den Wirral Way nach Heswall gegangen und dann zurück bis zum »Boathouse«, wo sie Lammbraten mit Pastinaken essen. Vielleicht kann ich mich ein winzigkleines bißchen reinwaschen, indem ich dort vorbeischaue, geistreich und gesprächig bin und das Essen bezahle. Ich stelle fest, daß ich ein wenig eifersüchtig auf die beiden bin, Arm in Arm, wenn sie sich so wohl miteinander fühlen. Es kommt mir vor, als sei es schon immer so gewesen. Ich kämpfe um Aufmerksamkeit, während Mum und Dad rund um die Uhr arbeiten, um das Geschäft aufzubauen, und später schneit Molly herein und sahnt alle Belohnungen und die ganze Zuneigung ab. Vielleicht wollten sie gar nicht wirklich, daß ich dabei bin. Vielleicht haben sie mich nur aus Höflichkeit eingeladen. Sie werden dasitzen und diese einzigartige fabelhafte Mischung aus Lammfett, Bratensatz und Pfefferminzsoße genießen und vertraut über Dads Pläne für ein neues Leben und über Molls Hoffnungen und Ängste im Hinblick auf die Zukunft plaudern, und dann platze ich herein.

»Hey Moll. Alles klar, Dad? Hab diesen Typ gefunden, euretwegen. Hab dem Arsch euretwegen die Scheiße aus dem Leib geprügelt. Elvis hat seinen Freund aufgeschlitzt. Was trinkt ihr?«

Das ist im Moment mein Gesamtergebnis: Ich bin ein Scheißschläger. Ich muß sie finden. Besonders ihn. Ich sollte – ich muß mich ändern. Alles. Er fährt in drei Monaten weg, und dann ist er genauso weg wie Mum. Ich muß ihn finden und mit ihm reden und – ich will, daß er mich liebt.

»The Sunday lamb cracks in its fat.« Es macht mich nervös, über die Parkgate-Promenade zu gehen. Ich habe keine Angst, daß mich von gestern abend jemand wiedererkennt. Ich scheiße mich ein wegen Molly und Dad. Bin ich schon viel, viel zu spät dran? Was ist, ist, sage ich mir ständig. Ich kann nur so viel machen, wie ich machen kann. Ich gehe wie ein Kind die Hafenmauer entlang, genieße die eiskalte, eisstille Luft und platze voller Angst und falscher Selbstsicherheit ins »Boathouse« hinein. Da sitzen sie in der Ecke, von der aus man über den Dee schauen kann. Sie haben mich noch nicht gesehen. Der erste Blick wird alles sagen. Das erste Zucken in ihren Gesichtern wird mir verraten, was sie wirklich fühlen, bevor sie die Chance haben, sich hinter einem Plastiklächeln und freundlichen Begrüßungen zu verstecken. Dad sieht mich zuerst. Er strahlt. »Schau mal, Moll, da ist unser Paul!« sagt er offenbar, denn sie dreht sich mit einem breiten Lächeln um. Ich umarme sie, dann stehe ich schüchtern vor Dad, und dann umarme ich ihn auch. Kurz. Dann sage ich etwas zu munter: »Hab ich mir gedacht, daß ihr hier seid!« und pflanze mich hin.

Wir quatschen mal ordentlich miteinander. Dad wird reisen. Überallhin, wo er schon immer hinwollte. Er findet, er schuldet Mum den Versuch, glücklich zu werden. Glücklicher. Und das ist seine Lösung. Er wird nach Madagaskar fahren und nach Nepal und nach Argentinien und an all die Orte, über die er und Mum sich genau informiert haben, von denen sie geträumt haben und von denen sie wußten, daß sie sie niemals sehen würden. Ich komme noch immer nicht dagegen an, daß ich einen kleinen Stich verspüre – Haß? Eifersucht? Vielleicht auch ganz gewöhnlicher Ärger, weil alles auf Mum bezogen werden muß. Ich wünschte, er könnte es für sich selbst tun oder sich wenigstens eingestehen, daß sie fort ist und nie mehr zurückkommt und er nie, niemals wieder mit ihr sprechen wird. Es ist nicht gut für ihn, sich immer wieder vorzusagen, daß er diese große, wahre Liebe gehabt hat. Wenn es *ihn* erwischt hätte, wäre sie jetzt schon längst wieder verheiratet.

Wir spazieren en famille über die Promenade zurück, und zum erstenmal, seit ich ein Kind war, fühle ich so etwas wie Weihnachtsstimmung. Ich kann mir nicht erklären, was es ist – die Kälte, der Rauch der Holzfeuer, das besondere Licht an einem Nachmittag Ende Dezember –, aber es weckt Erinnerungen an Geschenke und an die wachsende Aufregung und an Glück und an einen Optimismus, der so tief und so stark ist, daß er niemals enden kann. Ich habe Tagträume von Jesus Christus, während Molly und Dad von Geld und Wohnungen schwafeln. Ich glaube, ich werde in den nächsten Tagen zu einem Weihnachtsamt gehen. Ich und Elvis haben davon geredet. Ich habe immer sehr gerne Weihnachtslieder gesungen. Ich war nie so sehr für dieses Von-Tür-zu-Tür-Ziehen, aber in der Schule habe ich die Lieder immer gegrölt. »Ding Dong Merrily« war mein liebstes, besonders, wenn es im Chor gesungen wurde und diese vielen komplizierten Teile sich miteinander verwoben. »Kalinka« war auch gut.

»Was meinst du, Paul?« fragt Molly.

»Hmm?«

»Oxton? Könntest du es aushalten, mit mir zusammenzuwohnen?«

»Wäre praktisch für euch beide. Du könntest zu Fuß zur Arbeit gehen, mein Sohn.«

Mein Sohn! Er hat mein Sohn zu mir gesagt. Ich lächele in mich hinein.

»Ja. Toll.«

Ich versuche, mir vorzustellen, was er mehr als alles auf der Welt hören möchte. Ich schaffe es noch immer nicht, den beiden zu sagen, daß ich sie liebe.

»Ich überlege mir«, sage ich, »vielleicht wieder zur Schule zu gehen und noch die A-Levels zu machen. Vielleicht am Tech oder so. Das meiste kann ich schon.«
Die Freude der beiden darüber ist beschämend, und in diesem Moment weiß ich, daß ich wirklich etwas tun werde, um die Dinge wieder ins Lot zu bringen.

21. Dezember 1979

Alles ist gut gelaufen. Selten gut. Das Familienleben war geradezu paradiesisch. So hätte es während Mums letzter Wochen sein sollen, aber damals hatten wir so viel Angst – so viel Angst um *uns*. Diesmal ist uns allen unausgesprochen klar, daß etwas Großes vorgeht. Es ist ein Meilenstein in unserem Familienleben. Keiner macht besonders viel Wind darum, aber ich glaube, wir wissen alle drei, daß jetzt die allmähliche Auflösung unserer Familie beginnt. Es sind die letzten Wochen, während deren wir zusammensein werden. Am Mittwoch abend bin ich sogar mit Dad ins »Malt Shovel« gegangen. Ich kann nicht wirklich sagen, daß ich einen Bezug zu ihm finde, so ist das nicht – aber er ist ein wunderbarer Mann. Und er hat sich solche Mühe gegeben, daß ich den Bettel hinwerfe und mit ihm um den Planeten reise. Ich weiß nicht.

Von Elvis habe ich nichts gesehen und nichts gehört. Ehrlich gesagt, habe ich gar nicht an ihn gedacht, außer am Dienstag nachmittags. Ich saß in »Beattie's Café« und aß das gute Welsh Rarebit, und ich mußte noch einmal ausführlich über all diese Andeutungen nachdenken, die er gemacht hat. Als ich am Samstag nachmittag zu ihm kam, um die Schlacht im »Parkgate« zu organisieren, brütete er gerade wieder über Sylvia Plath; »Death & Co«, »The Fearful« und »Ariel«, seine Lieblingsselbstmordgedichte. Auf Sylvia Plath habe ich ihn gebracht.

Abgesehen von der Ungewißheit wegen Elvis und der schwierigen Lebensentscheidungen, denen ich ins Auge sehen muß, bin ich okay. Bob McNally ist wieder da; er arbeitet halbtags und macht sich langsam an seine nächsten zweiundzwanzig Jahre, die ihn dann dem Ruhestand zuführen werden. Er tut immer noch so, als wolle er mir bei der Beförderung helfen, aber die Luft ist raus. Eigentlich will er mir klarmachen, daß ich jetzt aussteigen muß, weil ich sonst in zweiundzwanzig Jahren immer noch hier sein, Nervenzusammenbrüche haben und auf der Kippe zur klinischen Depression stehen werde.

Ich bin für meine Verhältnisse leidlich freundlich gewesen. Ich habe mich in dieser ganzen Market-Street-Büroparty-Szene mit jeder Menge Geknutsche und Gefummel eingenistet, aber The Pack fehlt mir. Ich versuche, mit Sammy auszugehen, aber ich weiß seit unserer ersten Verabredung, als sie anfing, einen Darts-Song aus der Jukebox mitzusingen, daß die Sache verloren ist. Das Problem ist wie immer, daß ich ihr nicht sage, daß ich mich nicht mehr mit ihr treffen will.

Ich bin weiter zu den Verabredungen aufgetaucht, was schlimmer ist, als ihre Gefühle zu verletzen. Ich war nie besonders gut darin, mit Mädchen Schluß zu machen. Normalerweise lasse ich mich einfach ein paar Wochen lang nicht sehen, und sie wissen Bescheid. Die kleine Sammy stand immer mehr auf mich, und es machte mich schaudern, wenn sie erzählte, wie sie unser erstes Vögeln plant und wie super es sein wird und daß sie etwas total Besonderes für mich zu Weihnachten hat – ganz bestimmt ein knuddeliges Hündchen mit einem roten Herz aus Filz. Wo wir auch hingingen, wollte sie Händchen halten und sich einhängen. Sie tauchte sogar im »Malt Shovel« auf, als ich ihr erzählt hatte, daß ich mit Dad hingehen will. Ich wollte sie einfach ignorieren, aber Dad bestand darauf, daß sie sich zu uns setzte. Nicht, daß sie ein Wort gesagt hätte, außer »Lager«, »Dunkel« und »Danke«.

Die Angelegenheit findet am Donnerstag abend gewissermaßen einen unangenehmen Abschluß. Die Party findet in Emilys grotesk großem Elternhaus in der Baskervyle Road statt. Molly geht zum erstenmal seit dem Vergewaltigungsversuch aus, und alle sind dermaßen überaufmerksam, daß sie bestimmt jeden Moment den Raum verlassen wird.

Emily öffnet uns die Tür und fängt sofort an, mir schöne Augen zu machen. Sie muß fünfzehn sein, wie Moll, vielleicht gerade sechzehn geworden, aber sie ist schon eine richtige Dame. Langes, glattes strohblondes Haar, klare graue Augen und eine wunderbare Haut. Ihr Lächeln ist einfach umwerfend. Dieses Lächeln sehe ich über den Partyraum hinweg ziemlich oft, während Sammy eine Riesenshow daraus macht, bei Molly zu sitzen und dafür zu sorgen, daß es ihr auch ganz bestimmt gutgeht. Raffiniert wirft Emily ihre Mähne zurück und verläßt das Zimmer. Ich gehe ihr nach. Mein Magen hüpft vor Verlangen.

Wir liegen auf ihrem Bett und küssen uns, und unter ihrem Rock streichelt meine Hand ihren Hintern durch den Slip. Sie ist so schön entspannt, wie sie da mit einem langen Bein um meine Hüfte auf der Seite liegt und sich sanft in die Umarmung fallen läßt. Ich streiche mit drei Fingern über ihren Hügel und sondiere langsam mit den Fingerspitzen das Terrain.

»Es ist vielleicht nicht gerade die günstigste Zeit«, flüstert sie.

Es dauert einen Moment. »Hast du gerade?«

Sie kichert und nickt und schaut mir direkt in die Augen. Dann nimmt sie meinen Mittelfinger und läßt ihn in ihren Mund gleiten.

»Im Zweifelsfall können wir das Hindernis ja entfernen.«

Sie läßt meine Hand fallen und setzt sich kerzengerade hin. Sie ist hingerissen. »Das würdest du machen?«

»Das würde ich *sehr gerne* machen!«

Sie schaut mich aus den Augenwinkeln durchtrieben an.

»O du Schweinehund! Leckst du mich?«

Ich werfe sie zurück aufs Bett und knabbere an ihrem Ohr.

»Genau das mache ich. Genau das kriegst du.«

»Du Schweinehund«, sagt Emily. Sie steht auf und sieht mich eindringlich an, während sie ihren Rock, ihren Slip und dann ihre Bluse auszieht. Sie läßt die Träger ihres BH von den Schultern gleiten, hakt ihn am Rücken auf, preßt ihre weichen, schimmernden Brüste zwischen den Armen zusammen und nähert sich mir.

»Willst du?«

Ob ich will. Ich könnte sie fressen.

»Du bist schön. Gott, Emily, ich werde dich ficken.«

Ich küsse grob ihren Hals, streife ihr den BH ab, falle über ihre Brüste her, küsse und kratze sie und drücke sie an mich.

Sie stößt mich zurück und atmet schwer, aber regelmäßig und kontrolliert. »Ich will dich sehen.«

Ich ziehe mich ohne Theater aus. Ich habe immer noch einen guten, festen Körper – eher gut in Form als trainiert –, aber mir ist klar, wieviel ich trinke, und ich habe die kleinen Speckrollen schon bemerkt, die sich allmählich auf meinen Hüften und an meinem Hintern zeigen. Ich ziehe meine Boxershorts ein paar Zentimeter herunter. Mein Schwanz reckt sich rötlich und steif. Emily hat den Blick fest auf ihn gerichtet und kommt zu mir. Sie nimmt ihn in die Hand und fängt an, ihren Busch zu streicheln; ich habe das Gefühl, sie ist ein bißchen ungeschickt und spielt zu sehr den Profi. Sie atmet immer noch schwer und wirkt jetzt erregt. Sie nimmt meine Hand und legt sie wieder auf ihren Hügel. Ich lasse sie weitergleiten, streichle ihre Schamlippen mit zwei Fingern und suche nach dem Baumwollfaden. Ich orte ihn schnell und ziehe den Tampon heraus. Für einen Moment bin ich überfragt, was ich damit machen soll, also lege ich ihn auf den Nachttisch. Ich nehme an, daß das Sammy den Rest gegeben hat. Geschieht ihr recht, wenn sie spioniert und, was schlimmer ist, der Sache nicht rechtzeitig ein Ende macht.

Ich habe gerade angefangen, Emilys Klit zu bearbeiten, den Mund weit über ihrem Busch geöffnet, den Arsch in der Höhe, mit den ersten Symptomen von Maulsperre kämpfend. Ich spüre etwas Scharfes, Stoßendes in meinem Arschloch. Fein, denke ich. Sie will mich fingern. Der Schmerz ist groß und nicht genau zu bestimmen.

»Mißtkerl! Verdammter, billiger, fießer, dreckiger, Mißtkerl!«

Das Lispeln kenne ich. Ich fahre herum und sehe Sammy, die versucht, mir den Tampon in den Arsch zu rammen. Ich stoße sie weg, aber sie stürzt sich auf Emily, zieht sie an den Haaren, reißt eine Handvoll aus und geht wieder auf sie los. Ich will ihr gerade eine runterhauen, da tauchen wie aus dem Nichts Molly und Natasha atemlos kichernd auf. Natasha kippt einen Becher Wasser über Sammy, und es gelingt ihnen, sie zu beruhigen und nach unten zu bringen. Ich sitze neben Emily, die sehr mitgenommen ist. Sie riecht wunderbar. Ich will jetzt ohnehin nicht nach unten gehen, und ich frage mich, ob ich mich gleich wieder über sie hermachen soll. Ihr Gesichtsausdruck rät mir, das lieber zu lassen. Ich glaube, in diese Emily könnte ich mich sehr, sehr verlieben.

Später lacht Dad über Mollys gereinigte Version des Vorfalls. Er gluckst so toll sonor, Dad. So lacht wahrscheinlich jemand wie Robert Morley, wenn er nicht schauspielert.

»Was nur noch die Frage offenläßt«, japst Dad und wedelt mit seinem Toast in der Luft herum. »Wie lange habt du und Natasha zugesehen?«

»Gute Frage, Dad. Komm schon, Moll! Wie lange, hä? Und wie wars für euch?«

Molly streckt mir die Zunge heraus und geht, um Wasser aufzusetzen. Wie ich mich hiernach gesehnt habe, ohne es zu wissen. Warum konnten wir nicht immer so sein? Wir sind nicht einmal mit Mum so gewesen. Sofort fühle ich mich schuldig, weil ich das gedacht habe.

An diesem Freitag zieht es mich zu dem Spiel Tranmere gegen Bury, obwohl das sehr attraktive Angebot von Molly vorliegt, mit ihr und Natasha nach Leighton zu fahren. Ich weiß, ich sollte es einfach lassen. Vergiß es, geh nicht hin, nie-mals, wieder! Ich habe Schluß gemacht, und das war richtig so. Und infolgedessen fühle ich mich stark genug und weiß, daß ich mit einer letzten Fahrt nach Prenton umgehen kann. Ich will wissen, was mit Christy passiert ist; und ich muß Elvis sehen.

Ich habe im Büro bis sechs Uhr verbissen gearbeitet und versucht, nicht daran zu denken. Sogar Bob hat sich um vier Uhr verzogen. Es ist wie ausgestorben. Ich muß wichsen, also spritze ich schnell an Sarah Mitchells Schreibtisch ab, während ich an Emily denke, die mit zusammengepreßten Brüsten auf mich zukommt. *Willst du?*

Ich hinterlasse auf Bobs Schreibtisch eine Notiz, daß ich um sechs gegangen bin und in den Ferien ein paar Tage reinkommen werde. Es gibt immer noch einen riesigen Berg von unbearbeiteten Fällen. Ich verlasse das Büro, wünsche Alfie vom Sicherheitsdienst ein frohes Fest und gehe in die eisige, neblige Nacht hinaus. Der Abend ist spannungsgeladen, und man hört das Gekreische betrunkener Mädchen und erwartungsvoller Jungen.

Im letzten Moment verliere ich die Nerven. Ich habe das Schlimmste überstanden. Ich muß jetzt nach Hause gehen. Ich könnte immer noch mit Molly und Natasha nach Leighton Court fahren. Molly wäre entzückt, wenn ich mitkäme, und ich wäre entzückt, mit Natasha zu vögeln. Ich brauche bloß nach Hause zu gehen. Also gehe ich nicht ins »Carlton«. Aber ich kriege tatsächlich den 10b-Bus, der direkt zum Stadion fährt. Ich *muß* also hin. Auch wenn ich nicht mehr dazugehöre, muß ich wissen, was los ist.

Ich kaufe eine Karte für die Haupttribüne, sehe mir ein miserables, torloses Spiel an, trinke diverse Becher Bovril und beobachte The Pack, wie sie sich im Borough Road Shed mit Pogo-Anfällen und wahnsinnigen Attacken gegen den Bretterzaun bei Laune halten. Bury hat ungefähr hundert Fans mitgebracht, aber keiner nimmt Notiz davon. Ich gehe zwanzig Minuten vor dem Schlußpfiff und beschließe, daß es das jetzt wirklich war.

Der Samstag vor Weihnachten ist ein ungeheuer wichtiger Termin im internationalen Abschlepp-Kalender. In geselliger Hinsicht hätte ich Hunderte von Möglichkeiten, aber schließlich gehe ich genüßlich mit Dad ein bißchen einkaufen, trinke mit ihm am späten Nachmittag ein nettes Bierchen im »Ship« und verbringe einen fröhlichen Abend, an dem wir Sherry trinken und das Weihnachtsmenü planen. Letztes Jahr um diese Zeit haben Molly und ich uns vor Weihnachten gefürchtet, aber heute herrscht zwischen uns dreien Wärme und Intimität; wir sind eine Familie.

Sie geht gegen neun Uhr mit ihren Freundinnen aus, bittet mich inständig, mitzukommen, und lockt mich mit Geschichten, daß Natasha und Emily alle beide verrückt nach mir sind. Aber nein, ich will einfach zu Hause bleiben und mit Dad Fußball anschauen. Er macht ein paar alberne Bemerkungen, weil Dalglish sich immer über den Schiri beklagt. Ich finde ihn wirklich ulkig.

Heiligabend 1979

Wir stehen früh auf und fahren zur Red Hill Farm, um unseren Truthahn und sackweise frisches Gemüse und Kräuter zu holen. Ich trage fast alle schweren Beutel mit Kartoffeln und Rüben und Rosenkohl, aber ich überlasse es Dad, zusammen mit dem Farmer den Puter zu liquidieren. Er schleift die tropfende Plastiktüte hinter sich her und versucht, jede Berührung mit ihrem soeben zur Strecke gebrachten Inhalt zu vermeiden.

Gegen sechs bin ich in der Küche und helfe Dad, den Vogel zu rupfen. Das Telefon klingelt. Molly ruft nach mir. Es ist Elvis. Maßlose Euphorie und Erleichterung überkommen mich. Vielleicht hätte ich sie bitten sollen, ihn abzuwimmeln – aber ich bin da wie der Blitz.

Er klingt ziemlich weggetreten: »Wo bist du, Kumpel? Ich bin schon ewig hier.«

»Wo?«

»In Thornton Hough.«

Mir fällt alles wieder ein. Wir liegen bei Elvis in einer Marihuanawolke, schon vor Wochen, hören Wire und The Furs und Leonard Cohen und beschließen, daß wir einen richtig spirituellen Heiligabend haben und durch Lieder und Gebete Zwiesprache mit Ihm halten wollen. Wir werden zur Mitternachtsmesse gehen. Wir beschließen, daß Thornton Hough, ein abgelegener und unglaublich schöner Bauernweiler mitten in Wirral, der Hintergrund unseres Weihnachtsidylls sein wird. Wir versprechen uns, am Heiligabend dort hinzufahren und zur Christmette zu gehen, komme, was wolle.

Aber seitdem hat sich viel verändert. Ich sollte wirklich nicht hingehen. Nein.

»Scheiße. Vergessen. Hätte auch nicht gedacht, daß *du* auftauchst. Kannst du warten?«

»Im ›Seven Stars‹ hier werde ich nicht mehr bedient. Bin schon seit

Mittag hier. Ich gehe runter zu dem Dingsda, dem Hotel ›Thornton Hall‹.«

»Wenn sie dich im ›Stars‹ nicht mehr bedienen, bedienen sie dich im ›Thornton Hall‹ mit Sicherheit auch nicht. Warte einfach beim Sportplatz! Ich bin gleich da.«

Ich schaue Dad flehentlich an. Ich verabscheue mich dafür. Er hätte uns heute so gern alle hier. Aber ich muß Elvis treffen. Wenn ich die Sache mit Anstand hinter mich bringen will, muß ich ihn dieses eine letzte Mal sehen und ihm erklären, daß ich meinem Leben eine andere Richtung geben muß. Das wird ihn freuen. Ich weiß, daß er genauso fühlt. Dad sagt, daß er mich raus nach Thornton Hill fährt, aber daß ich dann sehen muß, wie ich nach Hause komme. Aber natürlich. Ich habe ihn sowieso noch nie gebeten, mich irgendwo hinzufahren. Im Wagen will ich ihm erklären, daß es nur um die richtige Ausgangsposition für das neue Jahr geht, aber er hat sich wieder aufs Schweigen und Grübeln und Resigniertsein verlegt. Als er mich an der absurd malerischen Bushaltestelle absetzt, hasse ich ihn wieder.

Elvis' Pupillen sind wie Stecknadelköpfe, und ich spüre sofort, daß er ziemlich hinüber ist. Trotzdem tut es gut, ihn zu sehen. Er umarmt mich beinahe verlegen, nicht so leidenschaftlich wie beim letztenmal, und setzt sich dann wieder auf die Bank, von der aus man das Kricketfeld überblickt. Der Himmel ist sagenhaft. Es ist später Nachmittag und bereits dunkel, aber die Dezembersonne will nicht untergehen und wirft rote und orangefarbene Strahlen über den lilaschwarzen Himmel. Es ist ehrfurchtgebietend. Wir sitzen beide schweigend da und sehen zu, wie das Orange und das Rot langsam aus diesem Bild verschwinden. Elvis gibt mir eine Marihuanazigarette und steckt sich auch eine an. Er inhaliert tief, legt den Kopf zurück, so daß er senkrecht in den Himmel schauen kann, und pustet grünen Rauch hinauf in die Luft.

»Toller Himmel«, murmelt er. Ich muß lächeln. Immer der wunderversessene Existentialist, unser Elvis.

»Was hast du so gemacht?« frage ich. Er denkt eine Weile nach.

»War ein bißchen unterwegs und so, hab versucht, meinen Kopf hintereinander zu kriegen, irgendwie das Zeug in meiner Rübe zu ordnen.«

»Und wo war das so?«

»Bei Andy und Kate. In der Nähe vom Park irgendwie.«

Moment. Kate. Junkie-Kate?

»Kate aus Bebington?«

»Ja, die.«

Ich habe mich einmal im »Eric's« mit ihr unterhalten. Sie saß mit ihrer Clique im Hinterzimmer, und alle taten so, als stünden sie auf Howlin' Wolf. Ein paar Mädchen da drin, die, die um die X-Tremes rumschleichen, sind die sexysten, dünnsten, dreckigsten Mädchen der Welt – aber mit der Jukebox machen sie nur Scheiße. Gina X gefolgt von Howlin' Wolf gefolgt von The Fall gefolgt von den verdammten Rockin' Dopsie and his Cajun Twisters. Eklektizismus, argumentierten Elvis und diese Kate. Ein unverzeihlicher Haufen Kacke, meinte ich. Kate ist schön, aber sie ist falsch. Daß sie in die Gang aufgenommen worden ist, hat sie wahrscheinlich so erschreckt, daß sie den ganzen Quatsch mitmacht – alberner, aufgesetzter Akzent, Gitarristen-Bildhauer-Arschloch-Freund, Wohnung in der Lark Lane, Schlampenkleider. Sie hat Elvis mit ihrer dummen, übertriebenen, schleppenden Stimme erzählt, wie toll Heroin ist. Ich habe sie schon länger nicht mehr gesehen.

»Sie ist auf dem anderen Stoff, oder?«

Elvis hebt die Schultern, aber er schaut zu Boden.

»Sie ist auf allem«, sagt er. »Ihr Geist ist offen. Sie ist einfach ein lieber, warmherziger Mensch. Das sind beides wunderbare, offene Menschen ohne Tabus oder so. Sie setzen mich nie unter Druck und so. Die lassen mich einfach in meinem eigenen Tempo meine Sachen in den Griff kriegen, Kumpel.«

Er redet schon wie ein Schwachkopf aus Sefton Park. Gut. Er wird mir nicht besonders fehlen. Ich ziehe an der Kippe meiner Marihuanazigarette, stehe auf und schlage mit den Armen gegen meine Seiten. Es wird kalt.

»Komm, wir gehen ins ›Wheatsheaf‹. Wird schon klargehen.«

Elvis greift in seine Jacke und zieht einen Flachmann hervor. Ich trinke einen großen Schluck Brandy. Der Nachgeschmack ist köstlich. Elvis betrachtet die Dorfszenerie. Die Ruhe ist unwirklich. Das einzige Geräusch kommt von zwei aufgeregten Kindern, die das Karussell so schnell schieben, wie sie können. Während wir hier gesessen haben, ist weder ein Auto noch ein Fußgänger vorbeigekommen.

Er schüttelt den Kopf. »Wahnsinn, oder, Kumpel?«

Ich nicke. Gerne würde ich ermutigend seinen Arm drücken, aber ich kann einfach nicht. Er steht reglos da, ohne einen Lidschlag. Ein schöner Junge, der große Gedanken hegt. Ich will damit nichts mehr zu tun haben. Wir gehen los.

»Was ist denn mit Christy passiert?«

»John Godden hat ihn umgebracht.«

Er sagt es einfach. Das sagt er einfach. Ich spüre nichts. Wir schauen hinauf in den Himmel. Aus einem Häuschen in der Nähe ruft die Mutter der Kinder; das bringt den Weihnachtsmann ein prickelndes Stückchen näher. Ich frage mich, wie *sie* leben werden.

»Für Billy war es ein Alptraum. Er hat in Halifax alles gesehen. Christy hat John gestochen, als sie mit den Subbies da gekämpft haben. Billy wußte nicht, was er machen soll. Er wollte nichts sagen, aber er hat sich total fertiggemacht. Ist irgendwie zu Marty gegangen und hat ihm erzählt, was er gesehen hat.«

Jetzt bin ich neugierig. Ich nicke, damit er weiterspricht.

»In Woodchurch haben es irgendwie alle akzeptiert. Keiner hat den Bullen ein Wort gesagt.«

Darüber muß ich unwillkürlich lächeln. »Außer, daß sie irgendwie *mich* ins Gespräch gebracht haben.«

»Ach komm! Die werden denen ein paar Szenenamen gesagt haben. Um sie von der Fährte abzubringen.«
Ich weiß nicht, was ich sagen soll. Ich sollte Konsequenzen daraus ziehen, daß sie mich der Polente geopfert haben, und das als letzte Bestätigung dafür nehmen, daß ich das alles nicht mehr will. Aber es macht mir etwas aus. Es ist nicht fair. Wir gehen langsam die Feldwege entlang und staunen über diese bäuerliche Ruhe, nur wenige Meilen von den wimmelnden Straßen Birkenheads und Liverpools entfernt.
Ich kreise das Problem näher ein. »Also, triffst du jetzt irgendwelche großen Entscheidungen? Ziehst du zu Kate und so?«
»Nee. Das will ich denen nicht antun! Nein. Aber gegen ihre Szene hab ich nichts. Oxton ist toll und so, aber eigentlich sind wir doch hier angetreten. Liverpool ist eine richtige Stadt. Irgendwie eine der bedeutenden Städte auf der Welt, und sie ist genau vor meiner Haustür.«
Ich bin für seine tatsächliche Beschränktheit blind gewesen. Wie so viele Kinder, die sich alles selbst beibringen müssen, greift er sich mit Vorliebe ein ganzes Sortiment von Leckerbissen, Sachen, die er cool findet, meistens Künstler oder Dichter. Er findet alles über sie heraus und erzählt einem dann Details aus ihrem Leben. Aber er versteht gar nichts. Jetzt wird es mir klar. Es ist tragisch.
»Suchst du dir ne Wohnung?«
»Weiß nicht«, sagt er nervös. »Hättest *du* Lust dazu?«
»Ich?« Ich bin platt, geschmeichelt und entsetzt, alles auf einmal.
Sogar in diesem Licht kann ich sehen, daß Elvis rot wird. »Du mußt jetzt nichts sagen und so.« Er lacht. Ich lache auch, um die Pausen zu füllen, genau wie er.
Im »Wheatsheaf« amüsieren wir uns prächtig. Intuitiv gehen wir es beide locker an, wir schwelgen in Erinnerungen und lachen viel. Wir umgehen sorgfältig jede Unterhaltung über Wohnungen in Sefton Park und verbringen die wenigen verbleibenden Stunden damit, zwei sehr

nette, sehr elegante Muttis zu bequatschen. Elvis kann in solchen Situationen wunderbar sein; er packt den Stier bei den Hörnern und fängt an, sie abwechselnd zu becircen und zu ärgern. Obwohl sie uns ihre Namen gesagt haben, besteht er darauf, sie Goldie und Dolly zu nennen.

»Dolly, Liebes, deine Knöpfe da sind aufgegangen. Ich sags nur so. Ich will ja nicht, daß dich einer von diesen geilen alten Bauern hier in seinen Schuppen schleppt. Dazu hast du viel zuviel Klasse. Müßte schon mindestens der Heuboden sein.«

Sie genießen es. Sie sind beide verheiratet, ihre Männer sind beim Gelage des Golf-Clubs, und sie machen heftige Andeutungen, daß wir auf einen Schlaftrunk vorbeikommen können.

»Ich hoffe, daß ihr beide auch tüchtig arbeiten könnt.« Dolly lächelt. »Wir können unsere Zeit nicht mit Lehrlingen vertrödeln.«

»Oh, wir sind beide sehr gründlich.« Elvis grinst. »Allzeit bereite Handwerker, wir beide.«

Die Muttis kreischen vor Vergnügen. Aber so schnell, wie Elvis sie eingewickelt hat, läßt er sie wieder fallen.

»Die Sache ist aber die, ich weiß nicht genau, ob wir diesen Job so kurzfristig annehmen können, tüchtig und gewissenhaft, wie wir sind.«

Den beiden Miezen fallen die Gesichter runter. Elvis macht weiter. Mal sehen, was jetzt kommt. Ich habe die Christmette schon längst abgehakt.

»Nein. Die Sache ist, zwischen meinem Freund hier und mir besteht schon sehr lange die Abmachung, daß wir heute abend zur Mette gehen. Irgendwie ein kleiner Schritt, um die spirituelle und die materielle Seite unseres Lebens miteinander in Einklang zu bringen und so.«

Sie sehen nicht sehr beeindruckt aus. Ich schon.

»Ihr zwei Blödmänner!« sagt Dolly, die ein klein wenig pummelig ist und ihr Dekolleté mächtig ausstellt. Goldie legt ihr eine Hand auf das Handgelenk, um sie zu bremsen.

»Alles, was ihr wollt«, beruhigt Elvis sie. »Ihr könnt ja mitkommen, wenn ihr Lust habt ...«

»Ach, spar dir das! Sind wir euch vielleicht ein kleines bißchen zu ... reif?«

»Du bist paranoid.«

Sie ist verzweifelt. »Verpiß dich!«

Ich zucke mit den Achseln und lächele. Dolly stellt ihre betuchte Freundin auf die Füße, und das wars dann. Die beiden schwanken benebelt und beleidigt zur Tür. Sie haben tolle Beine. Hoffentlich taugt diese Christmette was.

Wir trinken noch ein Bier, diesmal Guinness, und gehen dann über die Feldwege zurück. Elvis ist gut in Form, er singt aus vollem Hals und segnet im Vorbeigehen die verdutzten Kühe auf den Feldern.

»Gott segne dich, Ermintrude, mein Kind. Ich taufe dich auf den Namen Heilige Schwester des Dungs.«

Ich lache schallend und kichere während des ganzen Wegs zurück nach Thornton Hough. Gut, daß ich ihn wiederhabe. Wir räuspern uns und sind still, als wir die All-Saints-Kirche betreten. Sie ist schon überfüllt. Hinten sind keine Plätze mehr frei, also müssen wir uns immer weiter durch den Mittelgang nach vorne tasten, während die Leute sich nach uns umdrehen. Ungefähr auf halbem Weg ist neben einer rundlichen, lächelnden Dame mit einer roten Kappe Platz. Das muß genügen. Als wir uns neben sie setzen, nickt sie und lächelt, als ob sie sagen wollte: Hallo! Herzlich willkommen! Schön, daß die jungen Leute sich die Mühe machen. Auch wenn es nur an Weihnachten ist und sie betrunken sind.

Der Gottesdienst fängt an. Der Pfarrer spricht ein paar Worte, um uns daran zu erinnern, was Weihnachten bedeutet, und dann sind wir voll bei der Sache. Was für ein Auftakt! »We Three Kings«! Schon immer

einer meiner Favoriten. Den »Oh-star-of-wonder«-Teil mag ich besonders gern, er ist ideal für meinen tiefen, schnulzigen Gesangsstil.
Ein Stil, der der dröhnenden, wogenden, jubilierenden Mrs. Rotkäppchen eindeutig ein wenig zu zaghaft ist. Sie dreht sich um fast hundertachtzig Grad herum und schaut mich an anstatt zum Altar. Sie schmettert ihr Lied zum Himmel, strahlt mir glühend ins Gesicht, singt für mich und hält mir ihr Gesangbuch hin, damit ich einstimmen kann. Es ist ziemlich kraß. Sie will mir helfen, meine Hemmungen abzulegen. Sie ist eine Betschlampe, und sie will mich anlernen. Ich spüre, daß Elvis neben mir bebt, an seiner Faust nagt und vor Lachen heult. Mrs. Rotkäppchen schubst mich und lächelt und wirft den Kopf zurück. Sie ist ein einziger, verzerrter Freudenschrei, und sie ist hier, um ihre rasende Liebe zu verkünden. Laut.
»Stern! Über Bethlehem! Zeig uns den Weg! Führ uns zur Krippe hin! Zeig, wo sie steht! Leuchte du uns voran! Bis wir dort sind!«
»Was ne Scheiße!« flüstert Elvis. Er hat immer noch Krämpfe. Er reicht mir den Flachmann. Mrs. Rotkäppchen bemerkt das nicht, denn sie ist viel zu sehr damit beschäftigt, ihre Liebe zu Gott in all seiner Herrlichkeit abzulassen. Sie bemerkt aber, daß ich nicht singe, schubst mich wieder und deutet auf die Stelle im Kirchenlied, an der wir gerade sind. Wir sind in der letzten Strophe. Ich lächele und zeige auf Elvis, der überhaupt nicht singt. Ich schlüpfe an Mrs. Rotkäppchen vorbei, damit sie zwischen Elvis und mir zu stehen kommt. Sie blendet ihn mit dem Licht ihrer Liebe. Sie lächelt und strahlt und leuchtet ihn an. Eine richtige verlorene Seele, die gerettet werden kann! Für die nächsten siebzig Minuten foltern mich Anfälle von Heiterkeit, weil Mrs. Rotkäppchen Elvis mit Zuckerbrot und Peitsche in die Arme Gottes treiben will. Er wehrt sich heftig, singt extrem laut, wirft an den bedeutungsvollsten Stellen den Kopf herum, verdreht die Augen und rasselt die Antwortzeilen im Responsorium schneller herunter als alle anderen. Er scheint es gebührend zu genießen. Als es Zeit ist, am Fleisch und am

Blut Christi teilzuhaben, geht er zweimal hin; aber ich nehme an, daß das mehr an dem würzigen, parfümierten Abendmahlswein liegt als an einer neuentdeckten religiösen Leidenschaft.

Die letzten Gläubigen haben die Kirche schon lange verlassen, und wir sitzen noch immer schweigend in einer der hinteren Reihen. Elvis raucht noch eine Marihuanazigarette. Ich habe Angst mitzumachen, aber ich frage mich, wie Mrs. Rotkäppchen nackig aussieht und ob sie gepimpert wird und ob ich das vielleicht machen könnte.

»Kannst du mir die Beichte abnehmen?« fragt Elvis.

»Was ist los?«

»Wie ich sage, irgendwie. Ich muß bestimmte Dinge einfach sagen. Hörst du mir zu?«

»Klar!« platze ich heraus. Ich bin betroffen.

»Aber du mußt zuhören wie – wie ein Priester. Ohne mich zu verurteilen. Ohne daß du, irgendwie, weißt, daß *ich* es sage. Ohne deshalb etwas zu unternehmen.«

»Du willst, daß ich zuhöre – und irgendwie nicht zuhöre?«

»Ich will bestimmte Dinge sagen. Und dann sind sie gesagt.«

»Warum gehst du nicht zur Beichte? So richtig?« schlage ich vor. Ich bin in Panik, weil sein Ausdruck plötzlich so ernst und ruhig ist.

»Weil ich es *dir* sagen will.«

Ich hole sehr tief Luft. Ich weiß, daß mir das hier nicht gefällt. Ich versuche, ihn verständnisvoll anzulächeln, und tätschele seine Schulter.

»Na dann los, Elv! Klar höre ich zu.«

Er betritt einen Beichtstuhl. Ich gehe in die angrenzende Zelle und schließe den kleinen Samtvorhang.

»Sprich einfach!« dröhne ich. »Wann immer du bereit bist, irgendwie. Spucks aus!«

Ewig lange sagt Elvis gar nichts. Ich höre ein knisterndes Geräusch, während er Kaugummi oder Schokolade auspackt, dann wieder Stille. Ich habe beschlossen, daß ich nichts mehr sagen werde. Ich sitze mit ihm die ganze Nacht hier, wenn er das braucht. Dicker süßlicher Rauch weht von Elvis' Seite herüber. Ich höre ihn husten und schniefen.

»Bist du okay, Elvis?«

»Nein.«

Vermehrtes Geschnüffel. Ich höre, wie er den betäubenden Rauch einsaugt. Plötzlich wird mir kalt. Vielleicht hat er gedacht, daß ich mich nicht getraut habe, über die Klorolle in seiner Wohnung nachzudenken. Natürlich ist es Heroin. Er ist genau die Person, die höchstwahrscheinlich da hineingerät. Er muß immer einer der ersten sein. Heroin ist wieder schwer in Mode. Und billig. Soviel weiß ich von Bob McNally. Und Heroin, oder die Idee des Heroins, ist wie geschaffen für Elvis. O Elvis, mein Freund, du bist so ein Idiot!

»Was rauchstn da?«

»Weißt du doch, Kumpel.«

»Was denn?«

Ich will einfach, daß er es sagt. Aber er sagt ewig lange nichts.

»Er liebt dich, Kumpel.«

Es ist wieder still, dann unterdrückt er ein Husten.

Ich spreche leise. »Wer denn?«

Ich kann hören, wie er würgt.

Ich versuche es noch mal. »Wer denn, El. Du?«

Schweigen.

»Ich liebe dich auch.«

Kurzes Gackern von Elvis.

»Aber er *liebt* dich.«

Verstehe.

Offenbar gibt es nicht mehr besonders viel zu sagen. Was ich auch sage, er wird sterben, das weiß ich. Er will sterben. Er hat oft genug davon gesprochen. Eine schwindelerregende Woge der Panik, als ich zu denken wage, daß er jetzt hier ist, um einen spektakulären Mord an mir und an sich selbst zu vollziehen. Das wäre typisch Elvis. Oder zumindest so, wie er gern wäre. Ein Selbstmordpakt in einer Kirche in den ersten knospenden Stunden des Weihnachtsmorgens. Wahrscheinlich hat er eine herausgerissene Seite aus »Ariel« in der Tasche und eine Joy-Division-Tonbandschleife, die in seiner Bang & Olufsen rotiert, damit die Polente sie findet. Aber der Anfall geht vorbei. Elvis stimmt einen düsteren Gesang an, und seine Stimme ist schwer vor Trägheit und Kummer:

The Burne-Jones cartoons
Have preserved her eyes
Still, at The Tate, they teach
Cophetua to rhapsodize.

»Hör auf, El!« flehe ich ihn an. Seine Stimme ist furchterregend.

Thin like brook water
With a vacant gaze
The English Rubaiyat was still-born in those days

The thin, clear gaze the same
Still darts out faunlike from the half-ruined face
Questing and passive …
Ah, poor Elways case …

Er verstummt. Ich höre ihn schlucken und schnüffeln. Was für eine Verschwendung!
An seiner Stimme kann ich geradezu hören, daß er versucht, einen Gang hochzuschalten. »Fährst du zum Crewe-Spiel?«
»Glaube kaum.«
»Wieso nicht?«
»Ich schmeiß das alles hin.«

»Ich auch. Na, wie wärs? Ein letztes Auswärtsspiel?«
»Keinen Bock.«
Ein irres, langgezogenes, leises Schluchzen von Elvis, dann ein feuchtes Schniefen. »Ich werde dich nie mehr wiedersehen, oder?«
Vielleicht hat er recht. »Red keinen Scheiß!«
Ich sitze eine ganze Weile da, bis ich kapiere, Elvis ist fort.
Als ich aus der Kirche komme, ist nichts zu sehen und nichts zu hören. Nur sein Geruch ist da, sein süßlicher, ausgelaugter Geruch. Ich gehe zu Fuß nach Hause, und es geht mir besser. Es ist genauso wie bei dem einzigen anderen Mal in meinem Leben, als ich diesen Weg gegangen bin. Es war der Abend, an dem man mir gesagt hatte, daß Mum mit Sicherheit an Krebs sterben würde. An diesem Abend fühlte ich mich von der Menschheit abgetrennt, anders als alle anderen. Ich hatte das Gefühl, von Mums Leiden weg und in eine ganz neue Welt aus privatem, persönlichem Kummer zu gehen. Ich fühlte mich deshalb stark. Und auch heute ist es so, als würde ich von etwas weggehen, es für immer zurücklassen und mich etwas Größerem zuwenden. Was es ist, weiß ich nicht. Aber es wird okay sein, denn vielleicht zum erstenmal weiß ich, daß es etwas Gutes sein wird. Mein Leben ist nicht gräßlich. Es gibt etwas für mich.

28. Dezember 1979

Ich bin froh, daß ich mich im Büro verstecken kann, wo ich ständig mit prosaischen Dingen beschäftigt bin. Bob hat gestern eine Nachricht hinterlassen, daß er heute um zwölf kommt. Gestern hatte ich einen derartigen Moralischen. Über Weihnachten hat die sagenhafte Carty-Sauf-Familie neue Dröhnungsrekorde aufgestellt. Sogar Dad hatte am zweiten Feiertag gegen Mittag den reduzierten Zustand eines grummelnden Narren erreicht, den er seit Tante Geraldines Ankunft angestrebt hatte. Tante Geraldine ist Mums berühmtermaßen angesäuselte ältere Schwester und das einzige Mitglied ihres Clans, das den Kontakt zu uns hält.

Anstatt uns zu Weihnachten und an Geburtstagen Fünfer und Plattengutscheine zuzustecken, schickt Tante Ged Molly und mir immer diese unglaublich selbstgerechten Mit-dem-Munde-gemalt-Karten, und immer ist darauf ein Blumenstrauß zu sehen und eine Strophe drittklassiger Verse zum Thema Kraft durch Gebet und Liebe. Der Gipfel bei diesen Karten ist der hingekritzelte Gruß von Tante Ged, die unwahrheitsgemäß versichert, daß sie dieses Jahr, letztes Jahr, jedes Jahr anstelle eines Geschenks »in unserem Namen« zugunsten der Gemarterten Schwestern von Assumpta Lourdes Minibus oder der Joey-Doonan-Kidney-Aktion gespendet hat. Den Teufel hat sie. Sie hat unser Geschenk im »Newington Arms« in der Nähe der Bold Street schlicht versoffen.

Seit wir älter und perverser geworden sind, ist Tante Geds Karte der am ungeduldigsten erwartete Höhepunkt jedes erdenklichen bedeutenden Anlasses, den Molly und ich feiern. Sobald wir den verräterischen malvenfarbenen Umschlag sehen, schmeißen wir alle anderen Schreiben weg; dann reißen wir ihn auf und lesen die Verse laut vor, wobei uns die Freudentränen normalerweise daran hindern, die rituelle Festrede zu vollenden.

Dieses Jahr wäre ihr ihr Geiz beinahe zum Verhängnis geworden. Anstatt viel zuviel Geld für eine Briefmarke zu vergeuden und uns dadurch das besondere Vergnügen zu gönnen, ihre befremdlichen Schwindeleien per Post zu erhalten, hat sie beschlossen, die Ausgaben drastisch zu kürzen und uns ihre Karte beim Abendessen persönlich zu überreichen. Für die Vorsehung war das ein Wink mit dem Zaunpfahl. Molly und ich sind von den Bloody Marys gegen den Kater und von einem danach unbedingt erforderlichen Ausflug ins »Old Quay« stockbesoffen. Wir betteln wie die Schulkinder, die die Antwort wissen, und jeder von uns beiden will der Auserwählte sein, der die Karte bekommt. Dieses Jahr gibt es nur diese eine für uns zwei, weil wir schon so gut wie erwachsen sind. Dad versteckt sich in der Küche und tut so, als würde er die Soße perfektionieren. Moll und ich bringen Tante Ged Extrakissen, füllen ihr Sherry-Glas nach und *flehen* sie an, uns den diesjährigen Kartengruß lesen zu lassen. Da ich ein Junge bin und Tante Geraldine eine versoffene alte Hure ist, bekomme ich die Karte. Molly bricht fast zusammen, während ich unter großem Zeremoniell den Umschlag mit einem Messer öffne und den ekelerregend optimistischen Passus auf der Karte vorlese. Ich bringe einen ernsten Gesichtsausdruck zustande, der besagen soll, daß diese Worte Moll und mir viel bedeuten. Molly verschwindet japsend und bebend unter dem Tisch und explodiert fast vor Kichern. Dad hantiert in der Küche. Ich höre sein unterdrücktes Gewieher und platze beinahe selbst. Ich beruhige mich, was eine bemerkenswerte Leistung an Selbstbeherrschung darstellt, und kann die saisonale Ausrede dafür verkünden, daß das Christkind nicht zu uns Kinderchen kommt:

Meine Lieben, noch immer bin ich untröstlich, daß unsere geliebte, makellose Patsy uns so grausam entrissen worden ist. Ich weiß, Ihr werdet es zu schätzen wissen, daß ich anstelle von etwas, das Euch vielleicht nicht gefällt, diese Weihnachten

in Eurem Namen für die Nancy-Corrigan-Lungenkrebs-Hilfe gespendet habe.
Gott segne Euch beide!
Eure Euch liebende
Tante Geraldine

Ich blicke von der Karte auf und lächele sie schräg an.
»Schwachsinn!« erkläre ich.
Sie schaut mich verblüfft und ratlos an. Aus der Küche höre ich lautes, schallendes Gelächter, und unter dem Tisch quillt gnadenloses gequältes Gekicher hervor. Nachdem Molly eine volle Minute lang hysterisch geschrien und geheult hat, erscheint ihre Hand auf der Tischplatte. Dann schiebt sich ihr gerötetes Gesicht ins Bild; es ist tränenüberströmt, und sie ist völlig hilflos vor Lachen. Schließlich fängt Tante Ged auch noch zu lachen an. Sie ist eine hübsche Frau mit einem stattlichen Busen, und ihr Gelächter paßt vorzüglich zu ihr. Dad kommt mit nassen Augen ins Zimmer, und wir vier machen uns für eine Ewigkeit vor Lachen fast in die Hose.
»Ihr verdammte Schweinebande«, sagt Ged endlich. Als Wiedergutmachung für unsere beklagenswerte Unhöflichkeit müssen wir ihr den ganzen Tag Drinks bringen. Wir beseitigen den *ganzen* Wein und Schnaps im Hause, was eine beträchtliche Menge ist, einschließlich einer intensiv duftenden Flasche Nuits St. George, von der uns Dad später sagte, daß sie richtig teuer war. Um sieben Uhr schlurfen wir zum »Old Quay« und kommen erst kurz vor Mitternacht zurück. Dann breche ich zusammen, während ich gerade Pernod-mit-Bleiche-frischer-Atem-Elixier für sie mixe.
Am nächsten Tag brummt mir der Kopf wie nie zuvor. Ich setze mich benommen auf, und mir ist übel. Alle möglichen verrückten Schnipsel von Stimmen und Gesprächen huschen durch mein Bewußtsein und wieder hinaus.

Wir sind Rubaiyat, oder?
Keine Frage.
Armer verdammter Elvis. Eine in jeder Hinsicht goldene Jugend, außer in Wirklichkeit. In Wirklichkeit ist er fertig. Aber das ist offensichtlich das, was er will. Alles an Elvis strebt nach dieser schamlosen, gelangweilten Demütigung seiner selbst. Er wendet auf sein ganzes Leben dieselben Launen und Moden an, die er auch für den eigentlichen Modekram benutzt. Er glaubt überhaupt nicht, daß er verliebt in mich ist. Er spielt eine Rolle, die er für sich geschrieben hat und die vor vielen Jahren für ihn geschrieben worden ist und seither viele Male neu. Mein dünner Freund. Die verschwendete Jugend. Arme Sau.
Ein letztes Auswärtsspiel?
Ich ziehe mir mein Kissen über den Kopf und versuche, das Läuten abzustellen, dieses hohe, monotone Läuten, und die Stimmen. Ein letztes Auswärtsspiel? Wozu? Für wen?
Ich stehe mit Mühe auf und ziehe mich mit Mühe an, und ich fühle mich einfach *schlecht.* Es ist gerade mal elf. Die Familienbande wird bis in den späten Nachmittag schlafen. Ich unternehme einen zaghaften Versuch, der Unordnung Herr zu werden, aber ich höre mitten in diesem höchst zweifelhaften Unterfangen einfach auf. Ich habe vergessen, warum ich eine leere Flasche Hunt's Tonic in der Hand habe und wo ich damit hinsoll. Ich gehe wieder in mein Zimmer. Noch mehr Stimmen.
Aber er liebt *dich.*
Scheiße. Ich versuche, meine Geschenke zu ordnen. Jede Menge Clinique-Zeug und Bücher und Platten von Molly und ein schöner himmelblauer Kaschmirpullover mit V-Ausschnitt, den Dad mir von Westaway & Westaway in London mitgebracht hat. Er befürchtete, daß mir die Farbe vielleicht nicht steht, aber der Pullover gefällt mir sehr gut. Ich drücke ihn an mein Gesicht und spüre den Luxus.
Ich lege die neuen Alben oben auf den Schallplattenstapel und fange

an, meine Sammlung durchzugehen. Bei »Frankie Teardrop« von Suicide bleibe ich hängen. Ich gebe mir wirklich Mühe; ich summe und laufe herum, damit ich nicht an Elvis denken muß. Ich werde immer teilnahmsloser. Ich sollte mich aufraffen und rausgehen, etwas tun, vielleicht sogar arbeiten. Statt dessen spiele ich »Spanish Stroll« von Mink Deville sowie »Song for Europe« von Roxy und fange an, mich sehr bedeutend zu fühlen.

Bob kommt kurz nach zwölf. Er sieht jetzt viel besser aus. Bob, der trotz all seiner Anti-Establishment-Rhetorik früher niemals seine Geldgeber hintergangen hätte, kramt in ein paar Papieren herum, zieht ein paarmal ein ungeduldiges Gesicht und steht ärgerlich wieder auf. Er angelt einen offensichtlich neuen und ein wenig zu großen Kurzmantel von seiner Stuhllehne.

»Los, komm! Jahrszuende. Raus mitm alten. Rein mitm neuen. Neues Spiel, Paulijungchen. Neues Glück.«

Heute nachmittag sind glücklicherweise keine Weihnachtshorden im »Copperfield«. Ich hätte nicht gedacht, daß ich den schmuddeligen Teppichboden des Lokals jemals wiedersehe. Sehr zu Raymonds Mißfallen bestellt Bob ein großes Wasser, also überkompensiere ich mit einer großen Bloody Mary und einem Glas Guinness. Wir setzen uns auf unsere gewohnten Stühle an unserem gewohnten Tisch.

»Nehm an, du hast den ganzen Streß bei Tranmere mitgekriegt?«

»Nö«, sage ich beinahe süffisant. »Geh nicht mehr hin.«

»Oh ...«

Das ist beinahe eine Frage. Ich kann seine Überraschung gut verstehen. Etwa zu der Zeit, als ich am zweiten Feiertag Tante Geds Weihnachtshumbug vorgelesen habe, wärmten sich Tranmere und Chester für den Anstoß in Prenton auf, und The Pack bereitete eine Zangenbewegung um die tausendsoundsoviel Chester-Besucher im Open End vor. Es stand im »Echo« und in der »Daily Post«, aber am wichtigsten war eine

Schlagzeile im »Express«, die festhielt, daß die Anhänger der Tranmere Rovers »abermals« in Unruhen verwickelt gewesen sind, und zwar vor, während und nach dem Spiel am zweiten Feiertag gegen den Lokalrivalen Chester. Ich hätte mir niemals träumen lassen, daß ich dieses Spiel verpasse. Aber ich habe es verpaßt. Bis gegen halb zehn im Pub habe ich sogar vergessen, nach dem Spielstand zu fragen.
Ich sollte eigentlich zufrieden sein, daß ich mich für immer von dieser Sache freigemacht habe. Trotzdem habe ich die Zeitungsberichte über die Schlacht so spannend gefunden, daß ich alle Aussagen entsetzter Augenzeugen ausgeschnitten habe.
»Wie kommt *das* denn?«
»Ich bin fertig damit, Bob, mein Lieber. Neujahrsvorsatz. Ich überlege mir, wieder zur Schule zu gehen und die A-Levels zu machen.«
Kurzes, erschrockenes Schweigen. Ich fürchte beinahe, daß er böse mit mir ist, aber erstaunlicherweise strahlt er plötzlich über das ganze Gesicht. Er hat Tränen in den Augen und nagt auf seiner Unterlippe herum.
Er legt mir die Hand auf die Schulter und schaut mich anerkennend an. »Wie schöööön, Paulijungchen. Ich freu mich so für dich. Ich freu mich so verdammt für dich.«
Er drückt fest meine Schulter und schüttelt mich, schaut sein Wasserglas an und marschiert zur Bar. Wenig später kommt er mit zwei Weingläsern zurück. In seinem Kielwasser segelt Raymond mit einer Flasche Rotwein.
»Tut mir leid, mein Junge. Kein Schampus. Aber zum Anstoßen reicht das Zeug hier auch. Los, komm, Ray, hol dir ein Glas, Junge! Hopphopp.«
Raymond kommt folgsam mit einem weiteren Weinglas und ein paar großen Jamies zurück, die aufs Haus gehen. Gegen halb drei sind wir blau, und Bob redet einen so kompletten Scheißdreck, daß er nur die Wahrheit sein kann. Zwei leere Weinflaschen stehen schon da, und die dritte trinken wir gerade aus.

Bob schenkt ein und fuchtelt mit der freien Hand herum: »Siehste, deine Zeit ist gekommen, Paulijungchen. Die Zeit der Fragen. Die Zeit, wode fragst ... Warum? Warum musses *so* sein? Was isn, wenn ich dassa machen will? Nich jeda stellt sich die Frage. Die meisten nich. Aber die, dies machen ...«
Er verstummt, macht ein mystisches, komisch wissendes Gesicht und nickt. Seine Augäpfel sind riesengroß und weiß und glasig. Auf seinen scharfen kleinen Zähnen glänzt Spucke.
»... das sin *die*, die mal nen Blick übern Tellerrand geworfen ham!«
Er schaut mir direkt in die Augen. Er nickt jetzt leidenschaftlich und beinahe ehrfürchtig.
»Gnau wie Marco Polo, gnau wie Samuel Goldwyn, wer auch immer – gnau wie der Scheiß-Hitler, wenne willst – und *du* wirfst jetzt nen Blick übern Tellerrand und fragst dich ...«
Er schlägt sich in lächerlicher Weise auf die Brust.
»... wo ist *mein* Teil!? Welchen Weg soll ... *ich* gehn?«
Ich unterdrücke das sehr reelle Bedürfnis, laut zu lachen, und es gelingt mir, ernsthaft zu nicken. Es macht mich verlegen, wie Bob mich bedeutungsvoll anstarrt und keucht, und ich nehme die leere Weinflasche und recke mich nach Ray an der Bar, um eine neue zu bestellen. Auch Ray nickt ernst. Ich bin von Männern in einem bestimmten Alter umgeben, die ihre Chance verpaßt haben, über den Tellerrand zu spähen und ihren optimalen Lebensplan zu wählen. Ich mag sie beide ungeheuer gern – und ich bin unheimlich deprimiert.
Ray bringt noch eine Flasche Wein und sagt, daß es die letzte ist, die er vorrätig hat. Er kann zum Cash and Carry rüberflitzen, falls wir noch eine wollen. Wir lehnen ab. Ich beschließe, daß es nicht schaden kann, wenn Bob die ganze Bandbreite meiner Tranmere-Gefolgschaft kennt. Es hat mir schon Herzklopfen bereitet, nur über den Chester-Krach zu reden, und das war noch lange nicht alles. Ich versuche, ihm zu erklären, daß ich nicht einfach einen Schlußstrich unter alles ziehen

kann – unter Elvis, The Pack, den ganzen Kodex –, wenn ich nicht das Gefühl habe, es ist wirklich vorbei, ich bin fertig damit.

»Kammer das beenden?«

»Ja.«

»Kannst du?«

Ich schaue ihm in die Augen, dann schaue ich weg. »Weiß nicht.«

»Nein. Macht nichts.«

Er kippt seinen Wein hinunter und mustert sein Glas, als habe sich noch irgendwo ein Tropfen versteckt.

Er schielt mich an. »Sei kein Arschloch, Paul! Du hass dirs voll gegeben. Voll gegeben heißt gesehn. Und jetzt bleib einfach weg!«

»Das ist nicht so einfach, Bob.« Ich denke angestrengt nach, was ich sagen könnte, damit er mich versteht. »Es gefällt mir.«

Sein Gesicht rötet sich vor Zorn. »Typisch kleiner Scheiß-Bourgeois, katholischer Selbstverächter! Willst wohl, daß *die* dich abservieren, was? Weil du das selbst nicht schaffst.«

Er hat recht. Dieser komische kleine Kerl mit hohen Prinzipien, scharfen Gesichtszügen, beschissenen Haaren, geringer Lebenserfahrung und Lebenserwartung hat die ganze Sache in klare Worte gefaßt. Ich kann einfach nicht weggehen. Ich kann nicht vernünftig darüber nachdenken und kann es auch nicht ignorieren. Es ist einfach da. Ein Virus. Ein Bedürfnis. Nur sie können mich entlassen. Die Königsmacher.

Bob beugt sich vor und packt mein Handgelenk. »Geh nicht wieder hin, Junge!«

»Nein.«

»Im Ernst?«

»Ja.«

Bob lächelt dünn und unsicher, rülpst und geht zur Toilette.

Big Batesy, Batesys Bruder, kommt mit einer gewaltigen Reisetasche herein. Von Big Batesy ist allgemein bekannt, daß er nach Frankreich, Belgien, Holland und Deutschland fährt und mit herrlicher Ware zurückkommt: Adidas, Puma, Patrick, so diese Sachen. Er hat einen Haufen Campri-Stanley-Jacken dabei, murmelt etwas über den Lake District, gutes Zeug, das Wahre und will einen Zehner haben. In Liverpool habe ich schon ein paar von diesen Klamotten gesehen. Ich suche mir eine schöne marineblaue Jacke aus. Paßt bestimmt gut zu meinem neuen Kaschmirpullover und zu den Donnay-Schuhen mit Klettverschluß, die ich in Heswall im Sportsworld gesehen habe. Sieht so aus, als würde ich zum Crewe-Spiel gehen.

30. Dezember 1979

Als Peel gestern abend bei The Festive Fifty »Another Girl, another Planet« spielten, habe ich mich entschieden: Abschied von Elvis. Abschied von The Pack. Die Fahrt nach Crewe ist ein Abschied von alldem.

Aber keiner von ihnen ist da. Ich bin den Zwölf-Uhr-zehn-Zug nach London in ganzer Länge abgegangen, und ich kenne keine Seele. Der Zug platzt fast aus den Nähten; aufgeregte Mitläufer, die zuviel reden, Zigaretten anzünden, aus den Fenstern hängen und sich unsicher die Ponysträhnen aus den Augen pusten, haben sich zusammengerottet. Nur eine Handvoll kommt mir bekannt vor. Diese Bengels überrollen alles. Sie sind überall, und alle tragen sie Skipullover, Jumbos, blaue Kios und gesteppte Jacken von Luhta oder Stanley. Sogar die von Bury hatten neulich abends ein halbes Dutzend dieser Sorte dabei, und sie standen trotzig abseits von den anderen Bauern in ihrer Umgebung. Das hier müssen an die dreihundert sein – größenmäßig eine Crew für die erste Liga.

Als der Zug bereits anfährt, kommt Danny Allen atemlos den Bahnsteig entlang geflitzt. Er kann gerade noch auf den ersten Waggon aufspringen. Ich gehe durch den Zug nach vorn, weil ich herausfinden will, was los ist. Er ist nervös, aber offenbar freut er sich, mich zu sehen.

»Scheiße, Paul, Kumpel! Wo warstn die ganze Zeit? Ich hab gehört, du bist auf der Flucht!«

Ich lache, das Gerücht gefällt mir. Wenigstens haben sie nicht gesagt, daß ich auf dem Klo in Birkenhead Park geschnappt worden bin oder so.

»Nein! Ich habe nur irgendwie – ich war mal kurz ein bißchen außer Reichweite.«

Er sieht nicht besonders überzeugt aus. »Nur so ein bißchen freigemacht, irgendwie?«

»Ja, so was.«

Er holt tief Luft. Er ist immer noch nervös. Das ist nicht seine gewohnt überschwengliche Art.

»Mit Marty gesprochen?«

»Nein. Wieso?«

Er geht nicht weiter darauf ein. Ich merke, daß er lieber nicht mit mir reden würde. Allmählich kommt mir das hier vor wie ein Fehler. Ich werde nach Crewe fahren, das Spiel anschauen und mich verpissen. Basta.

»Wo ist Elvis?« fragt Danny.

»Hab ihn irgendwie nicht mehr gesehen. Du?«

»Nein, mein Lieber. Hab ihn ne ganze Weile nicht mehr gesehen. Hab eigentlich keinen von euch gesehen, seit wirs diesen Schwuchteln da im ›Parkgate‹ gegeben haben.«

»Noch mal danke! Weiß es zu schätzen. Mußte mich danach ein bißchen bedeckt halten«, lüge ich.

Es ist offensichtlich, daß Danny mir das gerne abnimmt. Es entsteht ein unangenehmes Schweigen, das schließlich ich breche.

»Wo sind überhaupt die ganzen Jungs? Wo ist die ganze Crew?«

Danny schlägt sich mit der flachen Hand auf die Stirn. »Scheiße! Die Beerdigung!«

Er erklärt mir, daß Christys Leiche über Weihnachten nicht freigegeben wurde, weil die Polizei ihre Ermittlungen fortsetzte. Die Beerdigung war heute morgen um elf Uhr.

»Scheiße! Die bringen mich um!«

»Davon geht die Welt nicht unter.«

Danny hält inne und grinst.

»Für ihn schon.«

Wir finden das beide fabelhaft lustig und kichern noch immer, als der Zug in Runcorn hält. Ein besinnungsloses Geschrei hebt an. Zwei Mods in voller Montur stehen auf dem Bahnsteig gegenüber und warten auf

den Zug nach Liverpool. Einer von ihnen trägt einen entschieden un-modmäßigen Schnauzbart und hat abscheuliche, böse schwarze Augen. Der ganze Zug lacht und pfeift und grölt: »Wir sind die Mods.« Aus irgendeinem Grund glauben die furchteinflößenden Mods, daß wir aus Everton sind. »Hallo! Hallo! Blau-weiße Scheiße!« rufen sie.
Die Antwort ist der ohrenbetäubende Refrain von »Laßt euch nicht täuschen«. Weiß der Teufel, woher die alle den Text kennen. Die meisten von ihnen waren noch nie bei einem Tranmere-Spiel.
»Road End!« schreit die Rote Armee von Runcorn mit einem Scouse-Akzent, der dicker ist als der der meisten gummigesichtigen Dockarbeiter aus der Vauxhall Road. Tranmere geht zu »Packt se und zerhackt se« über, und alle tun so, als wollten sie aus dem Zug stürmen – mit dem vergnüglichen Ergebnis, daß die beiden Mods mit einem Satz über den Maschendrahtzaun flanken und wie der Teufel davonrennen. Sie bleiben erst stehen, als das wiehernde Gelächter sie eingeholt hat und sie keine Angst mehr haben müssen. Der Schnauzbart zeigt den Stinkefinger, und sein Freund macht sich beliebt, indem er sich verbeugt und übertrieben Reverenz erweist.
Im Handumdrehen erreichen wir Crewe, und obwohl der allmächtige Mob die Treppe hinauf und aus dem Bahnhof und ins Weite strömt, habe ich Muffensausen. Ich kenne diese Firma nicht, und ich will nicht allzuviel mit ihr zu tun haben. Danny ist hinreichend angesäuselt und krallt sich an meiner Schulter fest.
Die Polizei trifft alles vollkommen unvorbereitet. Die vier Bahnhofsbullen rennen dem Mob in einer lächerlichen Keystone-Cops-Parodie mit dem Helm unter dem Arm hinterher und schreien: »Kommt sofort in den Scheißbahnhof zurück! Ihr solltet erst im nächsten Zug sein.« Dem entnehmen wir, daß ihr schlauer Nachrichtendienst einen Tip bekommen hat und daß The Pack noch irgendwo zwischen hier und Merseyside ist. Wir beschließen, eine halbe Stunde zu warten, bis sie auftauchen. Die Nebenvorstellung mit den Bullen sorgt derweil für

Unterhaltung. Hunderte von Tranmere New Boys schwärmen über die Brücke zum Stadion von Crewe; das Mobfieber setzt ein, und sie klettern über Autodächer und treten Schaufenster ein. Der Verkehr kommt zum Erliegen. Ein aufgeschwemmter, rotgesichtiger Bulle, die Inkarnation eines altmodischen Bobbys, hält nur mit großer Mühe Schritt und wirft schließlich das Handtuch. Japsend und mit schiefem Helm kommt er über die Brücke zurück. Danny und ich feixen.

Das bringt das Faß zum Überlaufen. Er dreht durch: »Ihr zwei da! Hört auf zu grinsen!«

Das hat nur den Erfolg, daß wir blöde kichern.

»Schläger! Abschaum! Rowdys! Ihr seid das allerlausigste Pack, das es gibt: Tranmere!«

»Hey Officer, immer schön in der Spur bleiben!« schlage ich vor.

»Wär wohl ganz gut, wenn du die Weihnachtskneiperei mal n paar Tage sein lassen würdest, Freundchen«, fügt Danny hinzu.

Es hilft nichts. Der lilagesichtige Bulle schaltet um auf Captain Hurricane. Er reißt sich in seinem Wutanfall den Helm vom fleischigen Kopf, wirft mit ihm nach uns und versucht sich gleich darauf als menschlicher Rammbock. Er senkt den Kopf und jagt uns wie ein wilder Stier. Er schreit sogar »Aaaargh!«, während er rennt. Es bleibt uns nichts anderes übrig, als zur Seite zu gehen und ihn Hals über Kopf durch die Tür des Red-Star-Büros fliegen zu lassen.

Danny, der sich vor Lachen kaum halten kann, hebt den Helm auf und setzt ihn sich auf seine kahle Birne.

»Los, komm!« keucht er. »Laß uns einen tanken! Wir finden die anderen schon!«

In der Tat. Wir haben in der Lounge Bar des »Royal Hotel«, der Stammkneipe von Crewe, gerade unsere Drinks bestellt, als vierzig oder fünfzig unserer Leute hereinströmen, alle in dunklen Anzügen oder Jacken. Sie sehen phantastisch aus. Sie sehen stark aus. Elvis ist nicht dabei. Marty weicht ein bißchen aus und vermeidet den Blickkontakt.

Er erzählt uns, daß sie in einem Möbelwagen direkt vom Friedhof hergekommen sind. Die Bullen haben Klasseinformanten.
Eddie ist entlassen, und offenbar hat so eine Art Totenwache mit Party stattgefunden. Es ist schon reichlich kraß, daß Godden, dieser Psychot, auf der Beerdigung des Mannes gewesen ist, den er umgebracht hat. Es wundert mich nicht, daß er ein bißchen was getrunken hat. Nur Marty sieht stabil aus. Baby kommt zur Bar und sieht durch mich hindurch. Wenn ich mich so umsehe, ist es eindeutig klar, daß ich hier der Buhmann bin. Ich beschließe, daß ich nichts zu verlieren habe.
»Habe ich irgendwas falsch gemacht, Mart?«
»Wovon redstn?«
»Von euch. Ihr zeigt mir alle die kalte Schulter.«
Marty lacht und wirkt verlegen, und er schaut mir immer noch nicht in die Augen.
»Du wirst para, mein Freund.«
»Ich glaube nicht, mein Freund. Schau dir den Arsch da an!«
Ich deute mit dem Daumen auf Baby.
Jetzt muß Marty wirklich lachen. »Der! Der würd im Moment nicht mal seinen eigenen Schwanz erkennen. Hardy hat den Punsch mit Speed gewürzt. Alle waren verrückt danach.«
Damit bin ich nicht entfernt zufrieden – es hat definitiv Gerede gegeben. Aber Danny unterhält alle prächtig mit seiner Erzählung von dem fliegenden Bullen, und es wäre nicht richtig, die Atmosphäre zu belasten. Es ärgert mich, daß sie eine Null wie Danny so schnell akzeptiert haben, aber so funktioniert ihr umnebeltes Weltbild nun mal. Er wohnt auf dem Noctorum, genau zwischen Ford und Woodchurch. Dauernd schmeißt er sich an die Leute ran. Er ist bekannt, er hat ein Gesicht, und basta.
Trotzdem bin ich ihm dankbar, als er und Batesy mich zur Seite nehmen. »Es ist nur …«, sagt er. »Manche von denen haben gehört, daß du Tranmere miesgemacht hast.«

»Wer?«

»Ach, ein paar Idioten. Freunde von den Flötistinnen.«

In Gedanken gehe ich schnell alles durch, was ich zu Jackie und Sonia gesagt habe. Ich glaube, sie haben recht. Ich habe ein paar illoyale Sachen gesagt.

Batesy schließt sich an: »Lay vom ›Coppelfield‹ hat unselm Lobbie gesagt, daß du Tlanmele pfür immel hinschmeißt. Hat gesagt, du walst gesteln da.«

»War ich auch. Und jetzt bin ich hier, oder?«

Sie sehen ein bißchen verlegen aus.

»Schau mal, es hat einen Haufen Gerede gegeben, besonders nach Parkgate, und dann bist du in Bury nicht aufgetaucht«, sagt Danny. »Manche von denen halten dich irgendwie für son überheblichen Odgie. Die Leute haben halt verrückte Einfälle.«

Das ist so unerhört, daß ich laut lachen muß.

Batesy sieht untröstlich aus. »Schau mal. Ich mag dich ilgendpfie. Du bist in Oldnung. Du schlägst zu, und du bist in Oldnung. Manche von den Nullen da pfissen nicht, was läuft. Ist ilgendpfie gut, daß du heute hiel bist. Macht den Gelüchten ein Ende.«

»Solange du nicht irgendwie für die Odgies spionierst.« Danny lacht.

»Verdammte Scheiße, Dan. Hättest ja mal was sagen können irgendwie. Wir hatten die ganze Zugfahrt, und du hast kein Wort gesagt.«

Er wird rot und hebt entschuldigend die Hände, aber ich werde nicht warm mit ihm. Er ist ein Scouser, aber hier macht er blöde Bemerkungen über Odgies. Ich hätte mehr Respekt vor ihm, wenn er einfach den Mund halten würde. Wenn ich doch nur nicht hergekommen wäre!

Als jedoch die Drinks fließen und die Wirkung des Speeds nachläßt, kommt einer nach dem anderen zu mir und gibt mir die Hand. Das Ausmaß der Gerüchte kann ich ermessen, weil so viele Jungs versehentlich »Schön, daß du wieder da bist« sagen.

Marty kommt zu mir und sagt: »Du kannst nicht weg«, und ich verstehe das als Kompliment. Es gibt nur eine Möglichkeit. Ich muß mich genauso betrinken wie sie. Obwohl ich mich irgendwie fremd fühle, werde ich freundlich aufgenommen, und alle haben eine wunderbare Zeit.

Die gute Laune hält an, und die Senioren torkeln herein. Sie sind über die Chester-Strecke gekommen und tragen eine außerordentlich stattliche Sammlung von Damenhüten auf dem Kopf, die sie bei Brown's geklaut haben.

Es wird um Ruhe gebeten, weil Danny seine Geschichte noch einmal durchspielt, und beim Refrain springt alles auf die Füße: »Schläger! Abschaum! Rowdys! Ihr seid das allerlausigste Pack, das es gibt: Tranmere!«

Ich schaue mir kurz ihre Gesichter an; alle sind sternhagelvoll, und ich muß sie einfach gern haben. Eddie ist völlig hinüber; er läuft herum, hat seine besten Unterhosen bis zu den Knien aufgerollt und trägt ein verknotetes Taschentuch auf dem Kopf. Man kann ihn sich kaum als führenden Kopf der Faschisten vorstellen, diesen zahnlosen, quengeligen Narren. Nach Elvis' Theorie ist der plötzliche Erfolg der National Front bei jungen Männern dadurch zu erklären, daß sie ein gutes Logo haben und das Mädchen auf den Handzetteln große Klasse ist. Ach, Elvis. Was hast du vor, mein Freund? Irgendwie der letzte Ausflug, das hier.

Billy Powell grinst dumm, drückt mir ein Bier in die Hand und pflanzt sich neben mich. Ich bin unerklärlicherweise gebauchpinselt.

»Wie gings n dir so, Scherzkeks?« fragt er.

»Einwandfrei.« Pause. »Danke für neulich abends.«

Er senkt roboterartig den Kopf, glotzt mich an und spricht im Stakkato.

»Also, wie gings n dir so, Scherzkeks?«

Das wird ein langer Nachmittag.

Die Jukebox ist voll aufgedreht, energiegeladenes Schütteln zu The Specials und rasendes Kick-Dancing zu »Teenage Kicks« und »Eton

Rifles«, die ständig gespielt werden, ist angesagt. Der Wirt hat seine anfängliche Scheu überwunden und macht ein Vermögen mit Truthahnstullen und den bizarren Cocktails, die jeder für jeden erfindet. Um auch mitzumachen, habe ich für Batesy den Merton Parka erfunden, der aus Wodka, Pernod und Johannisbeerlikör besteht. Jeder, der teilnimmt, muß in einem Zug austrinken und dann das nächste Rezept erfinden. Baby schlägt für mich einen Gay Blade vor und verkündet dessen Bestandteile in einem albernen Schwulentonfall: Pikkolo, Martini und Limonade. »Gay« ist jetzt ein Verarschungswort, das ein paar von den Jungens seit neuestem für Homos benutzen. Ich glaube, nicht einmal Baby denkt, daß ich andersrum bin, so, wie seine Schwester hinter mir her war. Aber die Tatsache, daß ich nicht aus Downtown bin oder aus einer der Hochhaussiedlungen, hat ihm immer sehr mißfallen. Ich bin kein Blutsbruder. Er kennt mich nicht. Für Baby bin ich eine »Pfeife«, eine »Schwuchtel«; jemand, der nicht so beschränkt ist wie er und der nicht so redet wie er – daher diese dumme Scheißstimme beim Bestellen des Cocktails. Einige der Kerls lachen gehässig und schauen mich mit ihren niederträchtigen Fressen an, um zu sehen, wie ich reagiere. Eigentlich sollte ich den kleinen Arsch zusammenschlagen.

Nein. Ich sollte jetzt nur eins tun: aufs Klo gehen und nie mehr wiederkommen. Aber irgend etwas zwingt mich zu bleiben.

Ein paar junge Pritschen sind mit ihren Mums da. Die Alten werden immer betrunkener und fangen an, mit uns zu flirten und zu tanzen. Der stockbesoffene Godden überzeugt eine der Vetteln davon, daß Eddie seit sechs Monaten nicht mehr gevögelt hat. Die Frau sieht aus wie ungefähr sechzig und ist sichtlich erfreut über die Aussicht, wieder mal rangenommen zu werden, und das von einem sexhungrigen Desperado. Ihr glänzendes rotes Gesicht explodiert in tausend Falten, sie umklammert Johns Hand und beschwert sich krächzend über dessen Geschmacklosigkeit.

»Du frecher Scouse-Rüpel! So geht man nicht mit einer Dame um!«
Wir lassen kurz den Hut rumgehen, was elf Pfund siebenunddreißig bringt. Nach einem weiteren Starkbier und ermutigenden Worten von ihrer Tochter und ihren Gefährtinnen fängt sie an, mit Eddie zu knutschen, und bläst ihm dann einen vor den Augen unserer drängelnden, johlenden Crew. Eddies Gesicht beim Abspritzen ist ein Bild für die Götter – ein Vietnam-Veteran mit zerfasertem Hirn, der sich einfach zurücklehnt und zusieht, wie die schönen Bomben losgehen. Wie so oft in den letzten Jahren wünsche ich mir, die Jungs würden wissen, daß ich in Ordnung bin, daß man sich auf mich verlassen kann, daß ich einer von ihnen bin, auch wenn ich aus einem Vorort komme. Ich würde alles für sie tun.
Durch das Fenster des Lokals kracht eine Bodenplatte, und sie landet genau an der Stelle, wo Marty bis vor fünf Minuten gesessen hat und wo er sich jeden Moment wieder hinsetzen wollte. Er sieht ziemlich erschüttert aus. Die Auswirkungen auf The Pack sind verheerend. Ohne jede Absprache stürmen wir durch die Seitentür hinaus, und bald haben die meisten von uns den Pub verlassen. Wir gehen auf die Crewe-Fans los, ehe die uns mit den Backsteinen und Flaschen bewerfen können, die sie auf der anderen Straßenseite gehortet haben.
Sie sind zwar eine recht anständige Firma, aber als sie uns sehen, machen sie sich sofort auf die Socken. Nicht, daß sie auseinanderstieben; es ist eher ein allmählicher Rückzug, der von Gehüpfe und provozierenden Gesten begleitet wird. Auf der Straße hinter ihnen sind wahrscheinlich noch mehr, aber wir rennen ihnen trotzdem nach und bombardieren ihre Harrington-bejackten Rücken mit Bierkrügen.
Wir biegen um die Ecke in die Gresty Road ein und sind im Auge des Tornados. Sie kommen von allen Seiten auf uns zu und bewerfen uns mit Gläsern, Markierungshüten und Gerüstteilen; dann sprengen sie unsere Reihen und greifen richtig an. Ich erlebe seit Ewigkeiten zum erstenmal, daß wir uns zurückziehen. Jemand schlägt Casey, der mit

seinem rosa Pillbox-Hütchen absurd aussieht, ein langes Stahlrohr auf den Kopf. Er ist k. o. Ich scheiße mich ein hier. Wir sind etwa siebzig, alle kampferprobt, aber die von Crewe sind mehr. Ihr Vorkämpfer ist ein großer, räudiger Rastafari mit einem schwarzen Teewärmerhut; er geht jetzt auf uns los und teilt athletisch Tritte aus, aber glücklicherweise trifft er nicht. Das läuft oft so: Ein riesiger Arsch stürmt los und will sich unsere ganze Crew vornehmen, aber wenn er dann ein paar Schwinger gelandet hat und müde wird, springen Billy und einige andere kleine Hyänen ihn an, zerren ihn zu Boden und verpassen ihm die entsprechende Lektion. Billy hat offenbar keine Lust auf diesen Rastafari. Mit seiner verdammten Heuschreckengymnastik läßt er niemand an sich ran. Er setzt uns nicht besonders zu, aber er macht Crewe Mut. So habe ich die noch nie erlebt. Wir sind am Ende der Straße in Stellung gegangen, und Crewe haut wirklich voll rein.
Ich stehe oben auf den Eingangstreppen eines kleinen Reihenhauses und gebe es einem dreckmäuligen Subbie, der aussieht wie Benny aus »Crossroads«. Hardy und Eddie zerren an den Brettern, mit denen ein Fenster des Nachbarhauses vernagelt ist, und brechen einzelne Planken heraus.
Sie rennen wieder auf die Straße und schreien: »Auf den Nigger! Auf den Scheißnigger!«
Sie gehen auf ihn los und schlagen mit den Latten auf seinen Kopf und seine Schultern ein. Noch steht er. Ich verpasse Benny drei oder vier Haken, bis er zu Boden geht. Der Rastafari hat Eddie gerade mit seinem Unterarm zu Boden geschleudert und tritt und scheucht jetzt einen paralysierten Hardy. Ich trete ihn ins Kreuz, und er schreit auf vor Schmerz. Er dreht sich um und hält sich mit einer Hand den Rücken. Wieso mache ich das? Für Hardy und diesen Scheiß-Eddie? Der Rastafari schlägt nach mir, aber ich ducke mich und trete ihn in die Eier. Er zuckt zusammen und krümmt sich, um wieder zu Atem zu kommen. Marty kommt angetanzt und springt ihm mit beiden Füßen

gegen die Brust, so daß er gegen eine Hauswand prallt. Er ist jetzt allein und umzingelt, aber er steht noch aufrecht. Er schaut uns mit seinen gelben Augen starr und irr an.

Gebrüll und das Flattern einer Unmenge weiter Hosen ist zu hören, weil die Crewe-Fans schreiend die Straße heraufstürmen. Unsere New Boys verfolgen sie, Massen von ihnen, und zwingen die Bauerntölpel zu einer panischen, chaotischen Flucht. Es ist ein Hexenkessel. Die Nachhut der Crewe-Fans wird zurückgehalten und angefallen, während der Rest von ihnen weiterrennt. Manche sind noch sehr jung, und ihre Angst ist ihnen deutlich anzusehen. Der Rastafari steht heroisch mitten in der Brandung und zögert das Finale noch hinaus. Ich verpasse ihm einen gepfefferten Hieb, wahrscheinlich den besten Treffer, den ich je gelandet habe. Er ist von der Wucht des Schlages benommen, und ich gönne mir einen kurzen Blick zu Marty hinüber. Was Elvis ihm auch immer gesagt hat – vielleicht sehen die Jungs jetzt ein, daß ich kein Idiot bin.

Der Rasta schwankt rückwärts, und das ist dann sein Ende. Hardy, Marty und Baby stürzen sich gleichzeitig auf ihn und verdreschen ihn schrecklich, er bleibt liegen und spuckt Galle. Die meisten der Crewe-Anhänger sind jetzt weg, aber einige versuchen, ihren übel zugerichteten Vorkämpfer wegzutragen.

»Die ham noch nicht genug!« schreit Baby Millan.

Damien, Tony und Billy hechten herbei und gehen auf sie los. Ich stehe wie angewurzelt da. Sie bringen sie um. Es ist gräßlich. Mit einer Hand in der Tasche spaziert Baby zu ihnen hin. Sicherheitshalber schaut er sich kurz um, dann beugt er sich über die Kämpfenden. Sein Arm schnellt auf und ab, als wolle er einen Rasenmäher anlassen. Das Geschrei und Geheul ist grauenhaft.

Zusammen mit den drei anderen Ratten kommt er zurückgebummelt und zieht sein Hemd aus dem Hosenbund, um die Klinge abzuwischen. Ich stehe immer noch da. Er lächelt mich schief an, und als er auf

gleicher Höhe mit mir ist, nimmt er in Zeitlupe die Hand wieder aus der Tasche und fährt mir übers Gesicht.
»Schwuchtel!«
Es tut eigentlich nicht weh. Es fühlt sich an wie ein harter Schlag, genau auf den Wangenknochen. Benommen lege ich die Hand auf die Stelle. Ich höre Gelächter, manisches, gespenstisches Gelächter, und ich drehe mich langsam um und sehe, daß sie davontrotten. Das allerletzte, was ich von ihnen sehe, ist Baby Millan, der sich umdreht und mich angrinst und sich mit dem Zeigefinger über das Gesicht fährt.
»Du kannst nicht weg.«
Keine Bitte. Eine Feststellung.
Mir ist übel. Ich würge, aber es kommt nichts hoch. Das Blut fließt. Ich versuche, klar zu denken, mir vernünftig zuzureden. In Crewe will ich wirklich nicht ins Krankenhaus gehen. Ich sollte versuchen, nach Hause zu kommen, um dort in eine Klinik zu gehen. In der Zwischenzeit verliere ich bestimmt Blut. Vielleicht komme ich bis nach Chester. Können mit dem Zug nicht mehr als zwanzig Minuten sein. Ja. Nach Chester. Da will ich hin.
Die Gresty Road, in der noch vor nur fünf Minuten das Chaos herrschte, ist jetzt leer bis auf ein paar Zuspätkommende, die zum Stadion hasten. Ein älterer Mann schaut mich besorgt an. Es sieht aus, als wolle er mir zu Hilfe kommen, aber er überlegt es sich anders, schaut starr geradeaus und beschleunigt seine Schritte. Ich gehe bis zum Ende der Straße. Es kommt mir vor wie eine Ewigkeit. Dann biege ich rechts ab und gehe zum Bahnhof. Nichts wie weg. Nichts wie raus hier.

Hanif Kureishi
Rastlose Nähe

Roman
Aus dem Englischen übersetzt von
Leonie von Reppert-Bismarck
160 Seiten

»Heute ist die traurigste Nacht, denn ich werde gehen und nicht mehr zurückkehren.« Rettungslos erfüllt von dem Wunsch nach Veränderung und Leichtigkeit und der Sehnsucht nach unbändiger Liebe bricht Jay aus seinem gesicherten Familienleben aus. Sein Verlangen nach Freiheit läßt ihn innerlich brennen, und er stürzt sich in das, von dem er glaubt, daß es ihn glücklich macht: mehr Leben.
Ein ganz neuer Kureishi entwirft ein leidenschaftliches Porträt der Männer seiner Generation – auf der Suche nach Bewegung und Nähe.

verlegt bei Kindler